U0111698

大展好書　好書大展
品嘗好書　冠群可期

大展好書　好書大展
品嘗好書　冠群可期

武術特輯
83

形意拳械精解

（上）

邸國勇　編著

大展出版社有限公司

練拳・授拳・寫拳

徐 才

　　北京形意拳研究會會長邸國勇先生在處理會務和教學之餘，用心探索形意拳的奧妙，寫出《形意拳械精解》一書出版，實在可喜可賀！

　　練拳、授拳又寫拳，這樣的武術專家裡手真是值得敬重。武術的傳承自古主要是口傳心授，所以武術古籍較少。今天，武術走向世界，處在盛世中國的武術專家們，有充分的條件用現代體育觀點和現代傳播手段深刻闡釋和論述武術了。我常到書店瀏覽新書，常是目不暇接，使人感受到盛世圖書文化的繁榮。但有關武術的圖書似嫌還少，至於有關形意拳的論著就更為缺少了。邸國勇先生這本《形意拳械精解》的出版，將會為形意拳的傳播增加一個窗口。

　　邸國勇先生少年時期從河北武術之鄉蠡縣來到北京。1960 年 15 歲時，他擇師趙忠習練少林長拳和形意拳，之後又隨吳斌樓學戳腳翻子拳，再後隨李子鳴習八卦掌。

　　1983 年他積極推動北京武協形意拳研究會的成立，為形意拳的發展作了不懈的努力。如今他把幾十年練拳、教拳的體會心得整理成書奉獻給形意拳愛好者。

　　形意拳是個內意外形相統一的拳術，要求「象其形，取其意」，其健身功能、技擊功能都很強。模仿十二種動物的「十二形拳」更使練拳者融入大自然，體現「心意誠於中，肢體形於外」的要求。練起拳來其形其意真是美哉，美哉！

形意拳的美學價值，得到不少習練者的稱頌。

　　一位畢業於大學音樂系的形意拳愛好者，將形意拳與古曲《高山流水》並論，認爲二者神同形異。《高山流水》是俞伯牙移情於大自然，感受天地變化產生的音韻和旋律，形意拳則是移情於十二形動物，體驗自然萬物演化的神韻和節奏。形意拳以及各個拳種都蘊含著中華文化的豐厚底蘊，特別值得人們去挖掘整理。衷心祝願熱心弘揚武術文化的朋友，創作更多的佳作精品！

立足整體　把握整體

康戈武

　　邸國勇先生編著的《形意拳械精解》一書即將問世，邀我爲之序。形意拳溯源於心意拳，是一個主張「散之必有其統，分之必有其合」，追求内外合一，強調式整、勁整的武術拳種。此處所謂主張、追求和強調的内容，可以概括爲一個「整」字。國勇之作從書名到内容，也都含藏著這個「整」字。於是，以《立足整體　把握整體》爲題，撰成此文，祝賀邸先生爲武壇奉獻了一部有所創見、有所發展的新作。

　　此書以《形意拳械精解》爲名，標明了此書的内容，同時也爲其行文伏下了三個「整」字。其中，形與意，相對於人體的外形和内意而言，構成一個整體；拳與械，相對於武技的徒手技術和持械技術而言，構成又一個整體；拳械與精解相對於認識過程的實踐和理論而言，構成了再一個整體。書名即點明了作者立足整體，全書立足整體的宗旨。

　　由這三個「整」，整合而成的《形意拳械精解》，不僅較完整地展示了形意拳的技法體系；還闡明了形意拳求「整」的標準、練「整」的方法；尤其可貴的是，作者還基於自身習練形意拳四十年所得，針對當前形意拳普及活動的現狀，指出了求整、練整的要點和易被忽略問題的糾正方法。概言之，此書立足整體下筆，把握整體行文，既不離形意拳之整體，又突出了整體中的重點和把握整體的要諦。

　　《形意拳械精解》展示出的這種整體特色，不僅明示習

練者應循著「立足整體 把握整體」的原則去練好形意拳，也啓示人們循著「立足整體 把握整體」的觀念去認識問題、解決問題。一般而言，對待社會問題、自然問題應如此，對待人類自身的問題——人體生理、人體運動、人體文化等等問題，也應如是。當然，任一武術問題也都應該用整體觀念去對待。宏觀地說，社會、自然、人類，以及他（它）們相關的萬物萬事是一個整體。武術只是構成這個大整體中的一個小整體。一定時期武術的盛衰發展，受著該時期大整體發展因素的影響和制約。微觀地說，大整體中包含著若干個相互對應、乃至相互矛盾的小整體，任一小整體又包含著若干個相互對應、乃至相互矛盾的小小整體。依古人之言，不論是「天人合一」的大整體，還是含於一事一物中的小小整體，都是一個「陰陽相依」的辯證統一體。武術與其體系中林林總總的理論和技術問題間，也都有著這種大整體、小整體和小小整體間的關係。在近些年的武術學術活動中，圍繞武術的名與實、運動形式和鍛鍊價值等一對對相互關聯問題的討論，都需要用這種整體觀念去看待。那些以點代面、以局部充整體，或者有整體之名而無整體之實，或者顧此失彼、掛一漏萬的言行，混淆著武術的概念，影響著武術的發展，應該努力用「整體觀念」去修正、去規範。

總之，邸國勇先生編著的《形意拳械精解》一書，既是一部可供讀者循序漸進地學會形意拳、練好形意拳的教科書；又是一部以形意拳的整體觀念揭示形意拳文化內涵的啓蒙書；還是一部引導習練者由形意拳鍛鍊體悟中國傳統文化之「整體觀」的參考書。有感如此，謹以「斯技堪習，佳作共賞！」作爲此文的結語。

於北京

前　言

　　爲了適應當前武術蓬勃發展的需要，在人民體育出版社的大力支持和幫助下，我編著了這本《形意拳械精解》。本書分上下兩冊，上冊主要内容是五行拳、十二形和傳統套路；下冊主要是刀、槍、劍、棍和八字功。

　　上冊共有七章，第一章形意拳的起源。第二章椿功，介紹了五個椿法，以三體勢爲主，不但講述了三體勢的來源和内中含義，而且對各部的要領和具體要求作了較爲詳細的講解。砸椿是一種長功快的椿法，混元椿注重養身和放鬆，降龍、伏虎椿外注重間架結構的正確和勁力的合順，内練心、意、氣、神。

　　第三章五行拳，重點放在每一個拳法的勁力問題，整勁是形意拳最顯著的特點之一，對每一個拳法動作勁力的來源，各部如何協調配合，關鍵部位在哪裡，以及怎樣打出整勁等問題，進行了詳細的分析和講解；對五行拳的呼吸方法作了介紹，使動作與呼吸相配合。

　　第四章十二形，突出了每一形在練習中應帶有的意念和意境。在形意拳各拳法的練習中，如果沒有意念去指導，那只叫「形拳」。目前有重形輕意的現象，在練拳時，我們應該帶著什麼樣的意念？用什麼樣的意念去指導練習？練習形意拳不能沒有意，應該「形」「意」並重，在練拳的過程中，有什麼樣的意念，就有什麼樣的勁力；有什麼樣的意

境，就有什麼樣的功夫。

第五、六章是傳統套路和對練，完全保留了民間傳統的練法，只是在勁力和意念方面加入了自己的心得體會。第七章是自己學練的心得體會，只能起拋磚引玉的作用。

對我來說，書的編寫過程就是一個學習總結和提升的過程，也是一個對形意拳加深認識理解和體悟的過程。雖然書稿即將面世，但我並沒感到輕鬆。武術事業的發展，給我們提出的任務是相當艱巨的，特別是形意拳在理論科學化的問題上，還遠遠跟不上形勢發展的需要。我真誠的希望武林同道和前輩及廣大讀者多提寶貴意見，多方面地批評指正，本身就是對我的關心和愛護，有利於自己的提升，有利於形意拳今後的發展。

在本書的編輯過程中，趙新華先生給予了大力的幫助，趙先生審稿之嚴格，編審之認真，使我深受感動。另外，我的弟子劉明亮、楊樹東為我拍攝了大量的照片，還有我的好友康戈武先生，前國家武術院院長徐才先生在百忙中為本書寫序，在此一併表示深深的感謝。

作　　者

目　錄

第一章　形意拳的起源

關於形意拳的起源問題，曾有相傳創始於宋朝名將岳飛的說法。但經考證，證明這些說法是假托，是前人尊崇岳飛精忠報國，是民族英雄，而以此來提高本拳的知名度和號召力。

近年來很多拳學史家對形意拳的起源做了大量的調查研究，發表了許多學術論文，雖然有些觀點各異。但是，「形意拳是脫胎於心意六合拳而自成一系」之說，被形意拳界所認同。

形意拳是以河北李洛能為始祖，李洛能學藝於戴龍幫，戴龍幫學藝於曹繼武，曹繼武學藝於姬龍峰。姬龍峰為心意六合拳的始祖。這些都經過很多人的考證，特別是黃新銘先生經過多年的調查研究和實地考察，掌握了大量的資料，寫出了《形意拳起源考》和《姬際可生平初探》，在客觀歷史的基礎上，具有一定的科學性和較強的說服力。所以，心意六合拳是以姬龍峰為始祖，形意拳則是以李洛能為始祖。

目前，社會上有「三流一源」之說，即形意拳有三大支派即山西、河北、河南。此說是根據地域劃分的，都是在心意六合拳的基礎上發展起來的。至今河南地區還叫心意拳，只有山西、河北稱之為形意拳。其實山西、河北同為一支，都是李洛能所傳，只是地域和風格不同而已。流傳在河南地區的支派基本上保留了心意六合拳的原貌，它

以雞步和十大形為主。

自清朝乾隆年間，心意六合拳已經形成了自己的技術和理論體系，在山西和河南已有流傳，特別是河北李洛能向戴龍幫學藝十年，經過這十年的刻苦鑽研和實踐體悟，技術已經達到了相當高的水準。

李洛能在學練心意六合拳之前，已經練過其他拳種，具有深厚的武術基礎。數十年練功的體會和經驗，這些累積的效應必然產生武術層次的不斷深化和遞增，當達到一定程度時，必然會產生強烈的理論昇華。

李洛能正是在這種積累的效應中，萌發了將心意六合拳改拳創新的動機，將心意六合拳改為形意拳。

從名稱上看只改了一個字，改心字為形字，由於心和意在古漢語中不好確定，心字中也有意的成分，意字中也有心的含義。所以，李洛能把心字改成了形字。這樣一改形意拳就誕生了。大約在 1856 年，正式以形意拳的稱謂開始向外傳播。

雖然，心意拳和形意拳只是一字之差，但在武術的歷史上是一個改革的里程碑，為武術的百花園裡又增添了一朵絢麗多彩的拳種。

李洛能以他數十年練功體會和實踐經驗的總結，大膽地對心意六合拳進行系統的整理，首先提出了以三體勢站椿為入門，以五行拳為基礎，以十二形拳為進階的系統的技術訓練體系。

以中國古代文化的陰陽五行學說為理論基礎，從道家養生、練功、修練的方法和理論中，結合拳術的內養修練，提出了武功修練的三個層次（即三步功夫明、暗、化和練精化氣，練氣化神，練神還虛）的理論，使形意拳以

嶄新的面貌，以技術的系統化和理論的科學化（在當時來說）矗立於武林。雖然它的理論核心部分沒有脫離心意六合拳，但它在質的方面產生了飛躍，使它更上一層樓。

就像意拳（大成拳）一樣，它是在形意拳的基礎上，側重了意念精神的訓練，提出了自己一套獨特的訓練方法，以一個新的拳種立於武林。

當然，任何拳種的創立和發揚光大，理論的完善和技術體系的不斷豐富，需要經過幾代人的努力，形意拳也不例外。目前流傳於全國各地的形意拳，其理論和技術體系已經達到了相當的高度，這些都是李洛能的二代、三代、四代以至五代、六代的弟子繼承發揚和不斷補充完善的結果。隨著社會的不斷進步、科學技術的不斷發展，今後還會有更多的形意拳愛好者對此進行不懈的努力和探討，使形意拳的理論和技術更加科學化、現代化，為全人類造福。

第二章　形意拳樁功

　　樁功是武術的基礎，拳諺中有：「欲學拳，先站樁。」形意拳對樁功尤為重視，有的形意拳家講：「欲學形意拳，先站三年樁。」

　　樁功練習在形意拳中有「築其基，壯其體」的作用，也就是打基礎、強身壯體。由樁功練習，首先學習和掌握形意拳對身體各部的要求和要領，如頭頂、胸含、肩沉、肘墜等。先有一個感性的認識，經由不斷練習，逐步加深理解。其次是由樁功練習，對下肢力量和膝關節各部韌帶的強度能起到增強的作用。其三是由樁功練習，可使練習者體會和掌握樁功的間架結構和身體各部姿勢的要求。長時間的站立，保持姿勢不動，可以提高練習者本體的感覺能力。由自我的調整，逐步建立正確的姿勢定型，為今後學習動作、學習技術打下堅實的基礎。其四練習樁功有益於調節中樞神經系統，使精神集中，排除雜念，把全部的注意力集中到樁功的練習中來。注意全身各部的放鬆，加強呼吸的調節。這樣的練習，有利於促進血液循環，加強新陳代謝，調和氣血，提高抗病能力，達到延年益壽。同時，也能提高技擊意識，增強技擊能力。

　　形意拳樁功包括：渾元樁、子午樁（即三體勢樁）、降龍樁、伏虎樁、砸樁等。每種樁法都有它不同的作用、姿勢、意念，而達到不同的目的。一定的樁法是為一定的目的服務的。這些樁法都是形意拳的前輩們經過長期的練

功，從實踐中總結出來的。對形意拳技法的練功、長功和養功都是行之有效的。這幾個樁法雖各自都有不同的側重面，但都是圍繞著三體勢這個核心樁法而練習。

拳諺中講：「練拳不練功，到老一場空。」練功就是養身健身的功夫，也包含武術的基本功。如果練拳不把自己的身體練好，沒有好的身體，什麼樣的技能都是空的，都是沒用的。所以，拳以功來養，功以拳而顯。

這就是練和養的關係，它們是相輔相成、互相促進、互為表裡的關係。

第一節　渾　元　樁

一、概　述

渾元二字也稱之「混元」。謂天地初開之時。「混元者，記事於混沌之前，元氣之始也」。武術家以「混元」入拳術，取「混一天地，變化無窮」之意。渾元樁法被各家拳派吸收引用，既作為初學入門的基本樁法，又作為養身強身、內功修練的樁法。

形意拳中的渾元樁訓練，在初級階段要達到凝神聚意、排除雜念、鬆活筋骨、調節呼吸的目的。中級階段要達到以意領氣和疏通經絡，以氣流全身。高級階段要達到修身養性、天人合一，以意念體會人身的內氣與外界大氣相互交流融通。渾元樁在初級階段主要是為了把雜亂意念排除，集中精力練功。拴意馬，鎖心猿，調身心，使全身放鬆。只有在全身放鬆的狀態下，氣血才更容易流通，從而有利於身心健康。

二、渾元樁的練法

1.動作過程

① 立正站立，深呼吸三次（圖2-1）。

② 左足向左橫開一步，兩足平行，距離與肩同寬。重心在兩足之間。動作要慢，與呼吸相配合，開步時吸氣，落步時呼氣（圖2-2）。

③ 兩手自身兩側向前、向上慢慢抬起，兩手心相對，五指分開，兩臂自然微屈。上抬與肩齊高時，兩手掌指相對，向胸內合抱成圓，兩肘微屈，兩掌心對胸前，鬆肩、垂肘、胸微含，頭微頂，兩臂如同抱一大氣球在胸前，兩肘部下沉低於肩；同時，兩腿膝部微屈，鬆胯坐腰使身體重心微微下降。目平視前方。此姿勢保持不變，排除雜念，注意呼吸，閉口用鼻來呼吸。呼吸要緩慢、深長、均

圖 2-1

圖 2-2

圖 2-3① 　　　　　　　　 圖 2-3②

匀。練習時間的長短，根據自己的體力和身體情況而定
（圖 2-3①②）。

　　④收勢、收功動作與起勢動作相反。先給意念一個信
號，我要收勢，我要結束渾元樁法的練習。然後使身體重
心移向右足，左足向右足收回併攏，兩腿站直成立正。與
腿動作的同時，兩手自然下落至身體兩側，掌指向下，頭
微上頂，目向前平視。動作完畢後，深呼吸三次，靜立一
二分鐘。

2.動作要點

　　① 渾元樁最主要的要領就是體鬆、意靜、調息這三個
方面。不但渾元樁如此，其他各種樁法都是這樣要求的，
這三個方面是所有樁法練習中共同的要求。也就是像氣功
所說的調身、調心、調息，這是樁功的基礎。體鬆就是全
身各部都要放鬆，不使任何部位有僵勁出現，體鬆的關鍵

是在關節處，要使各關節處於正常的生理位置上，體鬆有利於氣血的流通。意靜就是把身心收回來，集中精力練功，以一念代萬念，使大腦的思維活動集中注意到一點。在渾元椿站椿時，應首先把注意力集中到呼吸方面。調息就是調節自己的呼吸。把自己平時不注意的呼吸運動轉為有意識的調節，使自己的呼吸緩慢、均勻、深長。

②渾元椿要求頭部微微上頂，下頦微收，保持正直。肩部鬆沉，胸部微內含，兩臂微屈身前抱攏成圓，兩肘微張下垂，兩腕部微屈，兩手五指分開要自然，拇指微向上，兩掌心內含微屈。腰要豎直，臀部微收，鬆胯屈膝，膝部彎曲約 160°。不要太屈也不要過直，屈則費力，不容易調氣，不能持久，直則僵硬。總之椿法站好之後，要感到各部舒適、通暢為宜。

3.練習步驟

①首先要求形正體鬆。就是姿勢要正確，把身體各部位按動作要求調整到正確的位置，正確的形狀。正形是首要條件，形不正則氣不順。體鬆就是身體各部放鬆達到舒適合順。

②其次要凝神守一。凝神就是排除雜念，集中精力。守一就是以一念代萬念。

③意導呼吸。就是以意念引導呼吸，使平常的自然呼吸用意念引導使之緩慢、均勻、深長。意念的引導貫穿在整個練習始終。從開始的形正體鬆和凝神守一，到意導呼吸運動，都是在意念的引導下進行的。這就是形意拳最顯著的特點之一。

第二節　三體勢椿

一、概　述

　　形意拳三體勢椿，在民間也叫子午椿或三才椿。三才和子午這兩個名詞是古代傳統文化的名詞。子午一般是指時間。有子時、午時之說，在《金丹大成集》中問曰：「何謂子午？」答曰：「子午乃天地之正中，在天曰日月，在人為心腎，在時為子午，在卦為坎離，在方位為南北。」在《三元會議》中有子為陽之首，午為陰之首，子午為陰陽之首。書中講：「子為六陽之首，以應冬至，故當靜坐凝神，袪除萬慮，一念規中，默調其息而符候之……午為六陰之首，以應夏至，故午前靜坐凝神，待陽極陰生之際，心中自然陰氣下降……」三才也有多種解釋：

　　① 三才是指天、地、人。有天才、地才、人才之說。

　　②《周易》：「立天之道，曰陰與陽，立地之道，曰柔與剛，立人之道，曰仁與義，兼三才而兩之，故易六畫而成卦。」

　　③ 醫家三才指體、神、氣。《脈望》書中講：「氣者，神之宅也，體者，氣之宅也。神統於心，氣統於腎，形統於首，形氣交而神乎中，三才之道也。」武術大師孫祿堂講：「三才者，頭、手、足，即上、中、下也。」他是借用三才比附人體的頭部、手部、足部，並引申其義為拳術中的上盤、中盤、下盤。

　　三體勢椿，子午椿，三才椿。名雖不同，實則都是一個椿法，一個姿勢，只是叫法不同，強調了不同的側面而

已。三體勢強調外形頭手足、上中下。子午椿是強調此椿法在形意拳中所處的重要位置和重要性，它是基礎的基礎，是「母拳之母」。姜容樵稱五行拳是形意母拳，三才椿是它的內含內意，不但是姿勢，更重要的是一種功法。椿功的內意非常豐富，既含有方法，又含有意念。以三體為表現手段，以三才為指導原則，以子午為重要位置。

各地區、各流派形意拳都把三體勢椿作為初學入門的最主要的基本椿法。在三體勢的基本構架、動作姿勢和動作要領上，以及椿法的功能上，各地區、各流派都基本相同。但是，由於各地區、流派師承各異，以及每個人對老拳譜的不同理解和個人練習的心得體會不同，所以，三體勢椿的站法也各有差異，這是正常的，也是符合客觀規律的。這個道理就像一棵大樹長不出完全相同、一模一樣的兩片樹葉一樣。一個老師教十個徒弟，因每個徒弟的身材高矮、胖瘦、脾氣、性格、愛好、知識水準不同，練習心得體會都是有差異的。所以，十個徒弟練出來的東西不可能完全一樣。

二、三體勢椿的練法

1. 動作過程

① 立正姿勢站好，面對出勢方向（見圖 2-1）。

② 兩足不動，兩手自體兩側經左右徐徐向上抬起，兩臂要自然，不要用力伸直，兩掌心向上，抬至與肩平時，兩臂屈肘，使兩掌向面前合攏，兩掌指相對，掌心向下（圖 2-4①②）。

③ 兩腿彎曲，微向下蹲，同時，兩掌向下按至腹前，

圖 2-4①

圖 2-4②

圖 2-5

圖 2-6

頭微上頂（圖 2-5）。

　　④ 兩手在腹前抓握成拳翻轉，使拳心向上，左拳不動，右拳自小腹經心窩向上、向前鑽出，右拳小指上翻與鼻齊（圖 2-6）。

⑤ 左足向前進一步，右足不動，兩足距離約為小腿長，大部重量在右足，重量分布約為前三後七。同時，左拳自小腹向上經心窩在右前臂上向前鑽，拳心向上，左拳與右拳相交時，兩拳變掌內旋，左掌向前劈出。左臂微屈，左掌心斜向前下，左腕微塌，掌指高與鼻齊。同時，右掌拉回至小腹，掌心向下。頭向上頂，目視前方（圖2-7）。

圖2-7

此為左三體勢站法。如站右三體勢時，在動作④時左拳鑽出，動作⑤是右足上步，右掌劈出。

2.動作要點

形意拳三體勢樁的動作過程，也就是五行拳每一行的出勢動作，也是形意拳每個套路的起勢動作。無論練習任何動作，起勢都是從左三體勢起。

三體勢樁法分為上盤、中盤、下盤三種。上盤兩腳的距離是以本人兩個腳長的距離，中盤站法是以本人兩個半腳長的距離，下盤是以本人三個腳長的距離。

① **腳**：三體勢樁法兩腳的位置應是在一條直線的兩邊。前腳尖微向內扣約15°，後腳尖斜向前，與正前方以不超過45°為宜。一條直線的兩邊是前腳的腳尖和後腳的腳跟在一條直線的兩邊。不能在同一條直線上，更不能擰麻花，那樣不穩也不符合要求。

②腿：兩腿彎曲，前膝的垂線不超過前腳的腳跟。前腿的大腿和小腿之間的夾角在 150°左右。後腿彎曲較大，身體大部分重量在後腿，兩足之間的距離和後腿彎曲角度，與站樁姿勢的高矮有直接關係。後腿的小腿和大腿之間的夾角在 120°～135°之間（從腿的後面量），最關鍵的一點是後小腿和地面的夾角應盡量的減小。由於生理結構特點，腳的背屈只能在 50°左右，這個角度減小有利於後腿的蹬力。有的書上講「後膝垂線不超過腳尖」，我認為並不科學，那樣站樁姿勢太高，兩腿幾乎直立或重心全在後腿。後腿的膝部應超過後腳的腳尖，超過多少應視姿勢的高矮而定。姿勢高超過少，姿勢矮超過多。關於後腿各部的角度總的原則就是怎樣最有利發揮後腿的蹬力，起動快，距離大，站的穩，蹬地力強是關鍵。正像老拳譜中所說的那樣：「消息全憑後足蹬」，人體前移的快慢和距離大小與後腿的蹬力成正比。要想完全發揮後腿的蹬力，必須把後腿各部的角度保持在最佳的發力範圍之內。

③胯：胯部後面是臀部，前面是小腹，兩側是胯部。在三體勢樁法中，兩胯的角度應前後稍傾斜一些，與正前方成 60°～70°為宜。這樣的角度既有利於兩腿前後的支撐，又有利於上身自然舒適半面向前傾斜。有的練習者強調要「肚正身斜」，我認為這樣做是不太適宜的，肚正使兩胯正對前方，但上身要有半面向前的傾斜，使腰腹不舒暢。同時，也不符合技擊防守的原則。胯和兩腿的位置、角度應給上體提供一個非常穩固、靈活的支撐條件，同時還應達到自然舒適，符合人體自然結構。

④肩：身形與兩肩的角度，按老拳譜中講身形是「正而似斜，斜而似正」。既不正又不斜，提出了一個模糊的概

念。每個人的高矮胖瘦不同，脾氣秉性不同，對老拳譜的理解不同，讓你在練習中去體會，去尋找適合自己的角度，因此產生差異，無可厚非。

經由我多年的練習實踐和教學研究，站三體勢椿時，身形和兩肩的角度與正前方成 45° 左右為宜。這樣做，一符合技擊原則，減小受攻擊面；二符合人體結構和生物力學，只要符合人體結構和生物力學，做起來才舒服、合適、正確、完美，有利於身體的健康。

⑤ **手和前臂**：左手腕部與左前臂的角度約為 120°，腕部微塌，五指微曲，掌心凹，虎口撐圓，拇指開，食指挑。以增加虎口肌肉張力，有利於腕部的穩固。由於五指均保持一定的張力，對前臂上的指伸肌產生一定的緊張度，能在一定程度上增強前臂的抗擊打能力。由於掌心向前下方，所以，前臂遠端內旋，前臂的橈骨和尺骨相絞撐，使相應的肌群同時參加工作，能夠增加掌部的力量。同時，對前臂也能起到一個穩固的支撐。腕部過直不利於擊打時的承受力，指關節是承受不了全身整力的。腕部過於背屈，腕關節僵硬而不靈活，不利於抓捋和手掌的變化。所以，腕部微塌是正確的，120° 左右是適宜的。

⑥ **肘**：肘關節的角度，也就是前臂與上臂之間的夾角。在這個問題上，形意老拳譜中講：「屈則不遠，直則少力。」提出了一個模糊概念，不屈不直的範圍。80 年代初，我在北京大學擔任形意拳教練時，在給學生們講站椿前臂的位置時，我按老拳譜講屈則不遠直則少力，同學們問我：「老師，多少度？」給我留下了深刻的印象。從此，我把身體各部的角度，參照各種版本老拳譜，根據我的練功體會，全部用量角器測量，找出了各角度的最佳範

圍，並提出了自己的觀點和看法，肘關節的角度應在 150°
左右為宜。形意拳站樁或打拳出掌為什麼不把胳膊伸直？
伸直胳膊不是可以打得更遠一些嗎？首先形意拳打拳或出
掌胳膊不伸直，這是形意拳技法的要求和風格特點所在，
形意拳非常注重整勁，在這樣不屈、不伸直的角度內一能
發揮出較大的力，二能動員較多的肌肉共同參與工作，對
肘關節能起到較好的固定。三由於不屈不直，能使動作更
加靈活，使力轉換更快，變化多端。

⑦ **上臂與肩**：上臂與肩關節的角度對上肢來說非常重
要。上臂與肩關節的角度約在 60°～70°之間。拳譜中講：
「鬆肩墜肘」，鬆肩就是肩胛骨有意識的向下鬆沉；墜肘
的關鍵在於上臂的前端始終處於肩關節以下，鬆肩與墜肘
是相輔相成的互為因果關係。只要鬆肩做正確了，自然肘
也就墜了，只要墜肘達到了要求，肩部自然也就鬆沉了。
還有重要關鍵的一點，就是上臂有意識向內收，使上臂盡
量的在身體站樁的矢狀面上，這樣有利於發揮身體的整
勁。在站樁的過程中和練拳時都要時刻注意上臂的內收、
內掩，以形成正確的姿勢定型。後手的拇指和腕部要緊貼
小腹丹田位置，即臍下三指部位。後臂的肘部要自然下
垂，注意後肘不要向外張開，要和身體保持完整。掌指向
前，掌心向下。

⑧ **頭**：「頭要頂，項要豎。」下頜要微向內收，但要
注意頸部肌肉不要過於緊張，以免影響頭部的靈活。頭上
頂的作用能有意識地使脊椎豎直，有利使身體中正，不致
歪斜，有利於呼吸。目視前方的要求，不要過分的轉頭使
面部正對前方，應該使頭部與正前方成 22.5°的夾角，但眼
睛是看前方的。

⑨ **臀部**：臀部要鬆墜，要內收，也就是使骨盆的正常斜角稍微加大一些，有利氣沉丹田，有利腰部弓形的形成，有利於前腳的向前進步。

⑩ **身形的要求是「含胸拔背」**：它是一個問題的兩個方面，含胸拔背是用兩個肩尖微向胸前內合，放鬆肩胛骨、背部肌群，用胸大肌微拉兩肩，以達到含胸拔背的目的。在做這個動作時，要注意肩部始終向下鬆沉，不能聳肩、寒肩。含胸拔背和鬆肩墜肘這兩個要領是相互支持、相互促進和相輔相成的，是有機地連在一起的整體動作。在做這些動作時注意不要過分，要以舒適合度為準。鬆肩含胸最主要目的是有利於實腹，也就是氣沉丹田，而氣沉丹田是形意拳最顯著的特點之一。含胸拔背的要領也是對胸背部增強抗擊打能力的一種自我保護。拳掌的勁力之源在肩部，身勁的勁力之源在腰部。

三、三體勢樁的層次

雖然三體勢樁在外形姿勢上有舒展與緊湊之分，步法有大小高低之別，但是，這些都是由門派師承不同而造成的，無可厚非。在練功的不同階段，同樣站一個三體勢所表現出來的精、氣、神，它的內意、內含是不同的。雖然外形相差無幾，但內中的意識，呼吸的調整，內氣的導引，不同的階段有不同的要求、不同的側重面。

下面就三體勢樁初級、中級、高級三個階段練習過程中對身形、意念、呼吸進行簡要論述。

1.初級階段

初級階段就是剛開始入門學習站樁，對姿勢要領有一

個初步的感性認識，能夠模仿老師做動作，但動作不準確，隨時間推移和練習次數的增加，動作姿勢逐漸準確完善。有時也會顧此失彼，按生物學講這是大腦皮層的泛化階段。在這個階段中，要做到以下三點：

首先要求形正，姿勢正確。各部角度、身形位置合乎規矩，按前面所述自上而下或自下而上逐項安置到位。先講大的環節，如兩腿、身形、兩臂、頭部，再講細小部位的要求。在認真體會動作的過程中，逐步理解形意拳的要領和對各部的要求。

其次，在正形的過程中要注意體鬆。鬆不是懈，體鬆是不要用力，只是把前臂擺放在合乎規矩的位置上而已，不加任何拙力，是用意念引導肢體的放鬆。要上鬆下實，下實是兩腿的支撐力。由於兩腿彎曲角度不同，後腿最累、最吃力這是必然的。

第三是入靜。入靜也就是把所有的思想意念全部集中到站樁的練習中，排除雜念。在初級階段要集中精力對姿勢的正確與否，各部的角度，肢體是否放鬆，要認真地去體驗去感覺。只有靜下心來，才能有所感覺，才能有所體會。在初級階段要把正形放在首位，只有正形以後的勁才能順。形的正與不正，對勁力的順與不順有很大的因果關係。初級階段對於呼吸的問題要做適當的要求，不要過分強調，只是在入靜的情況下，在姿勢正確的情況下，要有意識的使自然平常的呼吸調整到使呼吸緩慢、深長、均勻。初級階段要對姿勢進行不斷修正，不斷完善，而達到正確的定型。

2. 中級階段

三體勢樁的練習在中級階段的要求：

① 對身體各部姿勢的「正形」，從大的方面到進一步對細小姿勢的精細研求，從而認真體驗和加深自我感覺，體驗勁順，感覺舒適。這是對形的方面的要求。

② 對意念的要求。意念分為兩種，一種是內視，一種是假借。內視用於養身，假借用於技擊。在中級階段站樁中，要以意領氣，以意導氣，使氣在周身循環，沿任督二脈進行周期性的往返運動。在這個練習過程中，先是以意循任督二脈，逐步地自然地達到氣循任督二脈，最後打通小周天。不要過分追求，完全順乎自然。通也自然，不通也自然。

③ 呼吸的要求和方法。由於初級階段對站樁姿勢的外形動作，透過練習基本上達到了「形正」。所以，在中級階段形正就不是主要的了，而在意念指導下的呼吸方法則是重點。三體勢樁在中級階段一般要求採取逆腹式呼吸法，即吸氣時膈肌上升，腹部內收凹陷，呼氣時膈肌下降，腹部外凸而圓滿。吸氣和呼氣都要求用鼻進行，對呼吸的深淺、節奏、頻率要在意念的控制下進行調節。要使呼吸深長、緩慢、均勻，這些都是在體鬆、意靜的條件下進行的。

3. 高級階段

初級階段在練氣的過程中是以意導氣，以意領氣。在中級階段是以氣運身，以氣周流全身。練至純熟達到一定程度之後，能達到內外合一，形神一致，和諧統一，天人

相應階段，即高級階段，也就是形意拳譜中的洗髓化勁和練神還虛的階段。在這一階段中人的精神得到了昇華，人的氣質得到了改變，使性格豁達，心胸開闊，謙和有禮。呼吸皆用鼻而不用口，吸氣綿長深透，呼氣細微若無。吸氣長引而咽，至極處微微吐氣。不論吸氣和呼氣都要細微無聲，這就是道家的「胎息」。其實，在武功的最高境界與道家、佛家互通互融，達到了高度的一致。這就是武學中的「拳禪合一」「拳道合一」的高級階段。

此階段的站樁姿勢與前兩段沒有任何差別，只是更加放鬆，意念虛靜，就像老子《道德經》所講：「致虛極，守靜篤。」使心境達到空曠寧靜的狀態。

第三節　降　龍　樁

一、概　述

形意拳中的降龍樁名稱是取自《性命圭旨全書・降龍說》：「離曰為汞，中有己土，強名曰龍。」「降之者，制其心中之真火，火性不飛則龍可制，而有得鉛之時」。指精神內守，腎水上升而制火為降龍。這是在氣功學術中的解釋。

形意拳降龍樁是其外形的擰身折腰，拗步回身，雙臂撐圓，前撐後塌的姿勢。外練腰臂腿功，內練心意氣。先練外後練內，「外練筋骨皮，內練一口氣」。先求外形肢體的姿勢正確合順，在此基礎上再進一步練習動作。要點面結合、內意集中、調節呼吸等。

二、降龍樁的練法

1.動作過程

① 立正姿勢，左足橫開一步，兩腳之間距離為三腳；同時，兩手自體兩側向上抬起，手心向上，兩手高與肩平，手臂微屈。目視前方（圖2-8）。

② 兩足不動，兩手屈前臂，向面前合攏，手心向下，兩掌指相對。兩掌內旋使掌心向外，拇指向下，高與肩齊，兩臂撐圓，如抱球（圖2-9）。

③ 左足以腳跟為軸，腳尖外展。右足以腳尖為軸，腳跟外擰，身體左轉約180°，左腿彎曲成左弓步，右腿蹬直微屈，身體大部重量在左腿；兩掌隨身左轉逐漸撐開，右掌在頭部右側上方，右臂撐圓，右肘略高過肩。左掌在左胯後方，掌心向下，掌指向前，左臂撐圓。頭向左轉目視

圖 2-8

圖 2-9

圖 2-10

圖 2-11

左掌。此為左降龍椿（圖 2-10）。

④ 身右轉 180°，兩足在原地擰轉，兩掌隨身轉撐抱於
胸前，兩掌心向外，與前動作②相同。

⑤ 右足以腳跟為軸，腳尖外展，左足以腳尖為軸，腳
跟外擰，身右轉 180°左右，右腿彎曲成右弓步，左腿蹬直
微屈，身體大部重量在右腿，腰向右轉。兩掌隨身右轉，
左掌在頭部左側方，左臂撐圓，左肘略高過肩，右掌在右
胯後方，掌心向下，掌指向前，右臂撐圓。頭向右轉，目
視右掌。此為右降龍椿勢（圖 2-11）。

2. 收 勢

降龍椿收勢左右相同，先回到②的姿勢，然後再兩掌
外旋，成手心向內，抱於胸前。再收左或右足成立正姿
勢，同時兩掌下落至腹前，再成立正姿勢，收勢畢。

3. 動作要點

① 降龍椿起勢動作要慢要柔和，動作中間不停，一氣呵成，動作連貫協調。

② 成定勢時，要注意兩手、兩臂的位置。上手臂要有撐勁，下手要有挦按勁，腰身要有擰勁。不能用僵勁、拙勁、彎勁，要放鬆，保持外形各部的正確，胸微含，頭微頂。

③ 定勢站椿開始時先自然呼吸，注意把姿勢調順，調正確。重心安置得當，然後盡量延長站椿時間，左右互換。如欲站椿時間長一些，兩足的距離適當短一些，保持兩足長的距離，這樣姿勢高一些。

④ 首先在保持動作姿勢外形、各部的位置以及間架結構正確的前提下，從上到下，用意調整各部的肌肉要逐步放鬆，不用力。但注意不要使姿勢走形而懈鬆，也就是把多餘肌肉給放鬆下來，用最主要的肌肉參加工作而保持外形不變，這樣能促進氣血通暢，特別是腰部肌肉一定要放鬆，要鬆而不懈，要沉而不僵。在擰轉中要有彈性，在蓄勁中含有發勁，在放鬆中要有突發的準備。

三、降龍椿的功用及意念活動

由於降龍椿兩腿距離較大，重心較低，故對腿部的力量要求較高，適於年輕人和身強力壯者練習，年老和體弱者練習此椿可把姿勢調高，擰身的角度調小一些。

此椿法的主要目的是為增強腿功、腰功和手臂的撐勁，是三體勢椿功的補充和完善。對腿部的支撐蹬力，腰部擰旋的彈力和手臂上撐下塌的勁力能起很好的鍛鍊作

用，能較快較好地提高功力。

撐身俯腰有龍折身之意，手臂的上撐下塌有把龍身捋直之意，前腿彎曲，後腿蹬直，身形下坐氣向下沉，有騎在龍身使其降服之意。隨著一吸一呼身形有稍微的起伏，有如龍在起伏掙扎，而我用意降服。此只是用意而不是用力，時刻注意要「意緊而力鬆」，逐漸體會身體各部的感覺，要感覺舒適得力為佳。

降龍椿，龍是指心神，練功中調身、調心神為降龍，所以，動作姿勢正確之後，調整心神為首要。

第四節　伏虎椿

一、概　述

此椿法也是民間傳統形意拳中的椿法之一。降龍伏虎是道家氣功術語，伏虎是指「精神內守，心火下降而濟水，為伏虎」（見《氣功大辭典》323頁）。前輩武術家取此名是指身形姿勢有伏虎之意，而內借用古代氣功之術語以練內。心火下降以濟腎水，指意念，此指周天氣血運行。此椿法兩腿成半馬步型，虛實分明，能增腿力，兩臂圓撐合抱，能增整體渾元力。

二、伏虎椿的練法

1.動作過程

① 由立正姿勢起，右足不動，左足向前邁一步，兩足之間距離約為自己的兩個或三個腳長，左足尖向前；兩手

圖 2-12　　　　　　　　　圖 2-13

自體側上起合抱於胸前，兩腕交叉，手心向內，兩臂屈肘，手高與胸齊。含胸拔背，鬆肩墜肘，頭向上頂，收臀，身形豎直，目視前方。兩膝伸直，重心在兩足之間（圖 2-12）。

②兩足不動，兩腿屈膝下蹲，重心在右腿，左腿屈膝微直，右腿彎曲下蹲，右大腿略高於水平。重心後移，成前四後六步型，即半馬步型。襠部撐圓，臀部內收鬆墜，頭部上頂收頦，身體豎直而微前傾。兩掌在身下坐之時，左手向前、右手向後撐開，兩掌心相對，左臂微屈撐圓，置於左膝前上方。右臂彎曲，右掌置於右肋腰側，兩肘外撐，兩掌心合抱，鬆肩墜肘，含胸拔背，氣沉丹田。目視左手前方。此為左步伏虎樁（圖 2-13）。

③起身站立，兩手交叉合抱胸前，收左腿到右腿處，再邁出右足做右步伏虎樁，動作同前，惟方向相反。

2.動作要點

① 兩臂撐抱，兩手前後拉開之時與身形下坐、兩腿屈蹲動作要一致，上下協調完整。

② 前腳要有踩勁，兩手有抱勁，兩肘有撐勁。此是用意而不是用力。

③ 練習時，前腳上步與兩手交叉合抱於胸前，上下動作要相隨，整齊一致。

④ 年輕力壯者可按標準姿勢站，應以氣不上浮為原則。身體弱者勢子應高一些，以後逐漸適應之後再放低。伏虎椿對增大腿的支撐力大有益處。

3.站椿時的呼吸

① 在吸氣時，兩腿要有合勁，有如站在冰上，要裹胯合膝，防止腳下滑動而用抽勁合勁。同時，兩手兩臂在吸氣時，用內含抱勁。

② 在呼氣時，前腳要有踩勁，後腳要有蹬勁。配合呼氣而氣沉丹田，身形有微向下坐之意。這些勁力的練習只是在意念支配下的內動，而外形並無大的變化。隨著一吸一呼進行有節奏的練習，可進行一鬆一緊的勁力練習，吸時鬆，呼時緊。這樣以體會身體各部肌肉的感覺，要鬆而不懈，緊而不僵，鬆是手段，緊是目的。

③ 兩手前後拉開撐出與身形屈腿下蹲動作要協調。雖身形微向前傾，但注意力要收臀向下沉坐。隨著一吸一呼，重心微有前後的移動。隨著重心前後微小的移動，前腳練習踩勁。兩手外撐時有如拉開一個彈簧，向內合抱時，猶如兩掌向內合壓彈簧，以這樣的意念來體會全身的

整勁，這些都是用意，而不是用力，用力則僵，用意則靈。

第五節　砸椿

一、概述

砸椿，顧名思義就是把椿再夯實、砸實一些。就像修築橋梁在每個橋墩下面都要打下很多椿一樣，以利基礎更加紥實、穩固。在這種基礎上修建的橋梁能更結實、牢固、持久。形意拳砸椿的意義也是如此。

砸椿不同於站椿，站椿是原地不動保持一種姿勢，砸椿是保持一種姿勢在原地進行動作的椿法。目的是為了快速地掌握形意拳的整勁，也是為了透過砸椿能較快地體會到形意拳的要領。站椿主要是練意調氣，而砸椿主要是練氣與力合。

形意砸椿在傳統練法中沒有，這是經多年的練功體會和教學實踐總結而得出來的。它是對椿功的一個補充，也是形意拳從靜式站椿到動作練習中間的一個過渡。更重要的它是將站椿獲得的整勁引發於外，是練習和體會發力的一個很簡單實用的椿法，能在較短的時間內得到增力強身的作用。

二、前腳落地砸椿練法

1.預備勢

兩腳之間的距離，姿勢的高矮，身形的正而似斜，斜而似正，頭頂收臀，含胸拔背等均與三體勢椿法相同，只

圖 2-14

圖 2-15

有兩手、兩臂放置的位置與三體勢不同。

　　砸椿要求：前手握拳，屈前臂橫於身前，拳心向裡，略低於肩；上臂與前臂之間的夾角，即肘部的角度在 90°～100°。後手掌心向前，掌指向上，按於前手腕部，雙肩鬆垂，後手肘部下墜。目視前方（圖 2-14）。

2.動作過程

　　①預備姿勢站好之後，先調氣深呼吸三次，使氣沉入丹田。除兩腿支撐全身重量外，其他各部放鬆，重點在肩部、腰部。

　　②身體重心微向後移約 10 公分，前腳的腳跟離地約 3 公分，前腳掌點地，前腿膝部微屈。前手前臂和拳微向後移至胸前，後手始終扶於腕部，兩肩鬆沉回抽。此時，大部重量在後腿，頭向上頂，目視前方，此時要吸氣，動作要慢，吸氣要長要滿（圖 2-15）。

③ 後腳用力蹬地，使身體重心向前移動約 15 公分。同時，前腳的腳跟落地用力向前下踩勁，要落地有聲。前腿膝部不能彎曲過大，它有一個彈性形變，但又快速恢復原狀。腳後跟落地的同時，以前手的前臂和腕部為力點，用腰部的催勁，肩部的前送，前臂的撐勁和後手的用力推送而把勁力發出。發勁時配合呼氣，以氣催力。呼氣時要短促有

圖 2-16

力，要氣沉丹田。把全身之勁節節傳遞，貫注於前手腕部和前臂而發出。此時前臂與肘部約為 120°。頭向上頂，目視前方（圖 2-16）。

練習砸樁動作，左腿在前練習 50 次，再換右腿在前練習 50 次。具體次數，視體力而定。

3.動作要點

① 首先是動作與呼吸相配合。蓄勁時吸氣，發勁時呼氣；其次是注意全身的鬆與緊。發勁時緊，蓄勁時鬆，在發勁完了之後應馬上放鬆，只有鬆得開，鬆得徹底，才能合得緊，緊得完全，緊得剛猛。鬆和緊的時間分配是「剛居其一，柔居其九」，鬆時意緊，緊時爆發。

② 練習時，身形在原地隨動作的蓄發，有一些微小的起伏，約為本人身高的 1/20 的起伏幅度。重心後移時蓄勁，身形微向上起一些，砸樁落地有聲，發勁時身形微下

落。

③ 姿勢擺好之後，頭向上頂，目視遠方，如屹立岩石之上面對長空，穩如泰山。隨重心微後移，吸氣蓄勁，似把海浪吸引收蓄過來，然後呼氣，發勁把海浪揮之而去，氣勢恢宏，發勁剛猛。以這樣的意境指導砸樁練習，會有意想不到的收效。

④ 砸樁練習要遵循輕—重—輕，也就是柔—剛—柔的練習順序。先輕柔緩慢發力，以調氣調身，至全身氣和、身舒、勁順之後，再以剛猛之勁砸樁，以練整勁。最後再練習輕柔，以調氣養身。這三段練習始終要保持姿勢的正確，勁力的合順，始終以意念為先。

⑤ 在練習過程中，一定要根據每個人的體質強弱和身體狀況而決定運動量，不能圖一時高興和痛快，發勁過猛，時間過長，而導致勞累。砸樁雖是形意拳中獲得整勁較快的一種樁法，但練習不當也會產生很多弊病。由於砸樁時，前腳跟落地有聲，對腳跟部衝擊力較大，練習過猛、過長、過累，會產生腳跟疼。由於前腿膝部的用力支撐，膝部也會產生很大的衝擊力，從而使膝部產生不適。由於砸樁時，地面支撐力節節貫穿上達，雖發勁於前方，但對頭部也會產生一定的震動，頭部會有頭疼、頭脹等不良影響。只要認真按上述的練習方法練習，這些弊病都能避免。練功要循序漸進，欲速則不達。

三、後腳落地砸樁練法

1.動作過程

① 後腳砸樁的預備姿勢與前同。

②身體重心微向前移約 10 公分，前腳不動，後腳跟抬起 2～3 公分，腳尖不離地，身形微向上長；兩手動作同前腳砸椿動作。注意前手前臂向後微移動時，腰微挺，胸微前頂。動作要慢，與吸氣配合，目視前方。

③重心向後移，前腿支撐，後腳的腳跟落地要震地有聲；用力向後、向下踩勁。同時，前手以前臂和腕部用力向前繃勁發出，後手扶於前手腕部。注意臀部向下鬆墜，向後坐，腰要向後弓，肩部向前送，配合呼氣以發出整勁。左右相同。

2.動作要點

①後腳砸椿是利用後腳落地支撐的反作用力，迅速上達，通過腰肩，送達於前手而發出整勁。

②後腳落地與前手發勁動作要整齊一致。

③發力和呼氣要同時。

四、砸椿的功用及意念活動

砸椿練習時，前腳、後腳都要練習，以前腳砸椿為主，後腳為輔。另外，在五行拳的練習過程中，也可以利用砸椿的技法對五行拳的每個拳勢進行砸椿練習，這樣，能更好、更快地體會五行拳的勁力，以增強功力。

具體練法與砸椿相同，要把全身的整勁貫注於前手的掌或拳上去，以體會勁力的來源，加深對形意拳要領的理解，有利於更快形成正確的姿勢勁力，使動作規範化。由多年的練功體會和教學實踐，砸椿是五行拳能較快獲得整勁，最簡潔實用的一種椿法。

第三章　五　行　拳

　　五行拳是形意拳的基本拳法，也稱之為形意母拳，包括劈拳、鑽拳、崩拳、炮拳、橫拳五拳。五行拳是以中國傳統的五行學說來命名的拳術。五行學說是中國古代傳統哲學最重要的組成部分。它認為世界萬物都是由五種基本要素所構成的，即金、木、水、火、土。以相成相輔、相互聯繫、相互制約的關係來解釋世界的萬物，這是古代樸素的辯證法，是古代科學的方法論。它滲透於社會的方方面面，產生了巨大的影響。拳家們以五行學說結合拳式，把拳式招法刪繁就簡，由博返約，找出五拳，再結合人體，參以中醫理論，用以解說拳理和攻防技法，用以命名拳術為五行拳，這就是五行拳的命名之源。

　　五行拳不但是五種拳法、五種技法、五種樁法，而且更主要的它是五種勁法、五種勁的鍛鍊方法。它是形意拳各拳之母，老拳譜中稱其為「形意母拳」。

第一節　劈　拳

一、概　述

　　形意拳譜云：「劈拳，五行屬金，其形似斧，五臟屬肺。」這是所有老拳譜對劈拳論述的共同觀點，也是民間傳統形意拳界所共同遵循的經典理論。「劈拳，五行屬

金」，是指劈拳在五行中（金、木、水、火、土）與金相對應；「其形似斧」，斧是砍柴劈物的工具，斧是金屬鋼鐵所製成。劈拳取斧之形，就是取其劈物有勢若破竹之勢。從劈拳兩手的動作來看，確有手持刀斧向前、向下劈的形象含義，它的發力過程是自上向前、向下的弧形運動。所以，前輩拳家說「劈拳其形似斧」，是從它的動作過程而形象比喻的，既準確又模糊，既形似又不是，讓練習者去探索、體悟。

劈拳在練習時有多種方法，初學劈拳之前應先站樁，站樁是劈拳的基礎，只有站樁打下堅實的基礎，學練劈拳掌握的才快。劈拳的練法在步法上分，有定步劈拳、活步劈拳、順步劈拳、拗步劈拳、上步劈拳、退步劈拳。從手法上分，有捋手劈拳、搖身劈拳、回身劈拳等。

二、劈拳的練法

（一）活步劈拳（常規練法）

1.右劈拳

（1）動作過程（由左三體勢起，起勢動作見三體勢樁功）

① 左足向前進半步，右足馬上跟進，靠於左足踝關節處，右足放平不落地。兩腿彎曲，右膝與左膝併攏；同時，左手抓握成拳拉回至腹，右手也抓握成拳，兩肘抱肋，左拳隨左足進步，自腹部向上經心窩向前、向上鑽出，左拳高與鼻齊，左肘內掩，小指上翻，拳心向上。右拳不動。頭向上頂，目視左拳（圖3-1）。

圖 3-1　　　　　　　　　　圖 3-2

②右足向前上一大步，左足跟進半步，大部重量在左足，成右前左後三體勢步型；同時，右拳起鑽經心窩向左肘部，順左前臂上向前鑽，拳心向上，右拳與左拳相交時，兩拳同時內旋翻轉變掌，至掌心向前、向下。左掌向下、向後拉回至小腹。右掌向前、向下劈出，右腕微塌，掌心向前斜下，高與肩齊，右臂微曲，右肩前順。頭向上頂勁，目視右掌前方（圖3-2）。

（2）動作要點

①左手抓握拉回時，手要隨走隨成拳，身形微向後領，左拳鑽出與左足進步手腳動作要上下一致。

②右掌向前劈落與右足上步落地要整齊如一，手腳齊到。

③左足跟步時，動作要快，注意兩腳的距離要根據身形的高矮而調整步幅大小。身形高時，距離小一些，身形矮時，距離要大一些。

圖 3-3　　　　　　　　　　　圖 3-4

④ 右劈拳是一個完整的動作，初練時要慢一些，熟練之後，動作①②中間不要停，要一氣呵成。

2.左劈拳

（1）動作過程

① 接右劈拳動作，右足向前進半步，左足跟進提起至右踝骨處，腳不落地。兩腿彎曲，兩膝併攏；同時，右手抓握成拳拉回至腹，左手也抓握成拳，右拳隨右足向前進步，自腹部向上經心窩向前鑽出，高與鼻齊，小指上翻，拳心向上，右肘內掩彎曲，頭向上頂勁，目視右拳（圖 3-3）。

② 左足向前上一大步，右足跟進半步，大部重量在右足；同時，左拳上鑽經心窩，向右肘部順右前臂向前鑽，拳心向上；左拳與右拳相交時，兩拳同時內旋翻轉變掌至掌心向前下，右掌向下、向後拉回至腹，左掌向前、向下

圖 3-5

圖 3-6

劈出，高與肩齊，掌心向前斜下方。頭向上頂，目視左掌前方（圖 3-4）。

（2）動作要點

與右劈拳相同，惟左右互換。

3. 劈拳轉身（以右劈拳為例）

（1）動作過程

①右手抓握成拳拉回至腹，右足尖原地扣步，重心前移至右足；同時，身向左轉 180°，面對來時方向。左足擰轉擺直，兩腿成三體勢步型（圖 3-5）。

②左足向前進半步，右足提起跟進至左足內側不落地；同時，左拳自腹經心窩向前、向上鑽出，高與鼻齊，小指上翻。目視左拳（圖 3-6）。

③右足向前上一大步，左足跟進半步，大部重量在左足；同時，右拳經心窩向左肘部，順左臂上向前劈出，頭

頂，目視前方。動作與右劈拳相同（圖 3-7）。

劈拳轉身動作左右相同，惟左右動作互換。

（2）動作要點

注意身體重心的移動，扣步回身轉身要快，身形要穩。

4.劈拳收勢

（1）動作過程

劈拳練習至原起勢位置時，打出左劈拳，也就是左足、左手在前，右手在腹，右足在後時，即行收勢。

① 左手在前抓握成拳，扣壓拉回至小腹，左拳心向下，右手也同時在腹前握拳，拳心向下。兩足不動，左拳拉回時，左足踩勁，頭向上頂，目視前方（圖 3-8）。

② 重心前移到右足，右足向左足併攏，兩腿彎曲，保持身體高度不變，兩拳在腹前不動。頭微頂，目視前方（圖 3-9）。

圖 3-7

圖 3-8

③兩拳在腹前下落變掌，在身體兩側向上畫弧抬起，兩臂微屈，與肩平時，兩掌心向上，兩臂屈肘，兩掌向面前合攏，兩掌指相對，手心向下。兩腿彎曲保持不動（圖

圖 3-9

圖 3-10①

圖 3-10②

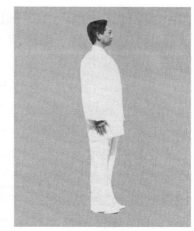

圖 3-11

3-10①②）。

　　④兩掌自面前向下按落至小腹。同時，兩腿伸直，成立正姿勢，兩手在身體兩側下垂。轉身成立正姿勢，收勢完畢（圖 3-11）。

（2）動作要點

① 左拳扣壓拉回與左足的踩勁和頭部的上頂，這三者要同時，精神要貫注。

② 兩手畫弧側平舉與兩手合攏下按動作要連貫不停，兩手下按與兩腿伸直站立動作要上下一致，手腳齊動。

（二）定步劈拳

顧名思義就是前腳不進半步，後腳不跟半步。一步一劈，左右都成三體勢步型，後腳上步落地而後手向前劈出。

1. 動作過程（自左三體勢動作起）

① 兩足不動，左手抓握拉回至腹，再經心窩向前、向上鑽出，左臂掩肘，拳小指上翻，高與鼻齊，右拳不動，頭頂，目視前方（圖3-12）。

② 右足向前上一步，左足不跟步，右足落地踩勁，兩腿成右前、左後三體勢步型，大部重量在左足。在右足向前落地的同時，左足在原地自然扭轉約成45°角；同時，右拳經心窩向左肘順左前臂上前鑽，兩拳相交時，內旋翻轉變掌，右掌向前、向下劈出，高與胸齊。左掌拉回至腹，頭向上頂，目視前方（圖3-13）。

圖3-12

圖 3-13　　　　　　　　圖 3-14

如此練習，左右相同，惟手腳左右互換。

2.動作要點

練習時，全部動作保持一定高度不變。練習時手的劈落與腳進步落地要相合，要整齊一致。

3.轉身收勢與劈拳常規練法相同

（三）拗步劈拳

1.動作過程（自左三體式起）

（1）拗步右劈拳

①左足後撤至右足內側落地，重心移向左足；兩手抓握成拳，左拳拉回至腹，右拳不動（圖 3-14）。

②左拳經心窩向前、向上鑽出，高與鼻齊，小指上

圖 3-15

圖 3-16

形意拳械精解（上）

翻；同時，右足向前進半步，左足跟進至右足內側不落地，頭頂，目視前方（圖3-15）。

③左足向前上一大步，右足跟進半步，大部重量在右足；同時，右掌經心窩沿左肘，順左臂上向前劈出，左手拉回至腹，兩手動作與前面介紹動作完全相同。頭向上頂，目視前方（圖3-16）。

（2）拗步左劈拳

①左足向前進半步，右足跟進；右手抓握拉回至腹再向前、向上鑽出，高與鼻齊。右拳小指上翻，目視前方（圖3-17）。

②右足向前上一大步，左足跟進半步；同時，左拳經心窩順右前臂上向前鑽，至兩拳相交時內旋翻轉，左拳變掌向前、向下劈出，右手拉回至小腹（圖3-18）。

圖 3-17　　　　　　　　圖 3-18

2.動作要點

① 左拳鑽出與右足進半步要同時。右掌向前劈出與左足上步落地要上下相齊，整齊一致。

② 要注意腰部要鬆活，右手劈出右肩要向前順，左手劈出左肩要向前順。

③ 兩腳要有適當的橫向距離，以增加穩定性。兩腳不能在一條直線上，兩腳的橫向距離不能超過本人的肩寬。

(四)老式劈拳

此種練法是名副其實的劈拳，它是用雙手握拳，一拳拉回，一拳向前、向下沖劈砸。其步法與活步劈拳完全相同，只是手型不同而已。

1.動作過程

① 兩手與兩足的動作與劈拳動作相同。

② 右足向前上一大步，左足跟進半步；同時，右拳經心窩順左前臂向前鑽出，右拳與左拳相交時，兩拳微內旋，拳眼向上，左拳拉回至小腹，右拳向前、向下劈出，右拳高與胸齊。右臂微屈，鬆肩沉

圖 3-19

肘，頭向上頂，目視前方（圖 3-19）。

左右練習相同，惟動作左右互換。

2.動作要點

與劈拳相同，不同點是劈拳用掌，而此式是用拳頭向前劈。用拳頭向前劈落時，暗含著砸和沖的勁法和意念，它是以劈出之臂的前臂和拳頭為接觸發力點，自上向前、向下劈砸，拳在將要到達終點時，用步法的前催，肩部、肘部的鬆沉前送和腕部的坐腕前頂，這樣整體合一而發出整勁。

3.轉身和回身及收勢動作與劈拳同

（五）搖身劈拳

它是取身法、身形的左右閃躲，而手法用劈拳的技法進行演練的一種劈拳。

圖 3-20 圖 3-21

1.動作過程（自左三體勢起）

① 左手抓握成拳拉回至腹，左足向後撤回至右足前，重心後移至右足，身微右轉，頭向上頂，目視前方（圖 3-20）。

② 左足向右斜前方進半步，左腳尖微向外擺；同時，左拳經心窩向前、向上鑽出，小指上翻，臂彎曲，高與鼻齊，右拳在腹，頭向上頂，目視前方（圖 3-21）。

以下動作同前，惟左右互換。

2.動作要點

① 搖身劈拳在練習中要注意步法，前腳是先撤回，再弧形向前進步。

② 前腳後撤時，重心先向後移，此時身形要微向後轉，要領氣回身，以體現出搖身的閃躲避讓。

③ 整個動作要一氣呵成，中間不停。

3.轉身和回身及收勢動作與劈拳同

（六）退步劈拳

退步劈拳是取步法向後退的一種練法。形意拳步法的特點是「進步先進前腳，逢進必跟，退步先退後腳，逢退必撤」。退步劈拳是表現出退步先退後腳、逢退必撤的特點。

1.動作過程（自左三體勢起）

① 右足向後退半步，重心後移至右足，左足隨之後撤至右足內側點地；同時，左手抓握成拳拉回至腹，再經心窩向前、向上鑽出，高與鼻齊，小指上翻，頭頂，目視前方（圖3-22）。

② 左足向後退一大步落地，右足隨之向後撤半步，兩腿成右前左後三體勢步型；同時，右手如同劈拳動作向前劈出，左手拉回至腹，頭向上頂，目視前方（圖3-23）。

連續演練，左右動作相同，惟左右互換。

2.動作要點

① 退步時要腳尖先落地，然後再過渡到全腳掌。退步要輕靈，撤步要跟隨，重心後移要平穩。

② 右足退步，左足撤步與左拳鑽出，動作要上下相合，協調一致。左足後退，右足隨撤與右拳向前劈出動作要整齊。退步劈拳練習不要打剛勁，以手腳相合，動作順達為主。

圖 3-22　　　　　　　　圖 3-23

3.轉身、收勢動作與劈拳同

退步劈拳在有的拳譜中也叫「貓洗臉」，動作基本上大同小異，「貓洗臉」只是更強調了兩手的動作。還有一種退步劈拳的動作是：右掌向前劈出與左足後退落地整齊一致，左足落地要震地有聲。這只是每個人練習的要求不同而已，每個人都可以根據自己的心得體會，根據自己的喜好，採取不同的練習方法。

三、劈拳的勁力

劈拳手法的動作是「手起而鑽，手落而翻」。兩手的起落，兩臂的屈伸，行走的路線，運動的軌跡，都不是直出直回，而是兩手畫了一個橢圓形。起鑽是拳，落翻是掌。在這個橢圓的運動軌跡上，我們不但要注意拳和掌所運動的路線必須在這個圓上，而且還要注意兩臂的肘部運

動的軌跡。要求兩肘部要緊貼兩肋，無論是向前伸出，還是向後拉回，肘部都要貼著兩肋走，要求肘部的運行要貼肋、擦肋、磨肋。

為什麼形意拳功夫深的人，能一劈拳把人打倒以致跌出丈外？我認為前輩們功夫深厚，技術過硬，勁力發得整，這是先決條件。在打擊點找得好，發力的方向角度找得正確，時間火候恰到好處以外，關鍵的是在發力的剎那間打出了連續不斷的勁，加長了作用力的時間，這樣才能把人發出丈外。

劈拳應該打出一個波浪形的勁，但這個波浪形不能太大，太明顯。主要是手眼身法步的協調一致和加強意念的作用。劈拳的發勁有往下的劈勁，有往前的推勁，還有稍稍向上的長勁，應該是這三個勁力協調一致有機的配合，在極短的時間內發出連續不斷的勁力。

在運用時，先發往前下劈的勁，能使受力者不自主地產生一個自然向上的抗勁，利用對方向上的抗勁，我再用腰部往上拱的勁，這樣借力使力，容易把對方的根拔起，只要對方一拔根，身體就不穩，勁就散亂，緊接著發猛力向前推動，向外推送，這樣就有可能把人發出去。

劈拳向前下劈是用肘部的沉勁，往上拱的勁是用頭向上頂，腰部的微向上的伸展長勁，往前催推送放的勁是用後腳蹬地而身往前的縱力和肩腰的催送，再加沉肩伸臂的推放勁。這些勁力的配合，是以腿部和腰肩的力量為主，它是步法和身法的合力，可以說占全部發力的六七成以上，應把主要精力和力量放在最後的催送和縱力上去，配合發力時呼氣。

當然，劈拳在練習時關鍵還是一個整勁，手腳合順，

形意拳械精解（上）

整齊如一，勁力完整。劈拳打出時，注意頭部要向上頂，手向前下劈，頭部有微向上長之意，這樣能增加手向前下的劈勁。

四、劈拳容易出現的毛病及糾正方法

1. 初練劈拳時，往往只注意了拳和掌的運行路線，經心窩至口前往上、往前鑽出，而忽略了肘部的貼肋，以致發力不整，打不出身勁來。

糾正：老師要多講解兩肘部的動作要求和運動軌跡。讓學生實際體會肘部向內合，與肘部向外開兩種情況的用力感受，以加深肘部內合、肘部貼肋的自覺性。

2. 練習過程中，身體起伏過大。

糾正：關鍵是兩腿的膝部沒有控制好身體的高矮。練習時，要注意前腳進半步獨立支撐時，膝部要彎曲，不能伸直，要和三體勢的高矮保持基本一致。練習過程中身體沒有一點起伏是不可能的，過大的起伏是不正確的。一般的身體起伏應控制在本人身高的5%以內為宜。

3. 劈拳前手鑽出之後，後手順前臂上鑽時，前臂有向下落或向後屈肘回收的毛病。初學者這種現象經常發生。

糾正：時刻注意前拳鑽出高與鼻齊，三尖相對，小指上翻。同時鑽出之拳要有向前、向上的頂勁，成斜面的前頂力。只有在兩拳內旋變掌之後才能下落拉回。注意拳有向前的頂勁。

4. 後腳跟步時與前腳成一條直線或成擰麻花形，產生身形不穩現象。

糾正：產生這種現象的原因，主要是後腳跟步落腳的位置不準確。後腳跟步時，後腳的內側要與前腳的內側在

一條直線的兩邊，中間應有一拳的橫向距離，過大則襠敞，過小則不穩。要適當加大底面積，以增加穩固性。

5. 練習過程中，後腳跟步有拉胯的現象，致使後腳太橫而產生敞襠現象。

糾正：後腳跟步時產生拉胯的原因，主要是在練習時把注意力放在前腳和兩手的動作上，忘記或忽略了後腳的跟步。後腳跟步時，要強調用後腿的膝蓋帶著足向前跟步，要裹胯合膝而帶足向前跟步。另外，後腳跟步的腳尖，與正前方小於 45°為宜。

6. 前腳上步落地，後腳跟步時，前腳有往前滑動的現象。

糾正：產生這種現象的原因，首先是前腳向下的踩勁不夠，腳趾沒有抓地，其次是前腿膝部過分伸直。前腿的膝部落地後不能過分伸直，要保持一定的彎度，大腿和小腿之間的夾角約 150°。同時，兩腿要有適當的合力，也就是前腳落地後要有向後的扒力，這樣就能防止前腳向前滑動。開始練習時，步幅要小一些，逐步適應之後再加大步幅。

7. 劈拳練習過程中，手向前劈落只有手臂向前下拍的勁，沒有打出整勁。

糾正：向前下拍是由前手和前臂發出的勁，力小而單薄，不符合形意拳的整勁要求。注意在發勁之前，上臂和前臂之間的夾角（肘部）應保持在 135°左右。用肩部向前催發，肘部再向前微伸，這樣能發出全身之勁，把注意力放在肩部和肘部，這樣就能避免手掌向前下拍的現象了。

五、劈拳的呼吸

劈拳在練習過程中，要注意動作與呼吸相配合。劈拳動作是一個完整的動作。從動作的手法上是起鑽落翻，從步法上是前沖後蹬，從勁力上是由蓄而發，從呼吸的配合上是先吸而後呼。拳譜云：「欲求力之足，必先求氣之充。」所以動作練習必須和呼吸方法配合好。具體方法是：

1. 前手抓握拉回時，要隨手動作而吸氣，動作要慢，注意身形氣勢。

2. 前腳進半步與前拳鑽出時，要停息，也就是閉住不吸不呼。

3. 後腳上一大步，後手向前劈出時，要呼氣。以發力而呼氣，以氣助力。

在動作與呼吸相配合的過程中，注意吸氣要慢，呼氣要快。要長吸短呼。但在呼氣時，不要把吸進去的氣全部呼出去，而是隨著發力呼出一部分氣之後，突然閉住，使小腹丹田處突然一緊，振動全身，爆發出整勁。長吸短呼是劈拳練習過程中動作與呼吸配合的特點，是隨著動作的發勁而呼氣，而不是呼氣發力，這點要注意。

六、劈拳教學訓練法

為了讓學員更快地學習和掌握劈拳的動作過程和動作要領，把劈拳按分解動作和完整動作兩部分來進行教學。這樣的方法能使學員儘快掌握，效果較好。

(一) 步法練習

1. 動作過程

① 兩足成三體勢步
型，左足在前，右足在後，
右手握拳放置小腹，拳心向
內，左手抓握右腕部，兩肘
微貼肋，頭向上頂，目視前
方（圖 3-24）。

② 左足向前進半步，
右足跟進提起至左足內側不

圖 3-24

落地（初練時右足尖可以點地），右足腳底離地寸許，兩
膝彎曲併攏，左足站穩，身形不能起伏，高矮與三體勢要
一致。頭頂，目視前方（圖 3-25）。

圖 3-25

圖 3-26

形意拳械精解（上）

③ 右足向前上一大步，左足跟進半步，成右前左後三體勢步型。兩手在小腹不動，頭頂，目視前方（圖 3-26）。

左右相同，反覆練習。

2. 動作要點

① 前腳上半步時，步幅不要過大，應以後腳再上步時不吃力為宜。腳尖不要過分翹起，要自然，要有意識地用腳尖向前探，防止抬腳過高而掀蹄亮掌。腳落地的順序是：先是腳後跟著地，馬上過渡到全腳掌，五趾抓地。

② 左足進半步，右足提起跟進時，兩膝要併攏，右足要在左足內踝處停住。提腳要速，停住要穩。右足底要平，離地寸許。

③ 右足向前上一大步，往前邁步時，右腳要向遠探，向前沖，右足尖要有向前沖的意念。充分利用左足的後蹬力，前足要沖，後足要蹬。右足落地要有向前、向下的踩勁。步法動作熟練之後，要加強腳的踩勁的意念，以體會膝部的感覺。

④ 左足再向前跟進半步，成三體勢步型。跟步時，兩足之間的距離比三體勢站樁時略小一些。在跟步時要注意用腰帶胯，胯要合要裹，用胯帶膝，以膝帶足向前跟步。跟步速度要快。步法要多練，以形成正確的步法定型。

（二）手法練習

劈拳的手法練習，是在原地兩足不動，兩手按劈拳的動作進行練習。兩足平行開立，與肩同寬，左手在前，右手在小腹。左肩前順，兩手姿勢與站樁相同。

① 左手抓握拉回至小腹成拳，再經心窩向前、向上鑽

圖 3-27①

圖 3-27②

出，小指上翻，高與鼻齊（圖
3-27①②）。

　②右拳經左肘部，順左
前臂向前鑽，兩拳相交時內
旋翻轉變掌，右掌向前、向
下劈出，左手拉回至腹，右手
高與胸齊。右肩前順，頭向上
頂，目視右掌（圖 3-28）。

　左右練習，以期掌握兩手
的動作路線和動作要領，形成
正確的手法定型。

圖 3-28

（三）整體練習

　在步法和手法練習基本掌握和熟練之後，再進行整體
練習。把手和腳的動作合起來，按口令進行合練。特別是

在集體教學時，更應該強調口令的整齊。開始練習要慢，等熟練之後再適當加快速度。在練習的過程中，不斷加深對形意拳要領的理解和體悟。

七、劈拳用法及動作的技擊含義

老拳譜講：「學有定式，用無定法。」劈拳在用時，關鍵是要打出劈拳的勁力。兩手起鑽要護中守中，守住自己的中心線，不論是進步、退步，還是繞步，雙手時刻要護住中線。具體運用時，還要看當時的情景，不能死搬硬套，要靈活運用，按劈拳的動作結構來分析它的用法。

前手抓握拉回再鑽出的含義是：前手抓捋回帶敵手，有衣抓衣，無衣抓肉。向前鑽出，有上鑽敵頭之意，也有防守格擋之用，暗含翻手變掌刁拿抓捋之變。進步進身，後手向前劈落，向敵面部、胸部進擊，以步沖身撞而手劈，求得把敵放出去的效果。

能否實現此含義，還得靠平時狠下工夫，還得看雙方實力如何，以及用時方向、角度、火候是否恰到好處。只要用出來的招術或勁法與劈拳相似，也就是自上向前下打出，不管是用掌，還是用拳或前臂發出劈勁，都屬於劈拳的範疇。

八、劈拳歌訣

劈拳似斧性屬金，起鑽落翻細推尋。
拳掌劈落頭上頂，手腳齊到方爲眞。

第二節 鑽 拳

一、概 述

拳譜云：「鑽拳之形似電，性屬水，五臟屬腎。」形意拳前輩們把鑽拳比喻為閃電，是取其瞬閃而過，敏速令人不可捉摸，迅疾令人不及眨眼之狀，以言其快，以意其形。

「鑽拳屬水」，以取其源源不斷曲曲流行之意，像水有孔就鑽，有隙必入。上鑽時有如泉水從地中突然涌出，如水翻浪之形。

「五臟屬腎」，這是和中醫五行相配而得出的結論。中醫五臟裡的腎與五行中的水相配，以這種邏輯相推，所以鑽拳也就屬腎了。這個「腎」是中醫範疇中的腎。

鑽拳有多種練法，拳自下向前、向上鑽打這一點，各地、各流派基本上都是相同的，這是它的共性，也是它的核心所在。以步法上分有：順步鑽拳、拗步鑽拳、退步鑽拳；從手法上分有：纏手鑽拳、蓋壓鑽拳；從身法上分有：搖身鑽拳、回身鑽拳等。

我們應該選擇帶有共性的，帶有普遍性的練法，正像拳譜所說：「先學其常，後精其變。」「其常」就是常規練法，常規勁法，常規用法和打法。「其變」就是它的各種變化，練法中的變化，用法中的變化等。

二、鑽拳的練法

(一)鑽拳的常規練法

1.右鑽拳

① 左手抓握成拳在原位置不動，左拳外旋擰翻至拳心向上，右手同時抓握成拳在小腹。左足向前進半步，右足跟進提至左足內側不落地。左拳內旋翻扣至拳心向下，左臂屈

圖 3-29

肘，使左拳距胸前約有一前臂加一拳的距離，高與肩齊，左肘略低於肩，左肩微前順，鬆肩沉肘，頭向上頂，目視前方（圖 3-29）。

② 右足向前上一大步，左足跟進半步，大部重量在左足。同時，右拳經心窩向上經左拳內側鑽出，小指上翻，右肘內掩，高與鼻尖齊。左拳向下扣壓拉回至腹，拳心向下緊貼小腹，右肩前順，右前臂和上臂之間的夾角約 100°～120°，頭向上頂，身形微向下墜，目視前方（圖 3-30）。

圖 3-30

2.左鑽拳

① 右足向前進半步，左足跟進提起至右足內側不落地。同時，右拳內旋翻轉，拳心向下，屈右前臂向下扣壓，高與肩齊，距胸前一前臂加一拳的距離，右肘略低於肩，頭向上頂，目視前方（圖3-31）。

② 左足向前上一大步，右足跟進半步，大部重量在右足。同時，左拳翻轉使拳心向上，經心窩向前、向上，在右拳內側向上鑽出，左拳小指上翻，高與鼻齊，左肘內掩，右拳向下、向後拉回至小腹，拳心向下，右肘貼於右肋，頭向上頂，身微下沉，目視左拳前方（圖3-32）。

左勢、右勢反覆交替練習，次數多少視場地大小和個人體力而定。

圖 3-31

圖 3-32

3.動作要點

① 前腳向前進半步與前拳向下扣壓，上下動作要一致。

②後腳向前上一大步與後拳向前上鑽出，動作要整齊，步拳一齊到，不能有先後。

③起勢後，步不動左手先握拳翻轉，然後再進步翻扣下壓，這一點要注意。

4.鑽拳轉身

無論是右鑽拳還是左鑽拳轉身動作相同，惟左右互換，以右鑽拳為例：

圖 3-33

①右足原地扣步，重心前移至右足，向左轉身，面對來時方向，轉身後左足向後撤回半步。右拳外旋，右肘上翻抬起至頭頂上方，左拳在小腹不動，目視前方（圖 3-33）。

②左足向前進一步，右足跟進成左前右後三體勢步型。右拳自上向前、向下蓋壓拉回至腹，拳心向下；左拳自腹向前、向上鑽出，拳心向上，小指上翻，高與鼻齊，頭頂，目視前方（圖 3-34）。

圖 3-34

【動作要點】：

①右足扣步轉身與右肘上翻抬起要一致，扣步幅度要

圖 3-35　　　　　　　　　圖 3-36

大，重心移動要快。左足撤步要及時。

　② 左足上步，左拳鑽出與右拳蓋壓拉回三者要整齊一致，齊起齊落，一氣呵成。

　③ 整個轉身動作要連貫，中間不停。

5.鑽拳收勢

鑽拳練至原出勢位置後，成左鑽拳時即收勢。

　① 兩足原地不動，成左前右後三體勢步型。左拳內旋翻扣下壓拉回至小腹，拳心向下。左足原地向下踩勁，頭向上頂，目視前方（圖 3-35）。

　② 重心前移，右足向左足併攏，雙腿彎曲，雙膝併攏，保持身體高矮姿勢不變。兩拳在小腹不動，兩肘貼肋，頭微頂，目視前方（圖 3-36）。

　③ 兩拳在腹前下落變掌，自身體兩側向上畫弧抬起，兩臂微屈，上抬與肩平時，兩掌心向上，兩臂屈肘，兩手

圖 3-37①

圖 3-37②

向面前合攏，兩掌指相對，兩掌心向下，兩腿彎曲（圖 3-37①②）。

④ 兩掌自面前向下按落至小腹，兩腿伸直成立正姿勢，兩手自然垂於身體兩側，右轉身成立正姿勢，收勢完畢（圖 3-38）。

【動作要點】：與劈拳收勢相同。

（二）拗步鑽拳

圖 3-38

鑽拳的其他練法只是步法和手法有所不同而已。不管前手如何變化，只要變得合理，符合技擊，而後手打出鑽拳，都應視為鑽拳。地區、師承的不同，存在差異是客觀

圖 3-39　　　　　　　　圖 3-40

現實，應求同存異。

1. 動作過程（自左三體勢起）

（1）拗步右鑽拳

①左足向後撤一步，至右足內側不落地，也可腳尖點地，重心後移至右足，兩腿彎曲，保持與三體勢不變。同時，左手抓握拉回至腹成拳，再向上經心窩向前、向上鑽出，左臂彎曲，左拳高與鼻齊，前小指上翻。右手抓握成拳在小腹不動，頭向上頂，目視左拳前方（圖 3-39）。

②左足向前進一大步，右足跟進半步，大部重量在右足。同時，左拳內旋翻轉扣壓，左臂微屈肘，左拳蓋壓拉回至小腹，拳心向下；右拳自腹經心窩向前在左拳內側向上鑽出，右拳外旋，拳心向上，小指上翻，高與鼻齊。右肩向前順，頭向上頂，鬆肩、墜臀、沉肘，目視前方（圖3-40）。

圖 3-41　　　　　　　　圖 3-42

（2）拗步左鑽拳

① 左足向前進半步，右足跟進提起至左足內側不落地；同時，右拳內旋翻轉向左、向下扣壓，拳心向下，右臂微屈，右拳高與肩齊，頭頂，目視右拳前方（圖 3-41）。

② 右足向前上一大步，左足跟進半步，大部重量在左足；同時，右拳扣壓拉回至腹，拳心向下，左拳自腹向下經心窩在右拳內側向前、向上鑽出，高與鼻齊，小指上翻。左肩前順，頭頂，目視前方（圖 4-42）。

左右反覆交替練習。

2. 動作要點

① 拗步鑽拳的動作是：左足進步，右拳扣壓，右足上步，左拳鑽打。手法的向下扣壓和向上鑽打，動作要點均與鑽拳相同，只是與步法與手法相配不同而已。注意左右

上下要整齊協調。

② 在打出鑽拳時，一定要注意腰要鬆活，發力時擰腰順肩，以加大力量。

3.鑽拳轉身

① 拗步右鑽拳轉身時，左足向前扣步，右轉身 180°，重心移向左足，右足撤到左足前；同時，右拳拉回自腰側向後插，拳擰轉至拳心朝上，目視右拳。

② 右足向前進一大步，左足跟進半步。同時，右拳蓋壓拉回小腹，拳心向下。左拳打出鑽拳，高與鼻齊，目視左拳前方。左右相同，惟動作互換。

4.鑽拳收勢

練至拗步右鑽拳時，右拳拉回至腹，身微轉，兩足不動。頭頂，目視前方，下面動作與劈拳收勢同。

如是拗步左鑽拳時，左足向前上一步，兩腿成三體勢步型；左拳扣壓拉回小腹，頭頂，目視前方。

（三）搖身鑽拳

1.動作過程

（1）搖身右鑽拳

① 兩手握拳，左足向前進半步，右足提起至左足內側不落地；同時，左拳翻轉拳心向上，向右掩肘下落，自身前向下、向左畫弧，再向上、向前、向右畫弧，拳心向下，左臂彎曲，高與肩齊。右拳自腹向上，拳心向外，沿左上臂外側向上、向右畫弧，再向下落至右腰側，拳心向

圖 3-43①

圖 3-43②

上，兩手動作要同時進行。頭頂，目視前方（圖 3-43①②）。

　②右足向前上一大步，左足跟進半步，大部重量在左足；同時，左拳扣壓拉回至腹，拳心向下。右拳經心窩沿左拳內側向前、向上鑽出，右拳高與鼻齊，小指上翻。目視前方，頭上頂（圖 3-44）。

　（2）搖身左鑽拳

　①右足向前進半步，左

圖 3-44

足跟進提起至右足內側不落地；同時，右拳沉肘下落，左拳自腹向右前臂外側橫臂向上，再向左、向下畫弧落至左腰側，拳心向上。右拳向下、向右，再向前、向左彎臂扣

圖 3-45① 圖 3-45②

壓，拳心向下，高與肩齊，兩臂同時畫弧不停。頭頂，目視前方（圖 3-45①②）。

②左足向前上一大步，右足跟進半步，成左前、右後三體勢步型；同時，右拳扣壓拉回至腹，拳心向下，左拳向前、向上打出鑽拳，各部動作要求同前（圖 3-46）。

以下動作左右交替反覆練習。

2.動作要點

①搖身鑽拳的動作，關鍵是兩手畫弧要同時進行，一上一下，一左一右，一前一後，兩拳、兩臂要協調做相向運動，同時配合身法左右前後移動。身法的移動是為了配合兩手、兩臂更好的發力，要在練習中仔細體會。

②前腳進半步與兩手的畫弧要同時，要上下協調一致。初學時，兩手畫弧的幅度可以大一些，熟練之後幅度要逐漸縮小。注意身法與兩手要協調配合。

圖 3-46 圖 3-47

3.搖身鑽拳的轉身和收勢與鑽拳相同

（四）退步鑽拳

1.動作過程（自左三體勢起）

（1）退步右鑽拳

①右足向後退半步，左足後撤至右足尖前，左足尖點地；同時，左手握拳橫前臂向下蓋壓，拳心向下，高與肩齊。右拳在腹前不動，目視前方（圖 3-47）。

②左足向後退一步，左足踏實，落地有聲，重心後移，大部重量在左足，右足不動。同時，左拳扣壓拉回至腹，拳心向下。右拳向前、向上鑽出，高與鼻齊，小指上翻。頭頂，目視前方（圖 3-48）。

圖 3-48　　　　　　　　　　圖 3-49

（2）退步左鑽拳

① 左足向後退半步，右足後撤至左足尖前；同時，右拳橫臂翻扣下壓，拳心向下，高與肩齊；左拳不動。目視前方（圖 3-49）。

② 右足向後退一步，右足踏實，落地有聲，重心後移，大部重量在右足；左足不動。同時，右拳扣壓拉回至腹，拳心向下；左拳向

圖 3-50

前、向上打出左鑽拳，高與鼻齊，小指上翻。頭向上頂，目視左拳前方（圖 3-50）。

左右循環交替練習，次數多少視場地而定，練習時

間，視體力而定。

2.動作要點

① 退步鑽拳主要是練習步法的退步，手法特點與鑽拳相同。退步先退後步，逢退必撤。退步時重心後移，以意領身動。左退步與右鑽拳要完整一致，左足落地要全腳掌踏實，利用左足落地踏實的反作用力，擰腰順肩上達於右拳的鑽出。臀部微向下坐。

② 右足後退，左足後撤與左拳扣壓要一致。

3.轉身動作

退步鑽拳沒有轉身，前進時可以打進步鑽拳。

4.收勢動作同鑽拳

（五）纏手鑽拳

1.動作過程（自左三體勢起）

（1）左纏手鑽拳

① 左足向前進半步，右足跟進至左足內側；同時，左手翻轉成掌心向上，左手屈腕向下畫弧，再向上、向右擺畫弧，左手抓握成拳，拳心向下，左臂屈肘，拳高與肩齊平；右拳在腹。頭微上頂，目視左拳前方（圖 3-51①②）。

② 右足向前上一大步，左足跟進半步；同時，左拳扣住拉回至腹，拳心向下。右拳向前、向上鑽出，高與鼻齊。小指上翻。頭頂，目視前方（圖 3-52）。

圖 3-51①

圖 3-51②

圖 3-52

圖 3-53①

（2）右纏手鑽拳

①右拳變掌，手心向上，右手屈腕向左、向下纏繞畫弧，再向右、向上畫弧，右手抓握成拳，向左、向下蓋

圖 3-53②

圖 3-54

壓，拳心向下，右前臂微橫，右拳高與肩平。左拳在腹不
動。右足向前進半步，左足跟進至右足內側不落地。頭
頂，目視右拳（圖 3-53①②）。

②　左足向前上一大步，右足跟進半步；同時，右拳扣
壓拉回至腹，拳心向下；左拳向上、向前鑽出，高與鼻
齊，小指上翻。頭頂，目視前方（圖 3-54）。

2.動作要點

①　纏手鑽拳關鍵是前手的纏繞畫弧，勾腕向回、向下
繞。以肩帶肘，以肘帶臂、帶手畫弧繞圓，再向前弧形擺
擊，暗含有一擺拳。向回、向下纏繞是掌，向前、向上擺
擊是拳。練習時動作幅度可以大一些，以體會腰、肩、
肘、手的勁力和身法，熟練之後幅度可以小一些，以加快
速度。

②　前手的纏繞擺擊扣壓與前足進半步，上下動作一

致。後拳鑽出與上步要整齊一致。

3. 纏手鑽拳的轉身和收勢與常規練法同

三、鑽拳的勁力

向前上鑽出之拳，一定要注意肘部緊貼肋部。拳鑽出應沿一條向前、向上的直線運動。這條直線是在自己身體的矢狀面上，也就是身體的中線。鑽拳打出時前臂和上臂之間的夾角應在 120°左右為宜。不要過屈，也不要過直。

鑽拳是一拳自下向前、向上鑽出，一拳自上向後、向下扣壓拉回。兩拳一上一下用力要相等，在物理上這是一對力偶。力偶是大小相等，方向相反，作用在同一個平面上。鑽拳打出要有固定點，另一拳的扣壓拉回要撞擊小腹，以利於氣沉丹田，以利於爆發整勁。開始時撞擊勁要小一些，逐步加力，以增強小腹的抗擊打能力。

拳鑽出之前要先擰轉使拳心向上，小指微翻，這樣肘部容易貼肋。此時腰部微屈以蓄勁，把肘部的角度調整到90°左右，然後先用腰部發勁，以腰催肩，以肩催肘，以拳向前領，以肘向前送，節節貫穿，擰腰順肩，沉肩送肘而打出鑽拳。拳在鑽出過程中，要隨走隨擰轉。形意拳每拳的發勁都不是局部的力，都是整體的勁。整勁是形意拳勁法最顯著的特點，由於它獨特的動作結構和訓練方法，在盡快獲得整勁的問題上，它優於其他拳種。

為了獲得較大的鑽勁，必須調整身形勢態，各部角度處於最適宜的狀態。由於形意拳的發勁都是整體力，必須遵守「欲前先後，欲左先右，欲右先左」這個總的原則。這是非常符合運動生物力學原理的。

具體做法是：左拳在畫弧扣壓時，左肩要微向前伸，這樣右肩必然微向後移，腰部微沉蓄勁。然後，右腳上步前沖，左拳拉回，右肩前順，腰部擰勁，右拳向前、向上鑽打。同時，配合氣沉丹田的助力，在鑽拳最後發力的剎那間，臀部要微微向下坐，以加大向上的鑽勁。

四、鑽拳容易出現的毛病及糾正方法

1. 鑽拳打出與扣壓拉回之拳用力不相等，只注意了上鑽，而忽略了拉回。

糾正：首先講清道理，上鑽之拳和拉回之拳這是一對力偶的關係，大小相等，方向相反，作用在同一個平面上。拳譜中講「吞吐力要相等，發以全力，收以全力」。練習中逐步體會，逐步去做。

2. 拳鑽出小指沒有上翻或上翻不夠。

糾正：小指上翻是為了發勁，是為了掩肘，掩肘既是防守，也是為了向對方中心線攻擊，既有拳攻，又暗含肘法。拳外旋使小指一側向上為小指上翻，上翻不能過和不及。上翻過分會造成手臂僵硬和身體歪斜而勁不順，上翻不夠不利於掩肘和勁不整。

3. 拳鑽出時，只注意了拳所走的路線，而忽略了肘部的運動軌跡，形成了拳的挑勁。

糾正：注意動作要領，拳向上鑽時，肘部要貼肋，肘尖要向心窩裡擠，拳向前上領，而肘隨之走直線運動。再加上拳的擰翻，促進了掩肘，就能形成正確的肘部運行路線。

4. 上鑽之拳沒走直線而走了一個帶有弧形的曲線。

糾正：注意拳要向前直線領，擰腰順肩，使拳和肘成

一條直線向前上鑽出。

5. 鑽拳打出時，由於用力過猛，使拳沒有定點而上鑽過頂。

糾正：首先講解鑽拳打出高與鼻齊。動作時先要放鬆，關鍵是肩部的鬆沉，在拳快要達到終點時，突然一緊而發勁。此時，伸肌和屈肌同時收縮以固定關節，以加大發力。

五、鑽拳的呼吸法

形意拳的呼吸方法基本上是採用拳勢呼吸法，它是以拳勢導引呼吸，呼吸與拳勢緊密配合。這種方法能增強身體的抗擊打能力，有利於勁力的爆發和發勁動作速度加快。

鑽拳的呼吸方法是：

1. 前腳進半步，前手畫弧扣壓時吸氣。

2. 後腳上一大步，後拳鑽出時呼氣。

3. 其他幾種鑽拳練習時呼吸的配合是，前手、前腳動作時吸氣，後腳上步與拳發勁時呼氣。

拳譜云：「有形者為架勢，無形者為氣力。架勢者所以運用氣力也。」因此，在動作練習過程中，一定要注意動作與呼吸方法的緊密配合。一般的規律是：四肢的畫弧和身法的折疊回縮等動作與吸氣相結合；四肢的發放伸展、發勁和身法的展放扭轉與呼氣相配合。

總的原則是：吸氣時蓄勁，呼氣時發勁。

六、鑽拳的教學訓練

鑽拳應放在劈拳之後進行練習，很多老拳譜都把崩拳

放在劈拳之後來學習，以取金剋木之意，我把鑽拳放在劈拳之後以取相生之法。另外，鑽拳的步法與劈拳相同，學完劈拳之後，再學鑽拳，可以進一步鞏固步法，這樣比較適宜。

1. 首先進行鑽拳姿勢的站樁，以使學者了解前後兩手各自的位置、高度、手臂、身形各部的角度，強化自己的意識對肢體形態的感知，加速形成正確的姿勢定型。

2. 兩足不動，原地鑽拳練習。練習時不要發力，以體會兩拳的發力順序及拳打出的高矮和手臂的角度，注意鑽拳的要領和動作規範。

3. 按鑽拳的完整動作，先進行慢速動作的練習。在動作過程中要慢，在每個定勢時要停留一小段時間，每個動作都是如此。這種訓練方法，有助於對動作細節的揣摩和對動作路線、各部的運動軌跡的掌握，逐步形成一定的動作技術條件反射，有助於動作的協調。但是，這只是一種訓練方法，動作掌握正確之後，還要加快速度，按正常速度進行練習。

4. 在集體練習時，按口令進行合練。前腳進半步，後腳跟進提起，前拳畫弧扣壓動作為1。後腳上一大步，再跟進半步，後拳向前、向上鑽出，前拳拉回至腹為動作2。要求集體練習時，動作要整齊。

5. 在練習過程中，教練要不斷糾正學員出現的錯誤，不正確的動作要及時修正，及時改進。拳諺中講：「學拳容易，改拳難。」所以，在初學初練時，一定要把動作掌握正確，否則一旦形成錯誤的動作定型，今後再改就費勁了。

七、鑽拳用法及動作的技擊含義

1. 從鑽拳的動作結構來看，它屬於一種近距離打法。鑽拳進攻時，是進步近身貼近對方，破開其防線而進擊。防守時，是對方撲近我身，我用鑽拳把對方打出去。鑽拳用法關鍵在於進步近身，而進步近身的關鍵在於步法的前進。老拳譜云：「進步發拳，先占中門。」「腳踏中門搶他位，就是神手也難防。」「打法定要先上身，手腳齊到方為真。」步法的前進，要搶占中門，也就是搶到對方的襠裡去，搶到對方的腳後。近身就是貼近對方身體。老拳譜講「打人如親嘴，視人如蒿草。」能否進步近身，還有一個膽量的問題，要建立敢打必勝的信心。

2. 鑽拳在實際運用的過程中，主要技法就是上鑽。由下向上打出鑽拳，相當於拳擊的上勾拳，相當於少林長拳的沖天炮等。要充分發揮腰的力量，擰腰順肩。而另一手的摟、架、格、擋，或下壓或上挑則視當時情況隨心所欲。只要我打出鑽拳的勁法，無論是上鑽、斜鑽，還是左斜鑽、右斜鑽都屬於鑽拳的範疇。無論肘部彎曲的大一些，還是肘部伸的直一些，只要鑽拳打到了，就都是好拳。以擊中目標為原則，以產生效果為原則。所以，「明於法而不拘於法，脫招式而不違招式」。要發揮個人的身體條件、技能特長和個性特點去盡情發揮，隨心所欲。

3. 在鑽拳的傳統用法中，裡面暗含肘法。鑽拳是由下向上擊打對方的胃部、下頦等部位。如果鑽拳擊空，可屈臂進肘擊打對方胸部。這裡關鍵還是一個進步近身的問題。

八、鑽拳歌訣

鑽拳似電性屬水，進步近身功在腿。
撐裹鑽翻腰肩勁，上鑽發勁坐臀尾。

第三節　崩　拳

一、概　述

老拳譜曰：「崩拳屬木，其形似箭，五臟屬肝。」「崩拳屬木」是在五行中崩拳與木相配伍。「其形似箭」是形容崩拳的運動速度像箭一樣快，運動路線像射出的箭那樣直，那樣準確。對準目標，一發而中的。

「五臟屬肝」是以中醫理論五臟與五行相配而引申過來的。五臟中肝與木相配，而五拳中崩拳屬木，所以，崩拳就與肝相聯繫。

崩拳動作簡單，手法實用，要求直而速度快，有「貴直貴速」之說。雖然要求直，但不是胳膊伸直，而是指打出的方向與勁路。「貴速」是要求速度快。拳譜云：「意貫周身，運動在步，兩手往來，勢若聯弩。」也是講崩拳應該像速度快的聯弩箭一樣，連續射出。崩拳在傳統的練法中總是左腳在前，右腳在後。進步進左腳，一步一跟，以求功深技純而力大，以得一招之鮮。形意拳前輩郭雲深、尚雲祥就是以崩拳而著稱於世的。郭雲深有「半步崩拳打遍天下無敵手」之美譽。

從民間流傳的形意拳崩拳的各種練法來看，各地區、各流派的風格特點不同，步法手法不同，勁力也不盡相

同。這是客觀存在的個性，但也有共性的東西，就是用拳伸臂打出，在這一點上各家都相同，如果不相同那就不是崩拳了。

二、崩拳的練法

崩拳的練法在民間有很多種，將其歸納總結為：後腳發力崩拳、前腳發力崩拳、左右崩拳和退步崩拳以及崩拳轉身等。

（一）後腳發力崩拳（自左三體勢起）

1.動作過程

（1）右崩拳

① 兩手抓握成拳，左拳外旋翻轉使拳心向上，拳微下落，拳高與心窩齊，左臂微屈，左肘微內掩；左拳翻轉時，左肩微向前鬆沉。右拳翻轉使拳心向上，微向上提；左足向前進半步，落地站穩，右足不動。頭向上頂，目視左拳前方（圖3-55）。

② 右足向前跟進半步，至左足跟後，兩腳橫向相距約為一拳。身體重量大部在右足，右足跟半步要蹉地震腳，落地有聲。兩腿彎曲，右膝在左膝梢窩處；同時，右拳向左肘順左前臂向前伸臂直打，至兩拳相交時，兩拳均內旋，使拳眼向上，右拳向前打出，拳眼向前斜上方，右臂微屈，右肩前順。左拳向後拉回至腹，拳心向內，肘貼肋。頭向上頂，臀部向下鬆墜，目視右拳前方。右拳打出高與心窩齊平（圖3-56）。

圖 3-55

圖 3-56

（２）左崩拳

① 左足向前進半步，右足不動；同時，兩拳均外旋翻轉，使拳心向上，右拳不動，左拳微向上提至胸部，目視右拳前方（圖 3-57）。

② 右足跟進半步，重心前移，仍落在右足上，左足不動，右足蹬地跟進，落地震腳有聲。兩腿彎曲，右膝在左膝膕窩處，右腳尖微斜，與左足跟齊平，兩腳橫向距離約為一

圖 3-57

拳；同時，左拳向右肘部順右前臂向前伸臂直線打出，拳高與心窩齊平。左臂微屈，左拳眼斜向前上方，右拳拉回至腹，拳心向內，頭向上頂，臀部向下鬆墜。目視左拳前

方，左肩向前順（圖 3-58）。

2. 動作要點

① 左足進半步與兩拳翻轉要同時。

② 右足跟進半步，與右拳向前打出動作要整齊一致，拳到腳到，手腳齊到。

③ 左足向前進半步的距離，應超過自己的一小腿長的距離，但注意身形不能起伏過大。

圖 3-58

④ 右足跟進半步，注意是腳蹉地，而不是跺地。這兩種落地在勁力上是有區別的。

⑤ 一拳向前打出，一拳向後拉回，兩拳用力要相等。注意擰腰順肩，鬆肩沉肘。打出拳之臂，上臂成斜面，前臂成水平，肘部夾角在 145°～150°。

⑥ 打出拳要握緊，拳緊增氣力。手腕要挺直，拳面向前頂，拳眼斜向前上，手腕微向下屈，使前臂和拳成一直線。左拳打出，左肩前順。右拳打出，右肩前順。

（二）前腳發力崩拳

1. 動作過程（自左三體勢起）

（1）右崩拳

① 兩手同時抓握成拳，左拳外旋翻轉使拳心向上，拳微向下落，高與心窩齊平。左臂微屈，左肘內掩，左肩要

圖 3-59

圖 3-60

微向前鬆沉。右拳翻轉使拳心向上，微向上提。兩足原地不動，頭向上頂，目視左拳前方（圖 3-59）。

②左足向前進半步，右足迅速跟進，至左足跟後，兩腳橫向距離約為一拳，身體重心在右足，兩腿彎曲，右膝在左膝膕窩處；同時，右拳順左前臂向前伸臂直線打出。至兩拳相交時，兩拳內旋，使拳眼向上，右拳拳眼向前斜上方，右臂微屈，右肩前順，左拳向後拉回至腹，拳心向內，肘貼肋。右拳高與心窩齊平。頭向上頂，臀部向下鬆墜，目視右拳前方（圖 3-60）。

（2）左崩拳

①兩拳同時翻轉使拳心向上，左拳微向上提至胸部，目視右拳前方（圖 3-61）。

②左足向前進一步，右足迅速跟進至左足後，大部重量在右足。兩腿彎曲，右膝在左膝膕窩處；同時，左拳順右前臂向前伸臂打出，左拳眼向斜前上方，左臂微屈，左

圖 3-61　　　　　　　　　　圖 3-62

肩向前順，右拳向後拉回至腹，拳心向內，肘貼肋，左拳高與心窩齊。頭向上頂，臀向下鬆墜，目視左拳前方（圖3-62）。

　　以下動作與前同，一步一拳，左右練習，數量多少視場地和自己的體力而定。

2.動作要點

　　① 前腳發力崩拳與後腳發力崩拳，這兩種崩拳只是拳打出與腳的配合不同而已，崩拳完全相同。前腳發力崩拳是拳打出與左足落地要整齊一致，後腳發力崩拳是拳打出與右足跟步蹉地震腳相一致。

　　② 前腳發力崩拳是靠後腳的蹬力，前腳要沖，拳要向前領，身形微向前傾，後腳的膝部向下壓而用力蹬。在拳向前發力的剎那間，送肩沉肘，左腳落地要有踩勁。右足跟步要輕靈快速。

圖 3-63   圖 3-64

（三）拗步崩拳（左右崩拳）

1.動作過程（自左三體勢起）

先做一個後腳發力的右崩拳，動作同前（見圖 3-55、56）。

（1）拗步左崩拳

① 左足向前進半步，右足提起跟進左足內側不落地；左拳微外旋，使拳心向上，右拳自腹上提至胸，拳心向上，頭向上頂，目視右拳前方（圖 3-63）。

② 右足向右斜前方上一大步，左足跟進大半步，兩腳前後距離約一個腳長，大部重量在左足；同時，左拳沿右前臂向前伸臂直線打出，左肩向前傾，左臂微屈，拳高與心窩齊平，左拳眼斜向前上方。右拳拉回至腹，拳心向內，頭向上頂，臀部向下鬆墜，目視左拳前方（圖 3-64）。

圖 3-65　　　　　　　　　　圖 3-66

（2）拗步右崩拳

① 右足向前進半步，左足提起跟進至右足內側不落地。兩腿彎曲，兩膝靠攏；同時，左拳微外翻，使拳心向上，右拳自腹上提至胸，拳外翻，使拳心向上，右肘貼肋。頭向上頂，目視左拳前方（圖3-65）。

② 左足向左斜前方上一大步，右足跟進大半步，身體重量大部在右足，兩腳距離約一個腳長，兩腿彎曲；同時，右拳順左前臂向前伸臂直線打出，右肩向前順，右臂微屈，拳高與心窩齊平。右拳眼斜向前上方，左拳拉回至腹，拳心向內。頭向上頂，臀部向下鬆墜，目視右拳前方（圖3-66）。

左右練習動作相同。

2.動作要點

① 左右兩拳向前打出崩拳的動作要點均與前同。

② 左右拗步崩拳的動作，是兩腿交替上步，而打出拗步的崩拳，崩拳打出與足的上一大步落地要整齊一致，也就是前腳發力崩拳。

③ 由於上步是向左右斜前方，注意前拳在翻轉時，要向打出的方向先領，然後再上步打出。在兩足上步時，注意身形要保持平穩，不要起伏。

④ 拗步崩拳動作要撐腰、順肩、伸臂，拳領與步法的前沖後蹬配合要完整協調一致。

（四）崩拳轉身

崩拳的轉身，在民間傳統練法中叫狸貓倒上樹。是取狸貓爬到樹上之後，返身從樹上下來時動作形象的比喻，恰到好處的表現出動作的神、意、形態。

1.動作過程

① 左足向回扣步，扣至右足尖前外側，兩膝彎曲。如右拳打出崩拳，則右拳拉回至腹，拳心向內。如左拳打出崩拳，則左拳拉回至腹，拳心向內。重心移向左足，向右轉身180°，面對來時方向，頭向上頂。目視前方（圖3-67）。

② 右腿屈膝提起，右腳尖外橫，右腳向前、向上橫腳蹬出，高與肩齊，左腿微屈站穩；同時，雙拳翻轉以拳心向

圖 3-67

圖 3-68① 　　　　　　　圖 3-68②

上，自腹部經心窩向上、向前鑽出，右拳在上，左拳在右肘部，右拳鑽出高與鼻齊。右肘內掩，左肘貼肋，胸部微含，兩肩鬆沉，頭微上頂，目視右拳（圖 3-68①②）。

③ 右足蹬出之後，向前、向下踩落，橫腳落地，腳尖外掰，左足向前跟進半步，兩腿成剪子股形，身形下落，左足跟抬起，兩腿成歇步高姿勢。身體重心在兩腿之間；同時，左拳順右前臂上鑽，至兩拳相交時，兩拳變掌內旋翻轉，掌心向前，左掌向前、向下劈落，掌心向下，高與腰齊。右手拉回至右胯側，掌心向下，頭向上頂，目視左掌前方（圖 3-69）。

2.動作要點

① 左足扣步與前拳收回和向右轉身動作要連貫。轉身時，頭要向上頂，不能低頭彎腰。

② 雙拳向前上鑽與右腿橫腳蹬出，上下動作要一致，

圖 3-69

圖 3-70

左腿站立要穩。

③ 右腳向前下落地要遠，要橫腳踩落。右足落地與左掌劈出右手拉回要協調，整齊一致。注意擰腰順肩和頭部的上頂。

④ 整個動作要連貫，中間不停，一氣呵成。

（五）崩拳收勢

各種練法的崩拳收勢都相同，都是到原地位置後，打成右崩拳，再進行收勢。退步崩拳可以作為崩拳練法的一種。

1.退步左崩拳

（1）動作過程

① 右足向後退半步，重心後移至右足，左足隨之向後撤；右拳翻轉使拳心向上，左拳翻轉上提至胸，目視右拳前方（圖 3-70）。

圖 3-71　　　　　　　　　圖 3-72

②左足後撤不停，向後退一步，腳掌全部踏實，身體後移，大部重量在左足；右足隨之後撤半步，右腳尖外橫；同時，左拳順右臂向前伸臂打出左崩拳，左臂微屈，左拳高與胸齊，拳眼向上；右拳拉回至腹，擰腰，左肩前順。兩大腿緊靠，頭向上頂，目視左拳前方（圖 3-71）。

（2）動作要點

①右足退步與右拳原地翻轉，動作要同時。

②左足退步落地要踏地有聲；左拳的崩出與左足退步和右拳的拉回，三者要整齊一致。再配合呼氣以助發力。

2.收勢

（1）動作過程

①左足向前上一步，右足不動，兩足成左前右後三體勢步型；左拳扣壓拉回至小腹，拳心向下，右拳在腹前不動。左足踩勁，頭向上頂，目視前方（圖 3-72）。

圖 3-73

圖 3-74①

②重心前移至左足，右
足向左足併攏，兩腿彎曲，
保持身體高度不變。兩拳在
腹前不動（圖3-73）。

③兩拳在腹前下落變
掌，自體左右兩側向上抬
起，兩臂微屈，與肩平時兩
掌心向上。兩掌動作不停，
兩臂屈肘，兩掌向面前合
攏，兩掌指相對，手心向
下。兩腿彎曲保持不動（圖
3-74①②）。

圖 3-74②

④兩掌自面前向下按落至小腹，兩腿伸直成立正姿
勢，兩手垂於身體兩側。向右轉體90°，成立正姿勢。收勢
完畢（圖3-75）。

（2）動作要點

① 左拳扣壓拉回與左足上步落地的踩勁和頭部的上頂，這三者要同時，精神要貫注。

② 兩手在身兩側畫圓合攏下按，整個動作要連貫不停，動作速度要慢一些，但要均勻。兩手下按與兩腿伸直站立，動作要協調一致。

圖 3-75

三、崩拳的勁力

關於勁和力的問題，在武術界歷來就有不同的觀點和看法。由於中國武術拳種繁雜，門派眾多，區域廣泛，各地區各拳種對勁和力都賦予各自不同的含義。

力：① 改變物體運動狀態的作用叫做力。力有三個要素：即力的大小、方向和作用點。② 是力量，能力。③ 專指體力。

勁：① 是力氣。② 精神，情緒。③ 神情，態度。④ 趣味。武術中的「勁」和「力」在很多情況下是混淆不清的，勁裡包含著力，力又有勁的成分。實際上武術中所說的勁與平常所說的力是有很大的不同。「力」是指人本身所具有的力量的大小。有體力和肌肉收縮力的含義。而「勁」是武術界人士經過對武術技法反覆的演練，並與武術技法相融合的肌肉力量，是在意識支配下使肌肉伸縮，並按動作技法進行有序化配合而產生的整體力量。

崩拳在練習中，勁法主要是伸臂向前直打和向前上步

或跟步，達到手腳合順，全身整體合一。如何打出整勁？如何把全身之勁節節貫穿，有序化配合，最後到達拳面？這是我們在練習中所追求的目的。

拳打出之前注意身法的欲前先後。在整個動作中，步法的前進，後腳的向前催和前腳的沖占的比重很大。老拳譜講「手打三分腳打七」就是這個意思。步法的前沖後蹬是催動身體向前位移的，它催動的是整個身體重量。伸臂向前打拳是建立在身體向前移動的基礎上。

在崩拳的勁法上是以步催身，以擰腰順肩，以肩催肘，以拳向前領，由下而上，節節傳遞，不斷遞增，最後達於拳面。

以步催動身體前移時，注意後腿膝部向下壓，以減小蹬地角，使水平向前的蹬力加大。擰腰順肩要注意欲前先後的微小身法動作，以蓄力，並且加長運動路線。以拳前領，以肩催肘時，要先把肘部伸到 90°左右，再拳與腳合，伸臂到終點。崩拳打出始終要注意在身體中線的位置。

崩拳的後腳發力蹬地跟步，後腳的意念猶如在腳踝部拴一根繩，要用力把繩子拉斷而向前蹬地。要裹胯合膝，以膝帶足而蹬地，而不是跺地。這種崩拳沉穩渾厚力大，但速度不快。前腳發力崩拳，步法要前沖後蹬，容易發揮速度，但力量不如前者大。所以，這兩種崩拳應同時並重，互為補充，兼而習之，相得益彰。

崩拳轉身狸貓倒上樹是一個重要的技法。屈腰含胸，右手在上，左手在下，位居中，右足在下橫腳蹬出，上中下齊起齊落。兩拳起鑽要有向前的頂勁，腰要有向上的長勁。右足橫腳起蹬，右胯要向後縮勁。左手劈落既有向前，又有向下的沉勁，右手拉回如鉤竿。右足向前落地要

有向前、向下的踩勁，靠身體的重量向前壓而手劈腳踩。頭部的頂勁要用在手向下劈勁之時。這些勁法要靠自己對動作的反覆練習去細心體會。沒有對動作反反覆覆的認真練習，即使別人講的再清楚，功夫也是不能上身的。

退步崩拳不但是收勢中的一個動作，而且是一種崩拳的單獨練法。左足後退未落地之前，身體重心要先向後移動，用整個後背向後擠靠，用臀部向後墜。重心向後超過右足，再後移，使身體有向後傾倒之勢時，左足後退給予有力的支撐，使支撐的反作用力上貫於腰，以腰帶肩，以肩催肘，以肘催拳，左臂前伸，右臂拉回，兩肩前順後隨產生力偶，由下而上，由內而外，這樣打出的合力才是整勁。

四、崩拳練習容易出現的毛病及糾正方法

1. 有身前探、臀後撅的現象。

糾正：產生這種現象的原因，是練習者只注意向前伸臂，有向前夠著打的勢態。糾正方法是強調頭向上頂，臀部向下鬆墜，使身體中正。

2. 後腳發力時，用右腳跺地。

糾正：跺地是腳用力向下踏。崩拳後腳發力不是跺腳，而是裹胯合膝向前帶足，右腳底向前蹉、向下踩而發出的落地聲。向前的力應較大，而跺腳是向下的力。

3. 前進過程中，身體上下起伏過大。

糾正：身體有上下起伏現象是必然的，但起伏不能過大。起伏應控制在身高的 5% 左右。關鍵在於兩腿的膝部，在行進的過程中，彎曲度要掌握好。

4. 身子很正，兩肩不動，只是兩臂伸出和收回，氣勢和勁力差得很遠。

糾正：注意發揮兩肩的前順後隨，不發揮兩肩的勁力，「猶如角弓無弦，力從何出？」兩肩的運行方法是欲前先後，欲左先右的原則。以擰腰帶肩，以腰和肩來體現出身法。

　　5. 扣步回身站立不穩。

　　造成回身站立不穩的原因：① 左足扣步距離右足過遠，造成身體重心移動距離大。② 扣步轉身時低頭彎腰。③ 左足扣步腳尖內扣的幅度小，而身體轉不過來。

　　糾正：① 扣步幅度應盡量大，要扣至右足尖外側。扣的幅度越大，越有利於下面的動作。② 轉身時要注意頭向上頂，以身體的垂直軸為中心旋轉。③ 扣步距離不要遠，要在右腳尖外側。

　　6. 狸貓倒上樹回身落地不穩。

　　糾正：原因是動作掌握不夠熟練，不協調；兩大腿內側夾的不緊，腰部沒有擰過來，左肩前順不夠，右腳尖落地沒有向外掰。把這些原因找出來之後一一進行糾正，在糾正的過程中對動作的要領要點也就掌握了。

五、崩拳的呼吸

　　呼吸方法與動作相配的原則是：拳發勁時要呼氣，動作過程中要吸氣，呼氣要短促有力，吸氣要深而長。這種方法是形意拳在練精化氣、易筋、明勁階段所採用的主要方法，也是形意拳為獲得整勁而採用的主要方法。

　　在初學動作時，要採取自然呼吸，不要注意呼吸，應集中全部精力於學習動作的過程，掌握動作的要領，使動作正確，以後再逐步地體驗動作與呼吸的配合。在不發力的動作時，要自然呼吸，純任自然。

六、崩拳的教學訓練

首先對崩拳的定勢進行站樁練習。以體會兩腿的彎曲，兩腳和兩膝的位置，身形各部的角度，手臂彎曲的角度和拳腕的頂勁。先把外形的姿勢找正確，然後再進行站樁，在站樁的過程中把意識、氣息、勁力和形態逐一的進行感知和體會，以加速動作的掌握。

在崩拳的學習過程中，先學後腳發力的崩拳，再學前腳發力的崩拳，然後再練左右崩拳。

崩拳的練法有很多種，但萬變不離其宗，都是伸臂打出崩拳。雖然外形相同，但裡面的內意卻有很大的不同，有掛打而進，有壓打進擊，有外撥而崩發，有坐腕而打等。在練習時有一步一拳，有兩步一拳，也有一步兩拳的練法。不管各種練法，變化是手段，整勁是宗旨。

七、崩拳用法及動作的技擊含義

1. 崩拳相當於長拳的沖拳，拳擊中的直拳，但勁法不完全相同。崩拳是快速的直打，身到步到，步到拳發。「兩點間的距離直線最短」，所以崩拳最快。試觀拳擊運動，以直拳使用頻率最高，得分點數最多，是最實用的一種主要拳法。

2. 傳統崩拳是一種連打帶進，連環出擊，攻中有防，防中有攻，勇猛快速的攻擊動作。老拳譜中對此有詳盡準確的描述：「打法定要先上身，手足齊到方為真。」「手似毒箭，身如彎弓，消息全憑後足蹬。」「手起如鋼銼，手落如鈎竿。」「拳不空出，意不空回。」

3. 傳統崩拳用法，強調手法的連續進攻，而連續進攻

的關鍵是步法的前進，用前腳向前進半步的這種步法，是最實用的步法。它不但進步快捷，而且整體重心移動平穩，變換方向也能隨敵而動。

4.「起如箭，落如風，追風趕月不放鬆」「起如風落如箭，打倒還嫌慢」「不翻不鑽，一寸為先」「進步發拳先占中門」，這些經典的拳諺，不但指出了崩拳的用法，而且還把對敵搏鬥中的氣勢、膽量、勇氣、戰術講得非常精確。

5. 崩拳的攻擊目標，上為頭部，中為胸部心窩，下為腹部。在用時不要滿足一拳的擊中，要抓住時機，拳拳緊跟，步步前進。拳譜中講：「兩手往來，勢若聯弩。」「不招不架，就是一下，犯了招架就有十下。」形意拳講究打破，而不是破打，破就是打，打就是破。任何一個技法、招式在運用時都沒有一個固定的模式和方法，不能死搬硬套，要打破招式，利用戰術原則，隨機應變，靈活運用，創造條件去達到目的。

八、崩拳歌訣

崩拳似箭性屬木，進步近身全憑步。
兩手往來連環進，神技妙法在神悟。

第四節 炮 拳

一、概 述

拳譜云：「炮拳其形似炮，五行屬火，五臟屬心。」由於火藥的催力，炮彈隨著巨響，猛然飛出，攻擊敵人。其彈猛烈爆炸，無堅不摧，勢不可當。五行拳以炮拳命名

是取其猛然炸裂，其彈突出之形，取其勇猛向前，無堅不摧，勢不可當之意。

炮拳五行中屬火，是取其屬性相似。「五臟屬心」是從中醫五臟心屬火而來。所以，我們在學習和練習炮拳的過程中，首先在動作上要規範、規格，在此基礎上再去找動作的意念。炮拳練習時，要表現出它的驚力、炸力、爆發力和勇往直前的衝擊力。不但在動作快慢、輕重方面由肢體表現出來，而且在整個動作的氣勢、神態方面也要體現出來。

炮拳按動作結構上看，就是一拳鑽翻化開，另一拳向前沖打。各家各派雖然在炮拳的練習過程中有很多動作和手法不同，但是，一拳鑽翻化開，一拳崩拳沖打是相同的，相一致的。對動作結構與動作目的進行分析研究，「有什麼樣的動作目的，就有什麼樣的動作結構。動作結構是為動作目的服務的」。為完成和達到動作目的，可以有多種動作結構。但要從這些動作結構中去選擇動作簡捷，速度快，富於變化，善於自保，進則可攻，退則能守，既符合力學原則，又符合技擊散打原則的動作結構。炮拳就屬於這樣的動作結構。炮拳練習的路線是之字形，向左右斜前方斜身拗步打出炮拳。

二、炮拳練法

(一)炮拳常規練法

1.右炮拳

（1）動作過程（自左三體勢起）

① 左足不動，重心前移，右足向前上一大步，落地站

圖 3-76　　　　　　　　圖 3-77

穩，右腿微屈。左足迅速跟進至右足內側不落地，左足底
要平放在右踝處，兩膝相靠；同時，右掌自腹前以掌心向
下，順左臂下向前伸，兩掌相齊時，抓握成拳，拉回至
腹，兩拳心向內，兩肘貼肋，頭向上頂，目視前方（圖3-
76）。

　　② 左足向左斜前方上一大步，右足跟進半步，大部重
量在右足；兩拳翻轉使拳心向上，左拳自腹以拳心向上，
經心窩向上鑽，向臉前右側上鑽，高與眉齊，左肘掩心。

　　右拳上提至心窩處，用力向左斜前方伸臂打出，拳高
與心窩齊平。右臂微屈，腰左擰，右肩前順，左肩後隨。
左前臂保持肘部角度不變，左拳內旋翻轉使拳眼對左額
角。

　　左拳距左額角約一拳，左肘下垂，左前臂豎直微斜，
頭向上頂，目視右拳前方（圖3-77）。

（2）動作要點

① 右手前伸與重心前移相一致；雙手抓握拉回與右足上步要整齊一致。右足上步要遠，落地要穩。左足跟進要快。

② 右炮拳打出與左足上步要步到拳發，整齊一致。左拳上鑽而身微下坐，左肩向前而右肩微向後以蓄勁，微向下坐是用膝，而肩微動是用腰，動作要協調一致。

2.左炮拳

（1）動作過程

① 左足向前進半步，左足尖要微向內扣，右足跟進提起至左足內側不落地，兩膝相靠，兩腿微屈，兩拳均同時變成掌，左手向前下落與右手齊，兩掌心均向下，兩掌向前、向下抓捋畫弧拉回至腹成拳，拳心向上，而肘貼肋，頭向上頂，目隨兩手至腹成拳時，目視右斜前方（圖3-78）。

② 右足向右斜前方上一大步，左足跟進半步，大部重量在左足，兩足距離約兩腳；兩拳翻轉，使拳心向上，右拳自腹以拳心向上，經心窩向臉前左側上鑽，高與眉齊，右肘掩心，身形微向左轉，微向下坐，左拳上提至心窩處，用力向右斜前方伸臂打出，拳高與心窩齊，拳眼向上。左臂微屈，腰右擰，左肩前順，右肩後隨。右臂保持肘部角度不變，右拳內旋翻轉，使拳眼對右額角，右拳距右額角約一拳，右肘下垂，右前臂豎直微斜，頭向上頂，目視左拳前方（圖3-79）。

（2）動作要點

① 右足進步與兩掌向前、向下、向回捋帶動作要一致。兩拳到腹前不要停，緊接上鑽。

圖 3-78

圖 3-79

　　② 左炮拳打出與右足的上步落地要上下整齊一致，步
到拳發，手腳齊到。上步要遠，跟步要快，身形要往前
沖，發拳要猛，腰要鬆活。炮拳左右動作相同，惟左右互
換，練習數量視場地大小和體力而定，注意炮拳所走的路
線是之字形。

3.炮拳轉身

（1）動作過程

以右炮拳轉身為例，動作如下：

　　① 右炮拳打出之後稍稍穩住，欲轉身時，左足向右足
前回扣，兩足成八字形，重心移向左足，右足隨即提起靠
攏於左足內側不落地，兩膝併攏，兩腿彎曲。身向右轉，
面對來時方向，兩拳同時變掌，隨轉身兩掌自身體左側向
上、向前、向下、向回畫弧，至腹前抓握成拳。畫弧時，
右手在前，左手在後，兩掌心向下，兩臂微屈，兩拳心向

圖 3-80   圖 3-81

形意拳械精解（上）

內，兩肘貼肋，頭向上頂，目隨兩手，兩拳至腹時，目視前方（圖 3-80）。

②右足向右斜前方上一大步，左足跟進半步。大部重量在左足，兩拳翻轉使拳心向上，右拳上鑽，左拳打出左炮拳（圖 3-81）。

（2）動作要點

①炮拳轉身動作是一個完整的動作，轉身要快，動作要連貫，炮拳打出要猛。

②扣步轉身，為了轉身後上步的順暢，扣步的幅度要大，扣步可以向後腳尖的外側。

③兩手的動作要和轉身協調一致，兩手兩臂畫弧要成圓。腰要鬆，肩要活，兩肘要沉。

④轉身時，頭要向上頂，不要低頭彎腰，要圍繞身體垂軸而轉。

圖 3-82　　　　　　　　圖 3-83

4.炮拳收勢

（1）左炮拳收勢動作過程

①　右足向後撤一步，至左足內側落地，重心移向右足，兩腿併攏彎曲；左拳收回至心窩處，身微左轉，右臂屈臂向左掩肘，右拳上翻至小指向上，高與鼻齊，目視右拳（圖 3-82）。

②　左足向前上步，右足不動，兩腿成左前右後三體勢步型；左手順右臂向前打出左劈拳，右手拉回至腹，掌心向下，頭向上頂，目視前方（圖 3-83）。

以下動作同劈拳收勢。

（2）右炮拳收勢動作過程

①　左足向後撤一步，至右足內側落地，重心移至右足，兩腿併攏彎曲；右拳收回至心窩處，身微右轉，左臂屈肘隨右轉身自上向右、向下扣拳蓋壓，拳心向下，高與

圖 3-84

圖 3-85

肩齊，左前臂橫臂下壓，目視前方（圖 3-84）。

②兩足不動，左拳下壓拉回至腹，拳心向內。右拳向前、向上打出鑽拳，小指上翻，高與鼻齊，目視右拳（圖 3-85）。

③左足向前上一步，右足不動，兩腿成左前右後三體勢步型；左手向前打出左劈拳，右拳拉回至腹成掌，掌心向下，頭向上頂，目視左手前方（圖 3-86）。

以下動作同劈拳收勢。

（3）收勢動作要點

①形意拳所有收勢動作，一定要沉穩，注意調氣，動作可以慢一些，神要圓滿。

圖 3-86

②打出之拳收回時要轉腰，同時右臂向左掩，左臂向右蓋壓，動作要完整，以腰為軸，帶動兩臂動作。

③右臂向左掩時，右肩要微向前順，肘要墜，左臂向右蓋壓時，左肩也要微向前順，以腰帶肩，以肩帶肘，以肘帶手。

（二）順步炮拳

1.動作過程（自左三體勢起）

（1）右順步炮拳

①兩掌同時抓握成拳，左拳外旋翻轉，使拳心向上，自前向下、向後裹帶下砸至腹，拳心向上，左肘貼肋；左足向後撤半步，至右足尖前，左足點地，頭向上頂，目視前方（圖3-87）。

②左足向前進半步，右足向前上一大步，左足跟進半步，大部重量在左足；同時，左拳上鑽經心窩向上至臉部右側與眉齊，拳心向內，左拳至鼻約一前臂距離；右拳上提至心窩向前伸臂打出右炮拳，拳眼向上，高與心齊，右臂微屈，右肩前順，身體左轉，左肩自隨，左拳隨之內旋，使拳眼距左額角約一拳；左肘下垂，頭向上頂，目視右拳前方（圖3-88）。

圖3-87

圖 3-88

圖 3-89

（2）左順步炮拳

①右足向後撤半步，至左足尖前，右足點地；右拳外旋，使拳心向上，右拳自前向下、向後裹帶下砸，拉回至腹前；左拳外旋，拳心向上，自上向下，在右肘部向下砸至腹，腰隨之微屈，臀部微坐，頭向上頂，目視前方（圖3-89）。

②右足向前進半步，左足向前上一大步，右足向前跟進半步，大部重量在右足；右拳上鑽經心窩向上、向面前左側方鑽出，拳心向內，高與眉齊，小指上翻；左拳上提至心窩，隨左足上步，左拳向前打

圖 3-90

出左炮拳，拳眼向上，左臂微屈，左肩前順，左拳高與心齊，右拳內旋至拳眼對右額角處，距離約一拳；右肘下垂，頭向上頂，目視前方（圖3-90）。

以下動作同前，左右互換練習。

2.動作要點

① 雙拳下砸與前腳撤步，動作要一致。

② 兩足上步要快，要連貫。拳打出與上步落地要手腳齊到。擰腰順肩發拳，上下整齊一致。

③ 動作要一氣呵成，連貫不斷。

3.順步炮拳轉身動作過程（以右順步炮拳為例）

① 右足原地扣步，左足向右腿後倒插一步，身向左轉180°，面對來時方向，兩足原地擰轉，重心後移至左足；右拳外旋，使拳心向上，自後向上、向前掄砸收回至腹，

圖3-91①　　　　　　　　圖3-91②

圖 3-92　　　　　　　　　　圖 3-93①

左拳拳心向上，向下砸收回至腹，頭向上頂，目視前方
（圖 3-91①②）。

　　② 右足向前進半步，左足向前上一大步，右足隨之跟
進半步，大部重量在右足；右拳向上鑽翻，左拳向前打
出，動作與前順步炮拳相同（圖 3-92）。

　　順步炮拳左右轉身相同，惟左右互換。

4.順步炮拳轉身動作要點

　　① 轉身是一個完整的動作，要連貫不停。

　　② 背插步轉身與雙拳掄砸要協調一致，進步打拳要領
與順步炮拳相同。

5.順步炮拳收勢

　　順步炮拳打到原起勢位置成左順步炮拳時，雙拳拉回
至小腹，頭頂，目視前方。以下動作同劈拳收勢。

圖 3-93②

圖 3-94

（三）搖身炮拳

1.動作過程（自左三體勢起）

（1）搖身左炮拳

①左足向前進半步，右足跟進提起至左足內側不落地；兩手抓握成拳，右拳上鑽至左肘前，右拳內旋至拳心向外，至右肩前時，左拳在前，右拳在後。動作不停，兩前臂再向左掩，右拳在前，左拳在後，至左肩前，兩肘下垂，鬆肩墜肘。胸要含，腰要活。目視兩拳前方（圖 3-93①②）。

②右足向右斜前方上一大步，左足跟進半步，大部重量在左足；同時，右拳上鑽至右額角處，左拳自心窩向前打出左炮拳。左肩前順，左拳高與心窩齊。各部動作與左炮拳同（圖 3-94）。

圖 3-95①   圖 3-95②

（2）搖身右炮拳

① 右足向前進半步，腳
尖微內扣，左足跟進提起至右
足內側不落地；同時，左拳內
旋，拳心向外，自前向左橫撥
拉回至左肩前；右拳外旋，右
前臂自右向左掩肘，拳心向
內，身向左轉，右拳在前，左
拳在後。身向右轉，兩臂自左
向右掩肘，右拳內旋，左拳外
旋，左拳在前，右拳在後，至
右肩前。鬆肩墜肘，胸要含，
腰要活，目視兩拳前方（圖 3-95①②）。

圖 3-96

② 左足向左斜前方上一大步，右足跟進半步，大部重
量在右足；同時，左拳上鑽與眉齊，右拳自心窩向前打出

右炮拳。各部動作與右炮拳相同（圖 3-96）。

　　以下練習左右相同，次數不限。

2.動作要點

　　① 前腳進半步與兩臂左右掩肘橫截動作要協調一致。兩手、兩臂動作要快，腰要鬆活，兩拳內外旋轉要同時，兩拳心遙相對，肘要掩心。

　　② 炮拳打出與上步落地要整齊一致。

3.搖身炮拳轉身動作與炮拳轉身動作相同
4.收勢動作與炮拳收勢相同

（四）拗步炮拳

　　拗步炮拳的步法與炮拳相同，步法路線是之字形前進。手法與順步炮拳的手法相同，雙手是拳翻轉壓砸，掩肘回帶，然後再上步打出炮拳。

三、炮拳的勁力

　　老拳譜云：「武技一道，有形者為架勢，無形者為氣力。架勢者，所以運用氣力也。」架勢就是動作結構，氣力應該理解為勁。勁是由動作而表現出來的，不同的動作表現不同的勁力，沒有動作就沒有勁的產生，動作是為勁服務的。有什麼樣的動作結構就會產生什麼樣的勁力，由動作結構而決定勁力。

　　1. 右炮拳中兩手前伸抓握拉回與左右上一大步動作，它的意念是有如兩手抓握一根大繩，用力向後拉拽。而步子用力前沖，猶如躍過一條大溝，同時動作，一齊用力。

2. 左拳向上鑽時，身形微向下坐，同時身形微向右轉少許。此時胸要含，腰微屈，這些微小動作都是為了蓄力。「欲前先後，欲左先右」，身形下坐是靠右膝微屈，右膝微向前壓；身微右轉要靠肩的移動。

3. 炮拳打出的上步，要充分利用後腿的蹬勁，右膝向前下壓，是為了減小蹬地角而增大向前的水平分力。使身體重心先前移，造成向前的勢態，再前沖後蹬。這樣上步遠，慣性大，力量足。

4. 炮拳的打出要擰腰順肩，以腰催肩、催肘、催手，使肩、肘、拳在同一個平面上向前打。拳打出時，腰要微上長，用頭向上頂勁。拳打出手臂各部的角度與崩拳同，但拳有微微上挑之意，關鍵在於沉肘和鬆肩。

5. 兩拳變掌向前、向下抓捋回帶，兩前臂微屈成圓，兩掌向下而頭向上頂。鬆肩沉肘，胸微含，兩掌手心向下，向前、向下、向後弧形捋帶，要有內含勁。

6. 順步炮拳中的雙拳翻砸，既有向下砸的勁，又有向後裹帶的勁。用鬆肩沉肘，收腹屈腰和頭向上頂協調配合而產生的勁，拳上鑽時，肩要微向前伸，含胸縮身。上步發拳，兩肩扭轉要有力。

7. 搖身炮拳關鍵是兩臂的左右搖擺。練習時，轉動的幅度可以大一些，以後逐漸縮小，以自身一肩寬為度。左右搖擺時，兩肩向前鬆，背部微緊，兩前臂要旋轉，以拳領轉，整個動作用腰發力，腰要鬆活這是關鍵。

四、炮拳練習容易出現的毛病及糾正方法

1. 炮拳一拳打出，另一拳上鑽有橫撥或上架過頂的現象。

糾正：注意肘部要向下垂，拳先鑽而翻，用身體的擰腰順肩而拳轉臂旋而化開，用身轉而化，不要橫撥或上架。上架過頂，肘部上抬不利防守，露出空隙較大。

2. 炮拳打出時，打出的方向偏左或偏右。

糾正：拳打出的方向應是前腳尖所指的方向。拳打出的方向和後腳跟步，使拳、肘、肩和後腳應在同一個向前的矢狀面上。還應進行炮拳姿勢的站樁練習，以明確方向角度。

3. 炮拳打出後，身體姿勢不穩，手腳不合。

糾正：動作不穩可能是上步過大，或者是由於擰腰用勁而使拳打出的方向偏離。注意拳要向前領，對準目標而向前發勁。手腳不合的問題要多練習，練習時手腳要齊起齊落。

4. 炮拳打出時，後肩有上聳現象。

糾正：肩部上聳是由於肩部沒有放鬆的結果。練習時，要注意肩部保持鬆沉。

5. 兩拳向前、向下抓挒拉回時，兩臂有伸直現象，也有兩臂伸直先向上，再向前下抓挒拉回至腹。

糾正：兩臂不能伸直，肘部要保持一定的彎曲。練習時不要往前夠著伸臂，要用沉肩、含腰、墜肘、緊背的要領去細心體會動作的細節。

6. 炮拳練習路線是之字形，前腳上半步腳尖沒有向內微扣，造成再蹬腿時橫腳而蹬，蹬力不順，用力不足。

糾正：前腳進半步，腳落地時腳尖要向內扣一些，約是 20°，應以後腳上步時，蹬腳能發出較大的勁，前腳膝蓋向下壓時，腳腕部合適為度。

五、炮拳的呼吸

呼吸和動作的快慢有很大關係。慢動作容易調整呼吸，動作快和呼吸配合好就有一定的困難。形意拳練習時，每個動作都不宜太快，不能像長拳那樣，一套拳像長江水濤濤不絕，滾滾而來。形意拳的套路也是動靜相間，節奏分明，注重勁力，注重整勁的。在五行拳的練習過程中，由於每一行拳都是單式，左右相同。所以，非常注意動作和呼吸的配合，這是形意拳整勁要求的必然結果。

開始學習時，不要過分強調呼吸與動作的配合。首先應集中精力學會動作，掌握動作的路線、方向、角度，各部的協調一致及勁力完整。要自然呼吸，只求動作合順。在動作基本掌握之後，要加強動作和呼吸的配合。

炮拳的呼吸法如下：

1. 進半步，兩掌向下抓捋裹帶至腹成拳，隨動隨吸氣。動作要柔和而意念要加強，意緊力鬆。

2. 兩拳上鑽，身微轉要氣聚中脘，腰要鬆。

3. 上步落地發拳時，要氣沉丹田，要呼氣。

整個動作是一氣之開合。合時蓄力，開時發勁，勁整力充。「欲求勁之整，必求氣之充」。

六、炮拳的教學訓練

1. 首先進行炮拳姿勢的站樁，以體會動作的規格，間架結構，各部的位置。在教學過程中要注意突出重點，重點就是身形各部姿勢的位置。不要在開始階段過多講解動作細節和動作的勁力，要採取多次做示範，給學生增加感性認識。在學生站炮拳樁時，教師及時糾正動作，糾正不

正確的姿勢，以形成正確的姿勢定型。

2. 進行炮拳動作過程的學習和訓練，採取先分解、後完整的教學法。給學員建立完整的動作概念。練習時要先慢一些，熟練之後逐漸加快。這時，老師要根據每個學員的不同情況，對錯誤的動作及時糾正，在反覆的練習中逐步提高動作質量，要講解動作的細節、各部的勁力以及手腳上下的配合。

3. 在集體訓練時，教練要喊口令進行。一是前腳進半步，雙手拉回至腹；二是上步打拳。這樣視場地大小，行進間練習。

在不斷練習的過程中，要認真仔細地體會動作要點，反覆實踐，逐步提高。

七、炮拳用法及技擊含義

技擊是武術的真諦和精華。形意拳的訓練以及拳勢結構、招法勁路和手法特點，都是為實際應用服務的。

1. 炮拳是攻中有防，防中有攻，攻防渾然一體。左拳貼身上鑽，中護胸，上防頭。左拳經心窩上鑽是護胸，轉腰左前臂滾旋是為防護頭部。在轉腰的同時，也為右拳的出擊創造了有利的條件。右拳的出擊目標是胸、腹、心窩和頭部，但右拳能否擊中的關鍵在於步法。步法能否敢於進步近身？步法是否快？動作和步法是否協調？這些在單獨練習時，經過一段時間訓練是不難達到的。但在實際運用中，步法能進得去，退得出來，時刻能保持自己身體的平衡，使自己處於比較有利的勢態，就不是一件很容易的事情了。這也反映出一個人的心理素質、技擊意識的水準如何。

2. 炮拳防守手臂的位置和動作。雖然練習時有一定的規格，一定的位置，但在實戰時，則要根據雙方的實際情況，靈活地採用格、架、壓、搬、攔等法，以達到防守目的。拳譜中講「打破身勢無遮攔」就是此意。學有定式，用無定法。形意拳打拳、發掌都要求胳膊不要伸直，保持一定的彎度，這樣的要求是和形意拳的整勁分不開的。形意拳任何拳勢的發力都要求全身參加打擊，把全身各部的力量匯集到拳或掌上去。運勁時要全身各部都在高度集中的意念的支配下，遵循同一個技法的要求，一動無有不動地進行配合。按照先聚氣鬆沉，再由根至梢，節節貫通，依次傳遞的方法，使勁由根而起，逐步匯聚成整，達於梢端而發出的勁，就是整勁。作用和反作用力相等，有多大的作用力，就有多大的反作用力。也就是說你用多大的力打到對方，就有多大的力返回作用到你自己身上。胳膊保持一定彎度，一是為了保護自己的手臂，二是胳膊處於不伸直狀態，有利於靈活，有利於變化。如果擊中對方產生了位移，可伸直胳膊，以加長作用力的時間，使對方的位移更快更遠。如果擊中對方沒有產生位移，可利用手臂的彎曲快速進行變化，指上打下，聲東擊西。

3. 順步炮拳的用法是側身而進，一手鑽翻化開，另一手隨側身而打，目標是對方胸部、胃部、頭部。關鍵還是步法。

4. 搖身炮拳是用我兩臂在身前左右搖晃，以防對方的雙拳連續進攻，步法可進可退。但在發炮拳時應該進步，兩肘防護胸部、心窩和兩肋，兩拳防護頭部。

5. 炮拳的用法不論兩手兩拳做任何動作，只要是一手防護，一手向前打出，都是炮拳的動作範疇。防護的手臂

或高或矮，或前或後，或上架或下壓，在用時這些都無關緊要，關鍵在於防守和進攻的有效。

八、炮拳歌訣

炮拳似炮性屬火，進步兩手砸帶裹。
化鑽沖打敵身去，欲前先後腰要活。

第五節　橫　拳

一、概　述

形意拳譜云：「橫拳，五行屬土，其形似彈，五臟屬脾，乃一氣之團聚。」橫拳屬土、屬脾是和五行、五臟相聯系、相歸屬的問題。「其形似彈」的「彈」不應理解為子彈、彈丸的意思，應該引申理解為「彈」就是圓的意思，內含有彈性的意思。拳譜中講：「氣順，形圓，勁和，方能積橫拳之能事。」用「其形似彈」比喻橫拳的外形架勢圓滿均衡而內充實。由於外形的圓滿，有利於氣的團聚，更增強內的充實，由於內的充實，氣的團聚，使外形更加豐滿，圓潤，更富有彈性。內和外是相輔相成、互相促進、互為表裡的。

何謂外形圓滿？怎樣才算圓滿？我認為外形圓滿就是姿勢按拳術規格、要領，周身上下內外保持均衡，無一處懈勁。但無懈勁不是僵勁，並不是渾身肌肉的緊張，如果肌肉緊張就會產生身法不靈活，不協調而勁僵。所以，外形的圓滿，更重要的是神氣的圓滿，精神的貫注，氣魄的宏偉。以神統形，以意貫形，以形得意，乃是精神所在。

對於橫拳的橫字，拳譜中有很多論述：「橫者起也，順者落也。」「起橫不見橫，落順不見順。」

橫是左右平行移動，與豎相反。從橫拳的動作結構來看，是拗步側身而拳向前攬裹鑽翻的動作。從動作姿勢與名稱來看，有些名不符實。顧名思義橫拳應該打出左右水平方向的橫勁，但拳譜中為什麼說橫拳不見橫呢？

形意拳不論是手法、步法、拳勢和理論都是以技擊為核心，打就是破，是打破，而不是破打，用這樣的理論來指導練習和訓練，就必然產生橫拳不見橫之說。

如果強調「橫」字，必然產生左右橫擺的動作。左右橫擺大部分是防守，是格擋。橫拳暗含防守，更強調的是進攻，進攻是靈魂。它強調的是目的，但在橫拳的動作過程中，手臂的滾翻攬轉為橫，向前的鑽打為用。橫拳的橫勁是暗含的，不顯露於外的。

二、橫拳的練法

（一）拗步橫拳

1.動作過程（自左三體勢起）

（1）拗步右橫拳

① 左足後撤半步，至右足尖前，左足點地，右足不動；左手抓握成拳拉回至腹，再經心窩向上、向前鑽出，拳心向上，小指上翻，高與鼻齊；右手同時抓握成拳上提至心窩，拳心向下，右肘貼肋，頭頂，目視前方（圖3-97）。

② 左足向左斜前方45°角上一大步，右足跟進半步，

圖 3-97

圖 3-98

大部重量在右足；同時，右拳
拳心向下，在左肘下向正前
方，隨走隨外旋擰轉至前方時
拳心向上，右臂微屈，拳高與
肩齊；左拳內旋翻扣，向後拉
回至腹前，拳心向下。右肩前
順，左肩隨之，頭向上頂，目
視右拳前方。右拳打出的方向
是正前方，兩足向正前方成
45°角（圖 3-98）。

（2）拗步左橫拳

圖 3-99

①左足向前進半步，腳
尖微扣，右足跟進提起至左足內側不落地；右拳不動，左
拳拳心向下、向上提至心窩處，左肘貼肋，頭向上頂，目
視右拳前方（圖 3-99）。

②右足向右斜前方上一大步，左足跟進半步，大部重量在左足；左拳自心窩順右肘下向前旋轉鑽出，拳心向上，小指微上翻，左臂微屈，拳高與肩齊，沉肩墜肘。右拳自前內旋翻扣拉回至腹，拳心向下，右肘貼肋，左肩前順，右肩跟隨，頭向上頂，臀向下墜，左拳打出方向是正前方，目視左拳前方（圖3-100）。

圖3-100

2.動作要點

①左手抓握拉回與鑽出動作要不停，與左足撤步要協調一致。

②左足上步與右拳打出、左拳拉回動作要整齊一致。注意擰腰順肩和兩拳的擰裹鑽翻，要完整協調，同時用力。

③左足進步，右拳不動，左拳上提，注意兩拳心的朝向。

④右足上步落地與左拳打出、右拳拉回，三者要整齊一致，步到拳到，手腳齊到。注意擰腰順肩和頭頂臀墜要協調一致。

以下拗步橫拳左右相同，練習次數多少，視場地大小和自己體力而定。

圖 3-101

圖 3-102

3.拗步右橫拳轉身

（1）拗步右橫拳轉身動作過程

① 左足向右足尖外側扣步，重心後移，向右轉身180°，面對來時方向。重心移向左足，右足提起在左足內側不落地；同時，右拳、右臂保持不動，隨右轉身而擺至身前，目視右拳前方。左拳上提至心窩，拳心向下（圖3-101）。

② 右足向右斜前方上一大步，左足跟進半步，大部重量在左足；同時，左拳順右臂下向前外旋撐翻鑽出，拳心向上，高與肩齊；右拳內旋翻扣拉回至腹，拳心向下，右肘貼肋。頭向上頂，臀部向下鬆墜，目視左拳前方（圖3-102）。

拗步左橫拳轉身與右橫拳轉身相同，惟左右互換。

圖 3-103　　　　　　　　圖 3-104

（2）拗步右橫拳轉身動作要點

① 左足扣步角度越大越好，要成丁字形或大於丁字形。

② 右足上步與左拳橫出動作整齊一致。

4.橫拳收勢

（1）拗步右橫拳收勢動作過程

① 左足向後撤一步，至右足內側，右足不動，重心移向右足；左拳不動，右拳內旋變掌，掌心向下。自前向下抓握成拳拉回至腹不停，再向前、向上鑽出，拳心向上，高與鼻齊，小指向上，頭向上頂，目視右拳前方（圖 3-103）。

② 左足向前進一步，右足不動，兩足成三體勢步型；左拳經心窩，順右臂向前劈出成掌，右拳變掌拉回至腹，左掌劈出高與胸齊，目視左手，頭向上頂（圖 3-104）。

圖 3-105　　　　　　圖 3-106

以下動作按劈拳收勢動作進行。

（2）拗步左橫拳收勢動作過程

① 右足向後撤一步，至左足內側落地，重心移向右足；左拳屈肘翻扣下壓，拳心向下，右拳向上、向前鑽出，拳心向上，小指向上，高與鼻齊，左拳扣壓拉回至腹，拳心向下。目視右拳（圖 3-105）。

② 左足向前進一步，右足不動，大部重量在右足；左拳變掌向前、向下劈出，右拳變掌拉回至腹，頭向上頂，目視左手前方（圖 3-106）。

以下收勢動作按劈拳收勢。

5.橫拳收勢動作要點

與前同。

圖 3-107

圖 3-108

（二）順步橫拳

1.動作過程（自左三體勢起）

（1）右順步橫拳

① 左足向前進半步，右足提起跟進至左足內側；同時，左手抓握成拳，外旋擰轉，使拳心向上，拳高與肩齊，左臂微屈，右拳自腹上提至胸，拳心向下，頭向上頂，目視左拳前方（圖 3-107）。

② 右足向前上一大步，左足跟進半步，大部重量在左足；同時，右拳向左肘下，順左前臂向前外旋擰轉鑽出，使拳心向上，高與肩齊，右臂微屈，右肩前順；左拳自前向後內旋翻扣拉回至腹，拳心向下，左肘貼肋。擰腰順肩，鬆肩墜肘，頭向上頂，目視右拳前方（圖 3-108）。

（2）左順步橫拳

① 右足向前進半步，左足提起跟進至右足內側不落

圖 3-109

圖 3-110

地；同時，右拳不動，左拳上提至心窩處，拳心向下。右肩在前，左肩在後，目視右拳（圖 3-109）。

　　② 左足向前上一大步，右足跟進半步，大部重量在右足；同時，左拳在右肘下，順右前臂向前外旋擰轉鑽出，使拳心向上，高與肩平，左臂微屈；右拳自前內旋翻扣拉回至腹，使拳心向下，右肘貼肋，左肩前收，右肩跟隨，頭向上頂，目視左拳前方（圖 3-110）。

2.順步橫拳動作要點

　　① 左足進半步時，左拳在原地擰轉微落。

　　② 右足上步落地與右拳向前打出要整齊一致。注意兩拳的擰旋要同時，擰腰順肩是關鍵。

　　③ 右足進半步，右拳不動。

　　④ 左足上步與左拳打出要上下一致。兩拳的擰轉要協調一致，同時進行。

3.順步橫拳轉身動作過程

① 前腳扣步，轉身 180°，面對來時方向，後腳撤至前腳內側；同時，前臂隨身橫擺至前方，目視前方。

② 後腳上步打出順步橫拳。

4.收 勢

至原起勢位置，打出左順步橫拳即可收勢，動作同前。

(三)退步橫拳

主要是練習步法後退和拳法相合。練習時，可以去用順步橫拳前進，練至場地一端後，用退步橫拳向後練習。打出拗步右橫拳時，接退步橫拳。

1.動作過程

(1)退步左橫拳

① 左足在斜前，右足在後，右拳橫出。右足向後退半步，左足隨之向後撤回，至右足內側點地，兩腿彎曲，保持身體高度不變，兩腿併攏；同時，右拳、右臂保持原來姿勢，右肩微向前下沉，左拳自腹向上抬起，高與心窩齊，拳心向下，頭向上頂，目視右拳前方（圖 3-111）。

② 左足向左斜後方退一步，右足隨之後撤，身體重心後移，大部重量在左足，兩足成右前左後三體勢步型；同時，左拳在右臂下向前打出左橫拳，拳心向上，高與肩齊。右拳內旋翻打擰回至腹，拳心向下，兩拳動作與拗步橫拳相同（圖 3-112）。

圖 3-111

圖 3-112

（2）退步右橫拳

① 左足向後退半步，右足隨之向後撤至左足內側點地，重心後移至左足，兩腿彎曲，保持身體高度不變，兩膝併攏；左拳、左臂不動，左肩微向前下沉，右拳自腹向上提起，高與腰齊，拳心向下，頭向上頂，目視左拳前方（圖3-113）。

② 右足向右斜後方退一步，重心後移，大部重量在右

圖 3-113

足，左足隨之後撤小半步；右拳順左臂下向前外旋擰轉打出，拳心向上，右臂微屈，拳高與肩齊。左拳內旋翻扣拉回至腹，拳心向下，右肩前順，左肩自隨，頭向上頂，目

視右拳前方（圖 3-114）。

圖 3-114

2. 動作要點

① 後足向後退半步，步幅要小，重心後移，前拳保持位置不變。退步要穩，撤步要快。

② 前腳向後退時，注意方向角度，要向後斜方 45°退步。落地踏實與後拳向前橫出動作要整齊一致。擰腰順肩，頭頂臀墜，鬆肩墜肘。

③ 向斜後方退步之足，落地要靠重心的後移而腳用力踏實。退步時是先腳尖著地，然後馬上過渡到全腳掌，時間很短。注意抬腿不能過高。

3. 退步橫拳沒有轉身，可以打前進的拗步橫拳
4. 收勢與拗步橫拳相同

（四）拗步裡橫拳

裡橫是和外橫相區別的，橫拳大部分都是用手臂的外側向前擰滾抖發，而裡橫是用手臂的內側向前滾轉橫擊前打，各有不同的勁法、用法和特點。

1. 動作過程（自左三體勢起）

（1）右拗步裡橫拳

① 重心後移，左足向後撤回至右足尖前，左足點地；

圖 3-115

圖 3-116

同時，左手抓握拉回至腹成拳，不停，再經心窩向上、向前鑽出，高與鼻齊，拳心向上，小指上翻，左肘內掩，左肩向前順。右拳拳心向下，自腹向上抬起至右乳側，右臂屈，右肘下垂，目視左拳前方，兩肩鬆沉（圖 3-115）。

② 左足向前進一步，微向左斜前方，約 25°角，右足跟進半步，大部重量在右足；同時，右拳自右乳側向左、向前外旋伸臂橫擊，拳心向上，肘部彎曲，前臂成水平，拳高與胸齊，腰微左擰，右肩前順鬆沉。左拳內旋翻扣拉回至腹，左肘貼肋。頭向上頂，臀部向下墜，目視右掌前方（圖 3-116）。

（2）左拗步裡橫拳

① 左足向前進半步，右足提起跟進至左足內側；右拳不動，右肩微向前沉，左拳向上抬起至左乳側，拳心向下，左臂彎曲，左肘下垂，兩肩鬆沉，目視右拳（圖 3-117）。

圖 3-117　　　　　　　　　　圖 3-118

形意拳械精解（上）

② 右足向前方微偏右上一大步，左足跟進半步，大部重量在左足；左掌自左乳側向右、向前外旋擰轉打出，使掌心向上，左肘彎曲，前臂成水平，左肘內掩，拳打向右前方。右掌內旋翻扣拉回至腹前，掌心向下，右肘貼肋，頭向上頂，腰右擰，左肩前順，右肩跟隨，目視左掌前方（圖 3-118）。

以下動作，左右相同，惟左右互換。

2. 動作要點

① 左足撤步與左拳拉回鑽出要一致。

② 左足落地與右拳打出要整齊一致。

③ 裡橫拳的步法是前腳進半步，後腳向前上一大步，是前方向外約 25°角。

④ 後腳上步的落地與後手向前外旋伸臂橫擊，動作要整齊一致。用擰腰沉肩，旋臂向前擰錯而橫擊。用身勁橫

擊，前臂的擰勁，拳的旋轉前領而向前。注意腰要鬆活，肩要沉鬆，胸要含，發勁時呼氣。另一手內旋翻扣，也可做刁捋抓握拉回。兩手同時動作。

3.轉身和收勢與前同

三、橫拳的勁力

1. 橫拳的練習，特別強調周身力的完整。「其形似彈」「一氣之團聚」就是此意，但橫拳裡確實含有橫勁，它的橫勁是體現在動作前半部，體現在腰肩，體現在上臂和前臂運轉過程中的前半部分。由於形意拳在打法中強調打破，而不是破打，強調最後的目的。

2. 橫拳的常規練法是拗步橫拳，在全國各地民間練法均以此為主。在很多老拳譜中和各種武術教材中都是以此為主，我們應先學其常，後精其變。拗步橫拳是常規練法，其他各種練法是它的變化。常規練法打下堅實的基礎，打出整勁，再學習其他練法也就比較容易了。

3. 拗步橫拳兩腿落地之後要有夾剪之力。兩膝微向內扣，後膝有向下插的意念，要裹膝合膝，兩腿有合力。猶如兩足站在冰上，防止兩足的前後滑動，以體會兩腿的裹合之力。

橫拳兩臂的擰裹鑽翻要完整不懈。兩手如同擰繩一般，前拳內旋翻裹扣壓拉回，後手外旋擰裹鑽翻而出。練習時不但注意兩拳所走的路線，而且還要注意兩肘所走的運動軌跡。前手以肩帶肘，以肘掩心，貼肋向後拉。後手打出時，肘部向心窩裡擠，要含胸合肩，兩肩向下鬆沉，以拳向前領，肘隨肩催，以擰腰順肩向前發勁。

4. 橫拳的橫勁是後拳在前臂肘下滾動向前，上臂向前伸，後肩向前催，兩肩扭轉而產生的。由於腳步是向斜前方45°方向上步，而產生身向斜前方的沖擊慣性，而手法是向正前方打擊，這樣也就產生斜形撞擊的橫勁。總之，橫拳的前半部分是橫勁，後半部分是鑽打。從拳的運動軌跡來看，它走了一條弧線，前半部的弧度大，後半部的弧度小，接近直線。橫勁產生在弧度大的部分，主要是由肩和上臂的運行而產生的。著力點是手臂的外側，以上臂為主，前臂為輔，主要在肘。

順步橫拳的勁力關鍵在於腰和肩的協調用力，以擰腰順肩，以長腰催肩，而使全身之力貫注到上肢。

5. 退步橫拳的勁力要含胸領氣，向後退關鍵是步法後退，對身體重心的掌握。勁法是利用步法後退落地踏實，所產生的支撐反作用力，向上節節傳遞，沿腿至腰，上達至肩至肘，而達於手。

6. 拗步裡橫拳的勁法，主要是用後手以前臂的內側，向斜前方外旋擰裹挫壓而打，裡橫的勁是產生在向斜前的滾挫，著力點是前臂的內側。既有斜橫的勁，又有向前的勁，勁法源於腰肩，腰要鬆活，肩要沉抖，在發力的剎那間要打出寸勁。

7. 裡橫拳也有掌的練法，是用掌指向下拇指向外，以前臂和掌根為著力點，勁法相同。另一手的動作是抓捋扣拿拉回至腹，其他都相同。

橫拳不管練法有多少種，動作有多大的不同，步法的各種差異，但是橫拳打出的勁力，總是一個「整勁」，整勁是五行拳的特點。

四、橫拳練習容易出現的毛病及糾正方法

1.動作起伏過大，進半步時起身。

糾正：起伏過大是膝部沒有控制好，注意進半步，膝部保持一定彎度，使身體重心基本保持水平。

2.橫拳打出時，前腳落地不穩，往前滑動。

糾正：原因是前腳邁步過大，重心過低。應注意前腳上步要適當，開始時小一些，以後逐漸加大。前腳落地不但要有向下踩意，而且還應有向後扒意。用腳趾抓地，重心微高一些。

3.橫拳打出時，拳向正前方伸出，而臀部有向後撅的現象。

糾正：臀部後撅，身體不中正，這是練拳一大忌。注意頭部向上頂要有沖天之雄，臀部向下坐要堅如磐石，穩如泰山。

4.橫拳打出時，有用胳膊橫撥的發勁現象。

糾正：要認真細緻的體會「橫拳不見橫」的內在含義，橫撥是防守，是手段，而進攻、打擊才是目的。所以，橫拳動作中不能只有橫，更重要的還應有向前的鑽打。

5.轉身不穩。

糾正：轉身不穩是身體重心的垂直軸掌握的不好，有可能是低頭彎腰造成的，還有足扣步的位置和角度不正確，使轉身移動距離過大而造成身體不穩。因此，轉身時首先是頭要上頂，使脊柱正直。這樣就克服了低頭彎腰的毛病。其次是扣步的位置一定要向後腳尖前扣步，扣的幅度應以再上步時，腳蹬地力足、勁順、合理為原則，當然

幅度大一些為好。

6. 兩手擰轉，只注意了向前打出的手，兩手的動作與身勁配合不協調。

糾正：首先按正確的動作規格多練習，不但要注意手腳的配合，而且要注意前手和後手不同的用勁手法，以及兩手和肩的用勁與身勁的配合。

五、橫拳的呼吸

橫拳的呼吸與炮拳的呼吸基本相同。在初學時，應該把注意力集中於橫拳動作的路線、方向、角度、手腳的配合和動作的要領，以記憶中的動作規格去指導動作的練習。在練習中，逐步體會動作的蓄發、開合，有意識地結合呼吸與動作的配合。一般的原則是：蓄勁時吸氣，發勁時呼氣。起時吸氣，落時呼氣，合時吸氣，開時呼氣，總的原則是：以意導體，以體導氣。但在達到高級階段則是：「氣隨心意隨時用，硬打硬進無遮攔。」

六、橫拳的教學

1. 先進行橫拳定式姿勢的站樁練習。五行拳劈、崩、鑽、炮、橫的姿勢、勁力都不相同，對身型、手型、步型的要求也不相同。所以，先進行站樁練習，使學習先有一個初步的姿勢定型，有利於動作的掌握。

2. 以橫拳站樁姿勢，在原地做兩手的內旋拉回和外旋擰滾鑽翻，以體會兩臂的勁力。

3. 橫拳完整動作練習。集體練習時，按口令進行，前腳向前進半步時為1，後腳向斜前方上一大步落地時為2，在練習中，及時對出現錯誤的動作進行糾正，指出動作的

關鍵部分。

4. 對於初學者來說，首先對動作的規格、要領，要一絲不苟地認真學練。要循序漸進，而欲速則不達。五行拳雖動作簡單易學，但學好練精，並不是一朝一夕就能達到的。

七、橫拳技擊含義及用法

1. 橫拳動作的技擊含義及用法，這種提法並不很準確。橫拳練的是一種勁法，並不是一種技法。雖然，它的動作技術含有一定的攻防含義，但更重要的是透過練習獲得一種勁法的運用。五行拳劈、鑽、崩、炮、橫都是如此。透過對五行拳的長期練習，使我們掌握形意拳勁法的特點。在運用時，要根據敵我雙方的各種情況，「法從心生，技從手出」，這是技法達到較高階段所產生的。從橫拳的動作結構來看，前手的翻扣裹帶拉回是防守技法，意在破打敵向我中部攻來之拳，而另一手向敵胸腹部心窩、兩肋打擊，兩手同時發勁，顧打結合，再配合步法向前沖。如果我前手沒有防住敵手，後手照樣滾撥，向前擠壓，用橫拳的技法向敵胸部、頭部打擊。手進、步進、身進一齊進，沾身縱力。接觸敵身之後，擰腰順肩伸臂發拳，把對方發放出去。

2. 順步橫拳的用法與長拳的靠有相似之處，但勁法不同。如對方出左拳，我用左手裹和捋住其左拳或左臂，右足上步，至對方左足後方，我右臂向前、向右橫擊，迫使對方傾倒。也可用右拳鑽打敵肋部，以重創敵身。

3. 退步橫拳的用法在手法上與橫拳相同，只是步法不同，它取的是在退步之中用橫拳的技法。

4.橫拳的手法是自外向裡攻，走的是外，而裡橫拳的手法是向裡橫挫而向前撞打。向裡橫挫是顧法，向前撞打目標是敵胸腹、心窩、肋部。

橫拳是以橫破直，以守為攻的技法，正像拳諺所說：「以攻為守不見守，以守為攻不見攻。」

橫拳是守己之中，而攻彼之中，斜打擊正，以迂為直。

八、橫拳歌訣

橫拳似彈性屬土，斜身拗步氣宜鼓。
兩拳旋擰橫破直，五拳之中它為主。

第六節　五行連環拳

五行連環拳是形意拳在劈、崩、鑽、炮、橫這五種基本拳法的基礎上組成的一個短小精悍的傳統套路，在民間廣為流傳，深受廣大群眾喜愛。

五行連環拳也叫進退連環，它的特點是：步法有進有退，進退快速，左右變換，縱橫往來，以進為主；手法是攻防兼備，剛柔相濟，剛而不僵，柔而不散，快而不毛，慢而不懈，以攻為主；勁力是發力飽滿，沉穩渾厚，勁整勢雄，完整如一，以剛為主。

五行連環拳套路只有一個來回，一去有十個動作，回來時是這十個動作的重複，到原地收勢。透過對五行連環拳的練習，可以更好地掌握形意拳的特點，體現形意拳的風格。在練習過程中要注意動作銜接的連貫性，勁力轉換要順達，套路演練要注意快慢節奏以及精神要貫注，氣勢

要勇猛。長期堅持練習，能提高中樞神經系統的功能，能增強人體動作的協調性，提高技擊意識。既鍛鍊了體魄，增強了自衛，又陶冶了情操。

一、動作名稱

起勢
1. 進步右崩拳
2. 退步左崩拳
3. 右順步崩拳
4. 白鶴亮翅
5. 左炮拳
6. 包裹手
7. 進步右橫拳
8. 狸貓上樹
9. 上步右崩拳
10. 狸貓倒上樹
11. 上步右崩拳
12. 退步左崩拳
13. 右順步崩拳
14. 白鶴亮翅
15. 左炮拳
16. 包裹手
17. 進步右橫拳
18. 狸貓上樹
19. 上步右崩拳
20. 狸貓倒上樹
21. 上步右崩拳
22. 退步左崩拳
收　勢

二、習練方法

起　勢

1.動作過程

①面對練拳方向，立正姿勢站好（圖 3–119）。

② 兩手自身體兩側向上抬起，開始兩手心向下，抬至與肩同高時，兩手外旋至手心翻轉向上，兩臂自然彎曲，目視右手（圖 3–120）。

圖 3-119

圖 3-120

形意拳械精解（上）

圖 3-121

圖 3-122

③ 兩前臂屈肘，兩掌向面前合按，兩掌心向下，掌指相對，目視前方（圖 3-121）。

④ 兩掌下按不停，經胸前、腰部至小腹，兩臂要圓；

圖 3-123

圖 3-124

兩腿彎曲下蹲，兩膝相靠。頭向上頂，目視前方（圖 3-122）。

⑤ 兩掌抓握成拳，外旋至拳心向上，兩肘抱肋。右拳經心窩向上鑽出，高與鼻齊，小指上翻，兩足不動，目視右拳（圖 3-123）。

⑥ 左足向前上一步，右足不動，成左三體勢步型。左拳經心窩順右臂向前劈出，掌心向前，右拳變掌拉回至腹，掌心向下，左掌高與肩平。頭向上頂，目視左掌（圖 3-124）。

2. 動作要點

① 兩手向上抬時，兩臂要微屈，不要伸直，要鬆肩沉肘，兩臂要微向前一些，使背部微緊。

② 兩手抬時要吸氣，兩掌向下按與兩膝彎曲下蹲要同時，兩膝的彎曲角與姿勢的高矮，與三體勢站樁的要求相

同。

③ 左掌向前劈出與左足上步動作要一致。

（一）進步右崩拳

1.動作過程

圖 3–125

兩掌抓握成拳，左拳外旋翻轉至拳心向上，左肘微向裡掩。左足向前進半步，右足向前跟進至左足跟後10公分左右，重心在右足。右拳順左臂向前打出，高與心窩齊，拳面微向前頂，拳眼向上，肘部微屈；左拳拉回至小腹，拳心向內，頭向上頂，目視右拳（圖 3–125）。

2.動作要點

① 右拳向前打出與右足跟步蹉地要整齊一致。

② 右拳打出和左拳拉回要有「出如鋼銼，回如鈎竿」之勁，肩要沉，肘要墜，右肩前順，擰腰順肩，兩拳的出入是一對力偶。

③ 右足跟步是全腳掌用力向前、向下蹉地，要落地有聲。要裹胯用膝向前帶足，意念好像有人用繩子向後拽著右足，自己用力前帶，把繩子拉斷，注意不是跺腳。另外以呼氣發力，氣沉丹田，這樣上下內外發出合力、整力。

圖 3-126

圖 3-127

（二）退步左崩拳

1.動作過程

① 右足向後退半步，重心後移至右足，右拳翻轉至拳心向上，目視右拳（圖 3-126）。

② 左足向後退一大步，腳掌全部落實，重心大部分重量在左足，右足隨之後撤，右足尖外橫，兩大腿緊靠。同時，左拳順右臂向前打出左崩拳，高與胸齊，左臂微屈，拳眼向上，右拳拉回至腹，頭向上頂，目視左拳（圖 3-127）。

2.動作要點

① 左拳打出與左足退步落地、右拳拉回，三者要完整如一，整齊一致。

②左拳打出的勁是左足後退一步，身體重心整個後移，左足落地產生的反作用力瞬時上傳於腰、肩、肘，貫注於左拳，配合擰腰順肩伸臂而爆發的合力，使之節節貫穿，節節加力，最後達於拳面。

(三)右順步崩拳(黑虎出洞)

1.動作過程

　右足向右前方進一步，左足跟進半步，成右前左後三體勢步型；左拳外翻，拳心向上，左肘微向內掩，右拳順左臂向前打出崩拳，肘微屈，拳眼向上，高與心窩齊，頭向上頂，左拳拉回至腹，拳心向內，目視右拳（圖3-128）。

2.動作要點

　①右拳打出與右足進步落地要整齊一致。

　②崩拳打出時要注意體會兩肘部要緊貼兩肋。崩拳打出拳與前臂要水平，肩與肘要成一斜面，注意肘部要微內掩。

　③在發勁的瞬間要把右足進步落地，右拳打出，左拳收回，擰腰順肩的催動，再配合以呼氣發力，合而為一，整

圖 3-128

齊一致。練習時動作有力而不能僵硬。它的氣勢要有如排山倒海，一瀉千里，含有無堅不摧的氣魄。

圖 3-129①

圖 3-129②

（四）白鶴亮翅

1.動作過程

① 左足向後撤半步，雙腿半蹲成馬步，右拳下落，雙拳在身前腹部交叉，雙拳向上鑽起，高與頭齊，拳心向裡，兩拳交叉，左拳在裡，右拳在外，目視雙拳（圖 3-129①②）。

圖 3-130

② 兩足不動，雙拳內旋翻轉至拳心向外，各自向左右畫弧，兩臂微屈撐圓，至身兩側向下畫弧，目隨右拳（圖 3-130）。

③ 身體重心移至左足，右足向後撤回至左足內側，震

圖 3-131　　　　　　　　圖 3-132

地有聲；同時，雙拳收抱於小腹前，用力砸擊小腹，頭向
上頂，氣沉丹田，目視雙拳（圖 3-131）。

2.動作要點

① 白鶴亮翅動作兩拳上鑽，翻轉外撐，向兩側畫弧下
裹，收抱於小腹，要注意體會鑽、翻、撐、裹、抱的勁
力。周身要協調，勁力要完整不懈。

② 兩拳上鑽時，兩肘要垂，背部微緊，胸要含，此時
要吸氣；兩拳內旋翻轉時，兩肩要鬆開，兩肘要向外領；
兩前臂向外撐，兩臂向下畫弧時，要有裹勁；收至小腹時
要有抱勁。雙拳砸擊小腹與右足撤回要整齊一致，同時氣
沉丹田以助發力。

③ 在整個動作中要注意身體重心左右的移動，雙拳上
鑽時重心偏於左足，外撐時偏於右足，裹抱時重心移至左
足。右足撤步要貼地而行，用腰胯向裡裹合抽回，意念好

像是用腳把一個重物給拉過來，最後踩地發聲，注意不要踩地。

（五）左炮拳

1.動作過程

右足向右斜前方上一大步，左足跟進半步；右拳經心窩向上鑽，高與鼻齊，左拳上提至心窩處，隨右足進步，左拳向前打出，拳高與心窩齊，左臂微屈，肘部微向內掩，拳眼向上，左肩微前順。右拳內旋擰轉置於右額角處，右肘下垂，目視左拳前方（圖3-132）。

2.動作要點

① 左拳打出與右足上步落地要整齊一致，手腳齊到。

② 右拳上鑽時，身形微向左轉，左拳打出時，整個上體要有一個旋轉向右的力，用腰催肩，肩催肘，肘催拳，注意發揮腰部力量。還要注意右肘下垂，不要抬起，右拳在耳前眉後，右額角處。

③ 發力時要擰腰順肩，腰催肩送拳發，氣沉丹田，上下內外合成一體，效果就力大勢猛。

（六）包裹手

1.動作過程

① 左足後退半步，右足隨之撤至左足內側不落地，左拳抽回至胸前，身形左轉，右臂掩肘在身前，右拳心向裡，目視右拳（圖3-133）。

圖 3-133　　　　　　　　圖 3-134

②右足向後退一步，重心移向右足，左足隨之撤回至右足內側不落地；兩拳變掌，右掌掌心向下、向後拉回，左掌順右臂向左撐出，掌心向上。右掌隨右足退步，向右撐出，掌心向下，左掌向下畫弧，收回於腹前，兩臂撐圓。目視右掌（圖 3-134）。

③左足向前上一步，右足跟進半步，成左三體勢步型；同時，右掌向下畫弧收回至腹前，掌指向下，掌心向前。左掌自腹前向上抄起，掌心向上，至右肩上方時，掌內旋翻轉，掌心向下，向左、向前撐出，臂要圓，掌高與肩齊，頭向上頂，目視左掌（圖 3-135）。

2. 動作要點

①連環拳中的包裹手動作，實際是一個鼉形。退步掩肘，意念向回領，領氣回身，身形微縮。

②右足退步與右掌向右橫撥撐出要相齊，左足上步與

圖 3-135

圖 3-136

左掌向前橫撥撐出動作要整齊一致。

③兩掌要畫兩個圓弧，以腰為軸，用腰部帶動兩肩，以肩帶肘，以肘催手，胸要含，臂要圓，腰要鬆，動作要圓活不滯，力要柔和而不懈，兩臂、兩掌要有裹抱撥撐出之力。注意身形重心左右移動與兩掌動作協調一致。

（七）進步右橫拳

1.動作過程

兩掌抓握成拳，左拳外旋翻轉拳心向上，左肘掩心。左足向左前方進一步，右足跟進半步；右拳以拳心向下，經心窩順左臂下向前隨鑽隨翻，至前方拳心向上，右臂微屈，拳高與肩齊。左拳內旋翻扣拉回至小腹，拳心向下，頭向上頂，目視右拳（圖3-136）。

圖 3-137 圖 3-138

2.動作要點

① 右拳打出與左足上步動作要整齊一致。左足向左斜前方上步，右拳向正前方打出。

② 橫拳發力要擰腰送肩，兩肩先裹合而後開送，兩拳要有擰裹力，滾鑽螺旋力，兩腿要有夾剪之力，要裹胯合膝，臀部向下鬆墜，頭要頂，氣要沉，精神要貫注。

（八）狸貓上樹

1.動作過程

① 右拳變掌，內旋翻扣手心向下，抓握拉回至腹成拳。左足向正前方進半步，重心前移至左足，雙拳自腹部經心窩向上、向前鑽，右拳在前，左拳在右肘部，兩拳心均朝上，右拳高與眉齊，目視右拳（圖 3-137）。

圖 3-139①

圖 3-139②

② 右腿向上提膝，以腳尖外橫，向前、向上蹬出，右足高與肩齊，兩拳不動，目視右足前方（圖3-138）。

③ 右足蹬出之後，迅速向前、向下橫踩落地，左足向前跟進半步，兩腿成剪子股式；同時，兩拳變掌內旋翻轉，掌心向前。左掌順右前臂向前、向下劈出，掌心向下，高與腰齊，右掌向下拉回收至右胯側，掌心向下，目視左掌前方（圖3-139①②）。

2.動作要點

① 右足向前上蹬出與兩拳上鑽動作要一致，右足向前橫腳落地與左掌向前下劈落要整齊一致。

② 狸貓上樹整個動作要連貫不停，一氣呵成。兩拳向上鑽時，兩肩向內合，胸要含，兩肘要向下鬆沉而向內有抱勁。

③ 兩掌劈落時要注意撐腰順肩，右手拉回與左手的劈

落要同時發力。右腳向前上橫蹬時注意右胯部須向回縮，膝部用力上提，這樣有利於右足蹬出。右足落地要有踩意，如踩毒物，恨其不死，以防其逃之意。

圖 3–140

（九）上步右崩拳

1.動作過程

右足向前進半步，左足向前上一大步，右足再向前跟進至左足後，重心在右足。同時，兩手抓握成拳，右拳自右腰側順左臂向前打出右崩拳，拳眼向上，高與心窩齊，左拳拉回至腹，右肩微前順，右臂微屈，頭向上頂，目視右拳（圖 3–140）。

2.動作要點

① 右拳打出與右足跟步落地要整齊一致。

② 崩拳要領及勁力與前相同。只是此勢步法上了一大步，前進距離遠，速度快，因而力量大。兩拳要有前後爭力，右足要有催力。注意頭向上頂，身形不要前傾。

（十）狸貓倒上樹（崩拳回身）

1.動作過程

① 左足向回扣步，扣至右足尖前外側，扣步越大越好，兩膝彎曲，右拳拉回至腹，向右轉身180°，面對來時

圖 3-141

圖 3-142

方向，頭向上頂。目視前方（圖 3-141）。

②重心移向左足，右腿屈膝提起，右腳尖向外橫，右腳向前、向上蹬出，高與肩齊；同時，雙拳翻轉，拳心向上，自腹部經心窩向上、向前鑽出，右拳在上，左拳在右肘部，右拳高與鼻齊，目視右拳（圖 3-142）。

③足蹬出之後向前、向下踩落，腳尖外掰，橫腳落地，左足跟進半步，兩腿成剪子股狀；兩拳變掌內旋翻轉，以掌心向前，左手順右前臂向前、向下劈落，掌心向下，頭向上頂，目視左掌前方（圖 3-143）。

圖 3-143

2.動作要點

① 左足扣步與右拳收回和向右轉身動作要連貫，轉身時頭要向上頂，不能低頭彎腰。雙拳上鑽與右腿提膝向前上蹬出要上下動作一致。

② 右足落地要盡量向前、向下橫腳踩落，用左腿的蹬力。左掌向前劈落與右足落地要整齊一致，兩腿成剪子股狀，兩大腿要靠緊。

③ 扣步轉身注意左足扣步幅度要大，右腳蹬出注意腳尖外掰，蹬出的瞬間腿要伸直。左腿膝部微屈，獨立站住要穩，右胯要向後縮。

④ 兩拳上鑽緊貼兩肋。兩掌劈落時，要撐腰順肩，鬆肩沉肘，兩掌一前一後同時發力，注意頭向上頂，勁力與要領和前面狸貓上樹動作相同。

五行連環拳十個動作到此結束，這只是練習了一半，還應該打回到原地，以下動作順序是：上步右崩拳、退步左崩拳、右順步崩拳、白鶴亮翅、左炮拳、包裹手、進步右橫拳、狸貓上樹、上步右崩拳、狸貓倒上樹、上步右崩拳、退步左崩拳、收勢。

收勢（接退步左崩拳）

1.動作過程

① 左足向前上一步，右足不動，成左前、右後三體勢步型，左拳拉回至小腹，拳心向下，頭向上頂，目視前方（圖 3-144）。

② 右足向左足內側進步靠攏，兩膝相併，身體重心不

圖 3-144

圖 3-145

圖 3-146①

圖 3-146②

起，在兩足上，屈膝站穩（圖 3-145）。

③ 兩拳變掌，由身體兩側向上平舉，手心向上，臂自然彎曲，不要完全伸直。與肩平時，兩掌向面前合，兩肘屈，掌心向下（圖 3-146①②）。

④ 兩掌在胸前向下按，兩腿直立，成立正姿勢，收勢畢（圖3-147）。

2. 動作要點

① 左拳拉回與左足踩地、頭向上頂要同時。

② 兩掌向下按與兩腿直立動作要整齊一致。

圖 3-147

三、五行連環拳的練習節奏及勁力

各種動作在時間上、勁力上相互聯繫，一個套路和動作的練習節奏的好壞，是體現動作完善程度一個最鮮明的標準，也是體現一個人的動作水準和掌握技術水準程度的一個尺度。每一個套路都有它自己的節奏，有快慢、鬆緊、剛柔之分。每一個動作都有節奏，每個動作從開始到完成，都不是時間的平均分配，都有它本身的快慢和韻律。只有堅持長期的練習，對動作和套路進行反覆的精琢細研，才能找出它內在的規律性，提高它的藝術性。由於每個人的性格差異，練拳的心得體會不同，對套路和動作理解的角度不同，再加上秉承師傳不同，即使是同一個套路，同一個動作，每個人打出來的節奏都不盡相同，這樣就形成了每個人不同的風格、不同的風貌、不同的特點。

對五行連環拳每個動作的快慢及整個套路的節奏試作

一個簡單的分析：

　　1. 出勢須表現出它應有的穩健，動作速度不能快，一定要慢而穩，用意念收斂自己的心神以調氣，深深吸進一口氣下沉丹田以安神靜氣，同時也能緩解和消除緊張情緒。雖然動作緩慢，但精神一定要飽滿貫注。以自己的慢動作，以自己的神聚調氣，去感染對方，使對方產生一種沉穩安定的感覺。

　　2. 連環拳中的三個崩拳，即進步崩、退步崩、順步崩，也叫一馬三箭，因崩拳屬木其形似箭。這三個崩拳一定要注重剛勁，要沉重如山，氣勢要猛，鏗鏘有力，這三拳的速度不宜快，要勁力充足，要把形意拳那渾厚有力、剛勁雄健充分體現出來。

　　這三拳要一拳比一拳有力，以順步崩拳發力最大，要把它的氣魄打出來，勁要蓄而後發，氣要長吸短呼，注重最後的爆發力，勁要均整，勢要雄健。

　　3. 白鶴亮翅整個動作要有韻律，開始動作和中間動作要慢一些，以意念引導動作，要用鑽翻撐裹幾種勁的意念去領動作，要充分體現它的內含力。在最後一個抱勁時，要手腳配合好，要快速有力，丹田抱氣，膽量抱身，雙肘抱肋，雙拳自擊丹田小腹，可以配合發聲，以壯聲威，以增強丹田的內壯。

　　4. 左炮拳在動作之前要用意念向前領，身形微向右前傾，蓄勢而後突然爆發，上步要快，發拳要猛，氣勢要勇，炮拳打出後要稍停，姿勢要均整，速度要突然爆發而迅疾，要動迅靜定，要體現出炮拳的特點。

　　5. 包裹手實際是一個左右的鼉形動作，要柔和，柔而不懈，要有內含力，內含而不僵。

手眼身法步要協調，整個動作要用身勁，兩手畫圓時要有裹而不露的意念，步法要輕靈敏捷，腰要鬆活而富有彈性。速度要柔和而有韻律，不要快，要注意動作圓活，但在最後左掌向前撐撥橫切時，速度要快，手腳要合順。

6. 右橫拳、狸貓上樹和進步右崩拳這幾個動作，速度逐步加快，要連續不斷，要有步步緊逼的氣勢，要把形意拳追風趕月不放鬆的氣勢表現出來，速度不但要快，而且氣勢要勇，神要圓滿，動作要快而不毛。在練習時，要注意動作與動作的連接和勁路的轉換，要合順要流暢。

7. 狸貓倒上樹是崩拳回身動作，轉身要找好中心軸，以左腳為軸，用腰擰轉；左足扣步要在右足尖前回扣，兩腳重心的轉移範圍要小一些，這樣轉身才能快而穩。整個動作速度要適中，快慢相宜，快中有慢，慢中有快，關鍵是要穩健。右足橫腳蹬出要快，擰腰順肩兩掌劈落要快。注意眼神要明亮而有威儇感。

8. 收勢動作要注意沉穩，速度要慢一些，要有意猶未盡之感。雖然在練完之後會有氣喘力乏的感覺，但一定要控制住這幾秒鐘，要表現出氣安神定之態，要做到善始善終。

五形連環拳前面幾個動作要突出它勁力上的剛健雄厚，中間要柔和協調，後面幾個動作從速度上要突出它的勇往直前、追風趕月的氣魄。整個套路不管速度的快慢和節奏如何安排，必須突出形意拳的風格和特點，勁力上以剛為主，以柔襯托剛。

五行連環拳可以根據自己練習心得體會的不同而打出不同的節奏，但有一點，不能整套拳都是一個速度，一個節奏，沒有快慢之分，這樣打出來的拳就會平淡無味。

第四章　十二形拳

第一節　龍　形

一、概　述

　　中國人是龍的傳人，中國是龍的故鄉。龍是我國古代傳說中的一種長形、有鱗、有角的動物，它能走、能飛、能在水中游、能騰雲駕霧。古老的中國對龍的傳說是非常神聖、敬畏和崇拜的。

　　形意拳是一種象形取意的拳術。形意拳取龍形是根據古代對龍的傳說、描寫，根據文字記載，再加上前輩武術家根據武術動作的外在形象，以象其形，取其意，逐步把龍形充實完善提高而定型。十二形中的龍形，在形的方面是取其動作、步法上的大起大落，手法上的屈伸開合，身法上的曲折展放。在形意拳的練習中，不但要注意練形，使外形動作正確，動作路線正確，符合技擊要領，更重要的是用龍形的意念、意境和氣勢，去指導練形，細心體會它的精神、氣魄。龍上下飛舞，左右盤旋，忽凌駕於雲天之上，忽下臨於深山幽谷之中，出入雲海之中，飛騰天地之外。只有用這樣的意念、意境去指導練形，形才能更好地體現出意。不但要練形，更重要的是練「意」，意寓形之內，形顯意於外。

圖 4-1　　　　　　　　　　圖 4-2

二、龍形的練法

（一）踏步龍形

1.動作過程

（1）起勢（左三體勢）

立正姿勢，兩手側平舉，手心向上，屈肘向面前合攏下按，屈膝下蹲至小腹，握拳，右拳向左前上方鑽出；左足向左上一步，左手向前劈出，右手拉回至腹，成左三體勢（圖 4-1）。

（2）左踏步龍形

① 左手抓握成拳，由前拉至小腹，左足後撤至右足前（圖 4-2）。

② 身體重心後移至右足，左足提起，腳尖外橫；同

圖 4-3①　　　　　　　圖 4-3②

時，左拳經心窩向前上鑽出，高與鼻齊，右拳上提至左肘部，左足向上、向前橫腳蹬出，目視前方（圖 4-3①②）。

　　③ 左足向前橫落，腳全掌著地。右足跟進半步，腳前掌著地，腳跟抬起，身體下蹲，右膝部緊靠左膝窩，臀部落在右腳跟上，左腿微屈，左足尖外橫踏實。同時，右拳順左前臂向前、向下劈落變掌，掌心向下，左手拉回至左胯旁，右掌落至左腳前，高與胯齊，身左轉，微向前傾，目視右掌（圖 4-4）。

圖 4-4

圖 4-5　　　　　　　　　　　　　圖 4-6

（3）右踏步龍形

①右手抓握成拳，拉回至腹，身隨右手拉回之時，隨拉隨起身，左足向前進半步；同時，右拳經心窩向前、向上鑽出，高與鼻齊，目視右拳（圖 4-5）。

②右足迅速提膝向上抬起，腳尖外橫，向前、向上蹬出，低不過腰，高不過頭，左足微屈，抓地站穩。同時，左拳順右前臂前鑽至右拳時，兩拳變掌，掌心向前，掌指向上，兩掌在身前，左上右下（圖 4-6）。

③右足蹬出之後，向前、向下踩踏，腳尖外掰，橫腳下落，左足跟進半步，左腳跟抬起；同時，左手向前、向下劈落，右手拉回至右胯側，身右轉，擰腰下落，左肩前順，上身微前傾，臀部坐在左腳跟上，小腹貼到右大腿上，左掌劈落至右腳前，高與胯齊，距地面 20～30 公分，目視左掌。虎口圓撐，五指微扣，頭頂項豎，目視左手（圖 4-7）。

圖 4-7　　　　　　　　　　圖 4-8

2. 動作要點

① 左拳鑽出與左足橫蹬要同時。

② 右掌劈落與身下落要一致。

③ 踏步龍形整個動作從起到落是一個完整的動作，動作過程中間不能停頓，要一氣呵成。

3. 踏步龍形回身勢

① 前手抓握成拳拉回至腹，兩腿蹬地站起，原地擰轉180°，面對來時方向，兩足在原地擰轉，拉回之拳經心窩向前、向上鑽出，小指上翻，高與鼻齊，後拳緊隨跟至前手肘部（圖 4-8）。

② 後拳沿前手前臂向前上鑽，至前拳時，兩拳同時變掌，後掌向前、向下劈落，前手拉回至胯。同時，身形擰腰下坐，此時後腳跟抬起，前腳尖外撇，頭頂項豎，目視

<table>
<tr><td>圖 4-9</td><td>圖 4-10</td></tr>
</table>

圖 4-9　　　　　　　　　　　　　圖 4-10

前掌。左右回身勢相同（圖 4-9）。

4.回身動作要點

① 回身動作要快，要穩，兩足隨身擰轉。
② 後掌前劈、前掌拉回與身下落要整齊如一。

5.踏步龍形收勢

拳術練習必須有始有終，在哪出勢，還要在哪裡收勢。出勢是左三體勢，收勢還要回到左三體勢。

（1）如練至左足在前，右手在前劈落時，收勢動作如下：

① 右足蹬地起身站起，左手由前抓握成拳拉回至腹，右拳經心窩向前、向上鑽出，高與鼻齊，目視右拳（圖 4-10）。

② 左足向前上一步，成左三體勢步型，左掌如同劈拳

圖 4-11

圖 4-12

向前劈出，目視前方（圖 4-
11）。

　　③ 兩足不動，左手抓握
成拳，左拳扣拉至腹，注意
頭上頂，前腳踩，目視前方
（圖 4-12）。

　　④ 重心前移至左足，右
足向左足靠攏，兩膝併攏彎
曲，兩拳不動（圖 4-13）。

　　⑤ 兩拳變掌向身兩側平
舉，與肩平時屈肘，兩掌向
面前合攏；兩腿不動，目先

圖 4-13

隨右手，合攏後向前看（圖 4-14①②）。

　　⑥ 雙掌下按至腹前，兩膝伸直站起成立正姿勢，收勢
完畢（圖 4-15）。

圖 4-14①

圖 4-14②

形意拳械精解（上）

圖 4-15

圖 4-16

（2）右踏步龍形收勢

① 右足蹬地起身，左手抓握成拳，拉回至腹，兩腿成剪子股勢不動，右手握拳在小腹（圖 4-16）。

圖 4-17　　　　　　　　　　圖 4-18

②右足微向前上半步，右拳向前鑽出，高與鼻齊（圖4-17）。

③左足向前上一步，成左三體勢步型，左拳順右臂向前劈出，成左三體勢，收勢動作同前（圖4-18）。

6.動作要點同前。

形意拳的演練都必須有出勢和收勢，這叫做有始有終。所有的演練都從左三體勢起，所以，收勢也必須回至左三體勢，再按左三體勢的收勢動作進行收勢。

（二）躍步龍形

1.動作過程

（1）起勢（自左三體勢起）

（2）左踏步龍形（以上二式動作同前）

圖 4-19

圖 4-20

（3）右躍步龍形

① 左足向前上半步，用力向上蹬跳彈起，右足提膝上帶，橫腳向前上蹬出；同時，右掌抓握拉回成拳，經心窩向上、向前鑽出與頭齊，左拳在右肘部。目視前方。身體騰空躍起（圖 4-19）。

② 下落時，左腳先著地，屈膝下蹲，右腳向前橫足而落，右腳尖向外，兩腿疊緊，左膝在右膝下，左手向前、向下劈出，右手拉回至右胯，向右擰腰順肩，各部動作與踏步龍形落勢動作相同。

（4）左躍步龍形

① 左手抓握成拳，拉回至腹，左足蹬地起身，右足向前上半步，用力向前、向上跳起；左拳變掌經心窩向上鑽出，右掌在左肘部一起上鑽，左掌高與頭齊，左足提膝上帶向上、向前橫腳蹬出，頭頂，目視前方（圖 4-20）。

② 下落時，右足先著地，屈膝下蹲，左足向前橫足而

落，右足跟離地，兩腿疊緊，右膝在左膝窩下；右手向前、向下劈落，左手拉回至左胯側，兩掌心向下，擰腰順肩，各部動作要求與前同。練習次數根據個人體力及場地大小而定。

2.動作要點

① 左腳蹬地起跳時，右腿要向上帶，右拳向前鑽，三者要同時。

② 起跳要遠，要高，落地要穩，掌劈出與身下落要同時。

③ 落勢完成後可以稍有停頓，但姿勢要完整，氣勢要威嚴，不能有絲毫鬆懈。

3.躍步龍形回身勢和收勢

與踏步龍形回身勢和收勢相同。

三、龍形的勁力

1. 龍形動作的特點是大起大落，彈身而起，縮身而落。

2. 踏步龍形的兩拳上鑽和腳向前橫蹬踏出要同時，都在身體的正前方即矢狀面上進行。

3. 蹬腳時，要先提膝上帶而橫腳蹬出，頭向上領，腰要向上挺，獨立腿微屈。腳向下落時，要有向前、向下的踩勁，整個身形氣勢要有向前下壓勁。前手的劈落和後手的拉回，要靠擰腰順肩，身體下壓而發出。

4. 兩腿要夾緊，後腿膝部要抵到前腿膝窩處或膝外側，擰腰坐胯，兩大腿相交、夾緊才能穩固。

5. 躍步龍形的步法，關鍵是兩腿的互相助力，一腿用力蹬地躍起，另一腿緊跟上撩踏出，注意提膝上帶，橫腳踏出。

6. 從低勢到騰空上起時，動作要領是頭部向前上領，腰身向上挺，兩臂向上鑽，一腿用力蹬，一腿用力帶，按動作順序節節貫穿，進行勁力的不斷加速，而達到身體向上躍起、騰空。

7. 龍形落勢兩手的發勁，是借助身體勢能（從高到低）的下落，前手的劈落，後手的用力回拉，身體的擰腰順肩發力而呼氣，這些動作有機配合而形成爆發的合力。

龍形的身法是起身時頭領、挺腰、展腹，躍起時收腹含胸，下落時擰腰順肩。落勢完成後要有定勢，但姿勢要完整，氣勢要威嚴，不能有絲毫鬆懈處。

四、龍形的呼吸

1. 踏步龍形兩拳上鑽起腿為吸氣，腳向前下橫落，兩掌前劈後拉，身形下落為呼氣。

2. 躍步龍形起身上鑽為吸氣，躍起騰空為提氣，下落擰腰發勁時為呼氣。

五、龍形用法及技擊含義

1. 從整個動作結構來分析，龍形是一個顧打相兼、手腳並用的打法。兩拳在身體中心線向前上鑽，以嚴密防守自己的頭部和胸部，進可攻退可守。

2. 提膝橫腳前蹬之腿，可以理解為防敵前踢之腿，防敵攻擊我下部之腿法。也可作為攻擊腿法，向敵腹部或腿各部進行蹬踏。腳向前下踩落，意在踩踏敵小腿或足。就

像拳譜中所講：「腳打踩意不落空。」

3.一手抓拎，一手劈落，意在攻擊敵胸。暗含多種變化，前手可挑掛格擋，後手可沖拳擊打。

4.起腳近有蹉踢，遠則蹬踏，落則下踩。

躍步龍形的練習，主要是練習起縱快速，動作靈活。可以起縱向高，也可以起縱向遠，關鍵在腰腿之力。

六、龍形歌訣

> 龍形升降縮骨能，踏躍之法在腿功。
> 兩手鑽翻是起落，伸縮展放意貫通。

第二節　虎　形

一、概　述

虎，為猛獸也，人稱獸中之王，虎威而猛。虎形是取其猛虎撲食之勇和技能。虎形練習在步法上是向左右45°角前進，手法上是手起而鑽，手落而翻，起鑽落翻。身法上是縮身而起，長身而落。在意的方面要體現出虎威凶猛，虎踞山岳，不動而威，動若山崩，跳澗越嶺，縱橫山巔，目如炬電，神發於目，威生於爪，一聲呼嘯，山鳴谷應，聲震林木，百獸俱偃，威至風生，一片殺機，猛虎撲擊應顯示出其不可近迫，當之立碎的氣勢和力量。

在虎形練習時，要從這些描述中去模仿、體會虎形的意念和境界，去指導動作的練習，有助於體現出虎形內在的精神氣質。意念指導練形，而形能更好地體現精神。

圖 4–21①   圖 4–21②

二、虎形的練法

虎形有虎撲、虎托、虎截、虎攔、虎撐、虎抱六種。每一種是練一種技法，雖手法、手型和勁法有不同，但步型、步法基本上都相同。

（一）虎 撲

1.動作過程（自左三體勢起）

（1）猛虎跳澗

左足不動，右足向前上一大步，落地站穩。左足提起迅速跟到右腳內側不落地；同時，右手順左臂俯掌前伸至左掌時，兩手同時抓握成拳，用力拉回至腹，兩肘抱肋，兩膝併攏，頭向上頂，目視前方（圖 4–21①②）。

圖 4-22①

圖 4-22②

（2）左步虎撲

左足向左前方上一大步，右足跟進半步；同時，兩拳上鑽，經胸至嘴前半尺左右，兩拳翻轉變掌，以掌心向前，隨左足落地向前伸臂撲出，高與胸齊，兩臂微屈，兩拇指相對，鬆肩墜肘，目視前方（圖4-22①②）。

（3）右步虎撲

① 左足向正前方上半步，右足提起跟至左足內側，

圖 4-23

兩掌向下、向回抓捋帶回至小腹成拳，目視前方（圖4-23）。

② 右足向右斜前方上一大步，左足跟進半步；同時，

圖 4-24① 圖 4-24②

兩拳拳心向上，自腹部經心窩
向上鑽至嘴前，兩拳翻轉變掌
向前撲出，虎口撐圓，兩拇指
相對，掌心向前，掌指向上，
高與胸齊，目視前方（圖 4-
24①②）。

（4）左步虎撲

① 右足向前方進半步，
左足提起跟至右足內側不落
地；同時，兩掌向下、向回抓
捋帶回至小腹成拳，拳心向

圖 4-25

內，緊靠小腹，目視前方（圖 4-25）。

② 左足向左斜前方上一大步，右足跟進半步；同時，
兩拳拳心向上，自腹部經心窩向上鑽至嘴前，兩拳內旋變
掌，向前撲出，高與胸齊，目視前方（圖 4-26）。

圖 4-26 　　　　　　　　圖 4-27

如此左右練習，次數視場地大小而定。

2.動作要點

　①右足上一大步要遠，落地要穩，與雙手捋回動作要相齊。

　②左足上步與雙手撲出上下動作要整齊一致。

　③左足進步與雙手捋帶要相齊。

　④右足上步與雙手撲出要手腳齊到。

3.虎撲轉身

以左步虎撲動作為例，動作如下：

　①左足向右足前扣步，成丁字型，重心移向左足，身向右後轉，右足提起至左足內側；同時，兩手抓握成拳，捋帶拉回至腹部，頭向上頂，目隨轉身而視前方（圖 4-27）。

圖 4-28①

圖 4-28②

② 右足向轉身後的（即來時方向）右斜前方上一大步，左足跟進半步，同時兩拳變掌，如同虎撲動作向前撲出（圖 4-28①②）。

如右步虎撲時，轉身則右足向回扣步，向左轉身，再向左斜前方打出左步虎撲。

4.虎撲轉身動作要點

① 轉身動作要快、要穩，注意足扣步幅度要大。
② 轉身時身形要正，不要低頭彎腰。

5.虎撲收勢

練至終點欲收勢時，要至出勢地點再行收勢。

（1）左步虎撲收勢

① 左足收回與右足併攏，右足不動，兩手抓握成拳拉回至腹，右拳經胸再向前鑽出，高與鼻齊，目視前方（圖

圖 4-29

圖 4-30

4-29）。

　　② 左足向前上一步，成左三體勢步型，左手順右臂向前劈出，右拳變掌拉回至腹，目視前方（圖4-30）。

　　（2）右步虎撲收勢

　　① 左足向後撤半步，右足撤至左足內側落地站穩；右掌先抓握成拳拉回至腰側，然後左掌向下蓋壓，右拳再向前、向上鑽出，高與鼻齊（圖4-31①②）。

圖 4-31①

　　② 左足向前上一步，成左三體勢步型，左手順右臂向前劈出，右手拉回至腹，目視前方（圖4-32）。

　　以下收勢動作按三體勢的收勢動作進行。

圖 4-31② 圖 4-32

6.虎撲收勢動作要點

① 前腳撤步與雙手捋帶要相齊。

② 兩足併攏不動，右拳鑽出要有勁。

③ 左足上步與左掌劈出要相齊。以下收勢動作要點與三體勢相同。

（二）虎　托

虎托動作並不是模仿虎的一種技能，而是為了補充虎撲動作勁力方面的不足。

托字有往上的意思，虎托是針對虎撲而言的。從字面上理解向前下的動作為撲，向上的動作為托。但在虎形中的虎撲和虎托都有向前下的勁力，由於兩手的動作路線不同，所以，虎托的勁法和用法與虎撲也有很大差別。

圖 4–33①　　　　　　　圖 4–33②

1.動作過程（自左三體勢起）

（1）右步虎托

①　左足向前進半步，右足跟進至左足內側不落地，右手順左臂下向前伸至左掌時，兩手各自向兩側畫圓，裹回至兩腰側，兩掌心向前，掌指向下，目視前方（圖 4–33①②）。

②　右足向右斜前方上一大步，左足跟進半步，兩手掌心向前自腰側向前推出，掌指向下，兩掌相距一拳左右，高與腹齊，鬆肩坐腰，目視前方

圖 4–34

圖 4-35①   圖 4-35②

（圖 4-34）。

（2）左步虎托

① 右足向前進半步，左足提起跟至右足內側不落地；兩手腕部交叉，向上鑽，手心向內，與肩齊時兩手內旋至手心向外，向兩側各自畫圓，下落裹至兩腰側，兩手心向前，掌指向下，頭上頂，目視前方（圖 4-35①②）。

② 左足向右斜前方上一大步，右足跟進半步，兩掌向

圖 4-36

前推出，高與腹齊，掌指向下，兩掌相距一拳左右，目視前方（圖 4-36）。

圖 4-37① 　　　　　　　圖 4-37②

2.動作要點

① 左足進步與雙掌畫圓要相齊。

② 右足上步與雙掌托出動作要整齊一致。

3.虎托回身（以左步虎托為例）

① 左足向右足尖前扣步，身右轉，重心移至左足，右足提起靠至左足內側不落地；兩手隨轉身、隨交叉上鑽，轉身之後，兩手各自畫圓收回至腰側（圖 4-37①②）。

② 右足向右斜前方上一大步，左足跟進半步，兩掌向前、向下托出，高與腹齊，目視前方（圖 4-38）。

虎托轉身動作左右相同，惟動作左右互換。

4.虎托回身動作要點

扣步轉身與兩手動作要不停，上下呼應。

圖 4-38

圖 4-39

5.虎托收勢（以左步虎托為例）

① 左足撤回至右足處，左手內旋翻轉向下蓋壓，右手拉回於腹握拳，再經心窩向前、向上鑽出，左手蓋壓拉回至腹，右拳高與鼻齊，小指上翻（圖4-39）。

② 左足向前一步，右足不動，左手向前劈出，右手拉回至腹，成左三體勢（圖4-40）。

③ 右步虎托收勢為右足撤回與左足併攏，雙足站立，重心不起，雙膝屈。左手翻轉蓋壓，右手拉回至腹成拳，右

圖 4-40

圖 4-41　　　　　　　圖 4-42

拳再向前上鑽出，高與鼻齊，左手扣壓至腹成拳，目視前方（圖4-41）。

④ 左足向前上一步，右足不動，成左三體勢，左手向前劈出，右手拉回至腹，頭向上頂，目視前方（圖4-42）。以下動作與劈拳收勢相同。

6. 虎托收勢要點

① 左足撤步、左手蓋壓與右拳鑽出，上下同時。
② 右足撤步、左手蓋壓與右拳鑽出，要手足相合。

（三）虎 截

1. 動作過程（自左三體勢起）

（1）猛虎跳澗
動作同前。

圖 4-43①

圖 4-43②

（2）左步虎截

左足向左斜前方上一步，右足跟進半步；左拳向上鑽，至頭前偏右變掌，內旋四指向上，手心向外，虎口張開，做刁捋狀，向前、向左下抓拉回至左腰側成拳。右手握拳上起，自右向左前以右前臂截擊，拳心向面，高與肩平，垂肘，頭頂，目視前方（圖4-43①②）。

圖 4-44

（3）右步虎截

① 左足向前進半步，右足提起，跟至左足內側不落地；同時，右拳拉回上鑽至頭前偏左，內旋變掌虎口張開做刁捋狀，手心向外，左拳不動（圖4-44）。

② 右足向右斜前方上一大步，左足跟進半步；右手向前、向右下抓挒拉回至右側成拳，左拳上起自左向右前以左前臂截擊，拳心向面，高與肩平，垂肘，頭頂，目視前方（圖4-45）。

圖4-45

2.動作要點

① 前腳上步要大要遠，後腳跟步要快要穩。

② 一手刁挒，一手截砸要協調一致，手足上下要相齊。

3.虎截回身

步法與虎撲同，惟手法做虎截動作。

4.虎截收勢

與虎撲收勢相同。

（四）虎　撲

1.動作過程（自左三體勢起）

（1）猛虎跳澗
動作同前。
（2）左步虎撲
左足向左斜前方上一步，右足跟進半步；兩拳上提至

圖 4-46

圖 4-47

胸前，略高於肩。雙拳變掌內旋至掌心向外、拇指向下，隨左足向前落地而雙掌向前撐撞，兩肘微屈。兩手四指相對，拇指向下，頭頂，目視前方（圖 4-46）。

（3）右步虎撲

① 左足向前進半步，右足向前跟進至左足內側不落地；兩掌微上起，向前、向下裹壓捋帶至腰前或胸前，頭頂，目視前方（圖 4-47）。

② 右足向右斜前方上一大步，左足跟進半步；雙掌上提至下額前內旋，至掌心向外，用力向前撐撞，兩肘微屈，拇指向下，四指相對，頭頂，目視前方（圖 4-48）。

2.動作要點

① 前足進半步與雙手向上撩再內旋裹帶，動作要協調統一。

② 後足上步與雙掌向前撐撞要手腳齊到。

圖 4-48

圖 4-49

③ 虎撐還有一種練法是雙掌向下、向後、向上，再向前撐撞。兩種練法都可以。

3.虎撐轉身和虎撐收勢

動作與虎撲步法相同，惟手法是虎撐。

（五）虎 攔

1.動作過程（自左三體勢起）

（1）左步虎攔

① 右足上前一大步，左足跟進至右足內側不落地；同時，右手前伸至與左手齊，雙手一齊抓握拉回至腹，左拳上鑽至嘴前翻轉變掌，手心向前，四指向上，虎口張開，做刁捋狀（圖 4-49）。

② 左足向左斜前方上一步，右足跟進半步；同時，右

圖 4-50① 　　　　　　　　圖 4-50②

拳以拳眼向上，向左前方前伸，以右前臂向上抄，向右搬
掛，至右肩前拳心向內，高與鼻齊；左手成拳，拳心向
外，向左橫撥，至左肩前，兩前臂垂肘，目視前方（圖 4-
50①②）。

（2）右步虎攔

① 左足向前進半步，右
足提起跟至左足內側；右拳由
上先向下落，再向上鑽至嘴前
翻轉變掌，手心向內，四指向
上，虎口張開，做刁捋狀。左
拳隨身動下落至胸前，目視前
方（圖 4-51）。

② 右足向右斜前方上一
步，左足跟進半步；同時，左
拳向右，左前臂向上抄，向左
搬掛，至右肩前拳心向內，高

圖 4-51

圖 4-52①   圖 4-52②

與鼻齊。右手成拳,拳心向外,向右橫撥,至右肩前,兩前臂豎肘,目視前方(圖 4-52①②)。

2.動作要點

① 右足上步與雙手拉回要同時,左手不停上鑽刁挌。
② 左足上步落地與兩臂挫搬上下動作要一致。

3.虎攔轉身動作和收勢

動作步法與虎撲同,惟手法做虎攔動作。

(六)虎 抱

1.動作過程(自左三體勢起)

(1)左步虎抱

① 右足向前上一步,左足跟進至右足內側不落地;同時,右手向前俯掌前伸,與左手齊時,雙手一起抓握拉回

至腹，頭頂，目視前方（圖
4-53）。

② 左足向左斜前方上一
大步，右足跟進半步；同時，
兩手在左足上步之前雙拳腕部
交叉向上起，在身前與下額齊
高時內旋翻轉變掌，以掌心向
前，向左、向右各自畫弧，向
下至腰齊時隨左足進步，雙掌
同時向前、向上推擠合抱，兩
掌心相對，高與胸齊，兩肘
合，目視前方（圖4-54①②）。

圖 4-53

（2）右步虎抱

① 左足向前進半步，右足提起跟至左足內側不落地；
同時，兩掌內旋至掌心向外，在胸前交叉各自向左、向右

形意拳械精解（上）

圖 4-54①

圖 4-54②

圖 4-55①

圖 4-55②

下畫弧，至腰齊，兩掌心相對（圖 4-55①②）。

　　② 右足向右斜前方上一大步，左足跟進半步；同時，兩掌向前、向上推挫，兩掌心相對，四指朝上，高與胸齊，兩掌距離小於本人的肩寬，目視前方（圖 4-56）。

2.動作要點

　　① 左足落步與雙掌動作上下整齊如一。

　　② 整個動作要連貫不停，一氣呵成。

3.虎抱轉身與收勢

　　動作步法與虎撲同，惟手法做虎抱動作。

圖 4-56

三、虎形的勁力

1.虎撲

① 練習虎形動作時，首先要把虎形的威嚴和勇猛的精神和氣魄，貫徹在動作的始終。

② 虎撲練習動作的要領是：「手起而鑽，手落而翻，手足齊落，挺腰伸肩。」

③ 手起而鑽時要注意兩肘抱肋，兩拳向上領。兩肘向胸前擠，此時應含胸長腰，而臀部向下微坐，是虎撲的蓄而待發。

④ 虎撲動作過程是一個完整的動作，要連貫不停，一氣呵成。上步要快，中間不能停頓，特別是前腳進半步後馬上後腳上一大步，這中間不能停。

⑤ 兩掌抓握向回捋帶時，要注意兩掌所走的路線是由前向下、向回的圓弧，不要直來直去。虎口撐圓，掌心要扣，兩肘微向外撐，兩肩向下鬆沉，而頭部向上頂，意向上沖。

⑥ 兩掌向前撲擊時，臀部向後微坐，兩肩向前送，屈腰含胸，配合呼吸，氣沉丹田以助發力。

⑦ 連續練習時，要注意前腳進半步時，腳尖要微內扣，這樣有利於左右 45°角的進步。

2.虎托

① 雙掌的托出要和前腳落地同時，要整齊一致。

② 兩掌發力時，要用兩肘部向兩肋合擠，而向前托送，肩要沉，臀部向下微坐，身形微向下沉，配合發力而

呼氣。

③ 兩手在身前畫圓時，兩手腕部交叉向上鑽，手心向內，至頭前時，兩手內旋至手心向前。向兩側撐開，兩臂撐圓，向下裹帶畫弧，裹至兩腰側時，手掌外旋，使手心向前，兩肘微向後領帶。

兩手起鑽撐開時要含胸拔背，屈腰縮身，兩手向下裹帶時要頭頂、長腰、寬胸、沉肩。

④ 轉身動作要快、要穩，以身體軸線為中心轉動，注意前腳扣步位置在後腳尖前或外側。

3.虎截

① 前手上鑽習捋要注意手型，要擰旋而鑽，翻轉而捋。身形有「欲前先後，欲左先右」的蓄勁。

② 向前斜方橫截時，擰腰順肩沉肘，以腰肩發勁，貫注前臂，前臂要有擰旋的挫勁。

4.虎撐

① 前足進半步與雙手自前向上、向後內旋裹帶動作要協調統一；前足進半步，掌向前、向下，再向上提到胸前動作要相齊。在虎撐動作中，這兩種動作都可以。

② 後足上步與雙掌向前推撞撐開，要手腳齊到。

③ 雙掌無論是向上、向前裹帶翻轉，還是雙掌向前、向下壓帶上提，雙掌的運動路線要走一個圓。

④ 雙掌向前撐撞時，掌要內旋，以掌心向外，雙臂成圓，要沉肩送肩、含胸收腹坐臀，以發力而呼氣。

5.虎抱

① 虎形步法都相同，只是兩手的動作不同，有撲、托、截、攔、撐、抱。動作時，手法與步法要相合，勁法與呼吸要同時。每種勁力都要打出整勁。

② 虎抱是兩掌向前、向內合，既有向內擠壓的勁，又有向前挫打的勁。要用肩合催兩肘合，以兩掌向前擰挫而打。

6.虎攔

① 虎攔動作是一手鑽翻刁捋，而另一手自前向後攔掛其臂的動作。兩前臂有剪切的挫勁。

② 前足進步與手掌向前下畫弧，再向上鑽翻刁捋動作要注意身法的蓄勁，要含胸收腹，要體現「欲前先後，欲左先右」的身法。

③ 兩前臂做掛攔剪切的動作時，注意兩肩的運動要先合後開，蓄而後發。

四、虎形的呼吸

1. 前腳上半步，兩拳拉回上鑽至胸前為吸氣；後腳上一大步，再跟進半步，兩掌向前撲出為呼氣。一般情況蓄力為吸氣，發力為呼氣；起為吸，落為呼。

2. 虎托兩手在左右兩側畫弧為吸氣；兩手用力托出為呼氣。在練習過程中所有發力的動作都需要呼氣來配合。

五、虎形練習容易出現的毛病及糾正方法

1. 虎撲

① 兩掌撲擊和前腳落地不合。

糾正：對動作多練習，多體會，在練習的過程中，兩掌向前撲擊和前腳落地整齊如一。

② 動作中的挺腰伸肩模糊不清。

糾正：動作中的挺腰是蓄力，伸肩是發放力，兩拳上鑽臀微下坐而腰微上挺，兩掌前撲要伸肩。

③ 打出時，手臂伸直，兩掌過高。

糾正：虎撲打出時，兩臂肘部要保持一定彎度，鬆肩墜肘，兩掌掌根與胸齊，掌指不能高過肩，打出意在敵胸。

④ 前腳進半步，兩手抓握拉回時，兩手直線拉回，身形有起伏。

糾正：兩手抓握拉回時要走一弧線，兩臂微屈，鬆肩墜肘，兩手由前向下、向回走，頭向上、向前頂。

⑤ 動作過猛，前腳落地不穩，有向前滑的現象。

糾正：練習過程中注意前腳落地要有意識地用腳趾抓地，這樣能防止前滑。

2. 虎托

① 雙掌托出過高，手臂伸直。

糾正：雙掌托出與自己小腹齊高，肘部微屈，在腹前約尺餘。

② 雙掌托出分開過寬。

糾正：托出的雙掌相距五六公分左右，注意合肘。

③ 兩掌有向前撩出的現象。

糾正：注意兩掌所走的路線要正確。撩出是錯誤的，兩掌在兩腰側向前、向下推托。

六、虎形用法及技擊含義

1.虎撲：如虎獵物之撲食也，兩掌向對方身體撲擊，可閃開敵擊來之勢而進步撲擊，也可排開敵手而進步近身撲擊，正面撲擊敵胸，側面撲擊其肩肋部，要身擁步進，步落手出。正像拳譜中所講：「頭要撞人，身要催人，步要迫人，足要踏人，手要打人，神要逼人，氣要襲人，勁要過人。」虎撲是虎形中最主要的技法，也是最厲害的招術，單手為劈，雙手為撲。雙手護身護頭，上步雙掌撲擊。

2.虎托：是用兩掌向前、向下托擊敵腰腹部，兩手畫弧排開敵手而進步托擊敵小腹，使其向後跌出。此技用法是近身打法，必須敢於進步近身，有頭撞、身摧、步進、神逼之勢，遠距離無效。關鍵是雙手如何把敵人的雙手排開，使其身內露出空檔，為我打擊創造條件。

3.虎截：是一手刁捋敵腕或前臂用力拽拉，而另前臂或拳猛力截砸劈之。以破壞敵肘部或臂部，使其喪失戰鬥能力。關鍵在於刁手之後的一截，用力要猛。另外，注意截後的變化，可變鑽、崩，也可變炮和橫，總之，全憑自己心意或當時情況而定。

4.虎攔：是用兩手搬挫敵肘部，用兩肩的錯勁，一前一後，一左一右。如敵用右拳向我面部打來，我左手向外刁捋，而右手從下向上抄敵肘部，向右橫搬，以破壞敵肘部，如未搬到敵肘，而敵左拳又打來時，我右前臂順勢向

右掛開，速向敵面部以拳截之。有關靈活運用和變招，應視當時情況，隨機應變而靈活運用。

5.虎口：主要是排開敵手而用雙掌撞擊敵胸，以期把敵放出。關鍵是敢於上步近身，擁身而進。說法容易用法難，應多練習，找出技法勁法，然後多操練、多實踐而靈活用之。

6.虎抱：是用雙手接手後黏住敵臂而裹，進步近身雙掌向前、向內合而挫打，意在敵胸和兩肋。外形有如擁抱敵身故名為抱，而實則兩掌內合擠壓敵肋，步進身擁而撞出。

七、虎形歌訣

猛虎撲食氣勢雄，意貫周身捲地風。
腰肩之力在臀尾，挺伸二字顯其功。

虎形的六種練法，也是六種勁法和六種技法，目前社會上流行的是虎撲和虎托，其他四種一般人知道的較少。此六種稱為虎形六絕手，根據傳統技法和自己多年練習的心得體會寫出來，以充實虎形的內容和技法。

第三節　猴　　形

一、概　述

猴，猿也。猿猴也。猿猴的很多動作都像人，但人又不如猿猴動作敏捷。動物在許多方面，天生具有人所缺乏的機體上的稟賦與能力，所以，人又模仿猿猴，取其精華而為鍛鍊手段，以求健身與格鬥所用。形意拳十二形中的

猴形，是博採猴的縱跳敏捷、身法靈便、舒臂之力、攀蹬之技、摘桃獻果之術、爬竿捌繩之法以用其形也。

練猴形應體現出猿猴的機智、警惕、勇敢、敏捷，目似閃電、旋轉如風、縱跳如飛、輕如飄葉。呼嘯出沒於雲霧繚繞崇山峻嶺之巔，臨深澗，避幽穴，縮身閃墜，精悍矯捷，輕靈活潑，忽上忽下，忽左忽右，忽前忽後，虛實轉化，變化迅速，凝神注視，神視意達，輕靈綿巧，剛柔相間。練習者應取其形象，而練其精神，不求形象似，但求意念真。以形取意，以意象形，意自形生，形隨意轉，故猴形有練「靈」之說。

二、猴形的練法

有兩種：一種是走四角，一種是練直趟。手法技法動作雖有不同，但意念、意境卻完全相同。

(一)四角猴形

1.動作過程（自左三體勢起）

（1）猿猴掛印（左式）

① 身體先向右轉約 30°，左手向下、向回抓握成拳，拉回至腹；左足隨之撤回至右足內側。眼視左手（圖 4-57）。

② 左足向右足前弧形上一步，腳外掰，身向左轉；左拳自腹經胸上鑽至嘴前，內旋至拳心向外，做刁捋外撥之勢，高與肩平，右手不動，目視左手（圖 4-58）。

（2）撤步猴蹲

① 重心前移至左足，右足向左足尖前上步，扣足成八

圖 4–57

圖 4–58

圖 4–59①

圖 4–59②

字形。身繼續左轉，面對來時方向，重心移至右足，左足
向後撤一步。右手順左手上前伸，高與眼平，左手向後拉
回至左腰側，兩掌心均向下，目視右手（圖 4–59①②）。

圖 4-60

圖 4-61

② 右足向後撤回至左足前，腳前掌著地，重心在左足，兩腿屈膝約 90°；同時，右手收回至腹，左手上抬，向右肩方向前伸，肘要垂，掌心向下，高與肩平，目視右前方。身形為右肩在前微偏一些（圖 4-60）。

（3）猴捯繩

① 左手手心向下，手指向前伸，高與眼齊，肘部微

圖 4-62

屈；同時，右手提起，順左手上前伸，左手向下畫弧拉回至腹前。兩腳不動（圖 4-61）。

② 左手提起順右手上前伸，右手向下畫弧拉回至腰側。左手伸出高與眼齊（圖 4-62）。

圖 4-63　　　　　　　　　　圖 4-64

③右足向前進半步，左足跟進；右手向前打出一劈拳，高與肩齊，左手拉回至腹，目視右手前方（圖 4-63）。

（4）猿猴爬竿

①左足向前上一步，落地後蹬地盡力向前跳一步；右腿在左足跳時屈膝提起向前帶。在跳步的同時，左手順右手上向前穿出，高與眼平，右手撤回至胸前，眼看左手，兩手心均向下（圖 4-64）。

圖 4-65

②左足落地後，右足向前進一步，左足跟進半步；同時，右手由左手下面向前穿出，高與胸平，掌指向上，掌

心向前；左手拉回至腹前，目視右手前方（圖 4-65）。

如果猴形開始面向南起勢，掛印轉身，向西北方向，爬竿動作方向應向西北方向練習。再變掛印右式時，注意掰扣步要大一些，轉身後面向東南方向，做爬竿動作。

猴形練習走四角，關鍵在於猿猴掛印動作，以腳步的掰扣步而掌握練習方向。左右互換，動作相同，練習次數多少不限，至出勢地點打出左三體勢即收勢。

2.動作要點

① 左手拉回與左足撤回動作要一致，左足弧形外擺上步與左手上鑽刁捋要協調一致。

② 右足扣步與轉身要同時，左足退步要遠，動作要快，撤步要及時，落地要穩。

③ 繩動作兩手動作要快，手與腳要相合。

④ 左足跳步要遠，與右腿上帶和左手前穿，上下動作要整齊如一。

⑤ 右足落地與右手打出手腳齊到，整個動作要連貫不停，一氣呵成。

⑥ 練習猴形走四角，關鍵在於扣步轉身，掌握方向。如面南起勢，掛印扣步轉身向西北方向打，然後再掰扣步轉身 180° 向東南方向打，第三動作再掰扣步掛印時向西南方向練習，第四再向東北方向練習，最後回至原地收勢。

3.收勢動作

四角猴形練到原起勢位置打成左三體勢，即按劈拳收勢。

圖 4-66① 　　　　　　　　圖 4-66②

（二）直趟猴形

由獻果、推舟、摘桃、墜枝、蹬腿、猴蹲、捯繩組成。兩種猴形雖然練法和動作有所不同，但意念、意境都相同。

1.動作過程（自左三體勢起）

（1）白猿獻果

左足向前進半步，右足跟進半步；同時，右手向前伸至左手下，兩手心均朝下。兩手在身前各自向外畫一小圓收於胸前，兩腕部相靠，掌心向前。隨左足進步，兩掌向前、向上托出，高與嘴齊，目視前方（圖 4-66①②）。

（2）順水推舟

① 左足不動，右足向前上一步，腳微外橫；同時，兩掌內旋至掌心向下，由前向下、向後捋帶，左手在身前，

圖 4-67

圖 4-68

右手在後至右腰側，頭向上頂，目視前方（圖 4-67）。

②左足向前上一步，右足跟進半步。同時，兩臂合肘，左手在前，右手在後一起向前推出，掌指向上，掌心向前，高與胸齊，目視前方（圖4-68）。

（3）猿猴摘桃

左足向前進半步，右足跟進半步。同時，左手以掌心向下，由前向下橫掌蓋壓。右手

圖 4-69

以虎口向前，從左掌上向前伸，拇指與四指微扣，高與頸齊，臂微屈，目視右手，身形微前探（圖 4-69）。

圖 4-70   圖 4-71

（4）猿猴墜枝

左足不動，右足向前上一步，足尖外橫。右掌內旋，拇指向下，虎口張開，掌心向外，由前向後将帶至頭部右上方；左手外旋，掌心向上，由下向上托，左肘垂在胸前，並向後略向右帶，身形微下蹲，目視左手前方（圖 4-70）。

（5）猿猴蹬枝

重心前移至右足，左腳提膝以腳前掌為力點，向前蹬出，高與胸齊，右腿微屈站穩，兩手不動，目視左足蹬出方向，或以左腳跟為力點蹬出（圖 4-71）。

（6）轉身猴蹲

左足蹬出後，迅速收回，並向右足外落足扣步，向右轉身 270°，重心移向左足。右足提起，腳前掌著地，身形微下蹲。在轉身時，右手向身後掄劈拉回至右腰側，掌心向下。左手隨轉身向前伸探，左肘對心窩，手心向下。此

圖 4-72①　　　　　　　　圖 4-72②

時身形以右肩斜對前方，目視左手前方（圖 4-72①②）。

（7）猿猴捯繩

左手前伸向下蓋壓拉回，右手提肘，從左手上面向前穿，向下刁捋拉回至腹。右手向前劈出；同時，右足向前進一步，左足跟進半步，右手劈出高與胸齊，頭向上頂，目視前方（圖4-73）。

圖 4-73

（8）白猿獻果

動作與（1）同，惟左右互換。

以下動作同前，惟左右互換。

2. 動作要點

① 兩手動作與腳進半步要上下相合，手腳一致。

② 兩手向後捋帶與右足上步要整齊一致，左足上步與雙掌前推要整齊。

③ 左手蓋壓與右手前掐和進半步跟半步上下要相齊，手腳要一致。

④ 墜枝與蹬枝動作連起來做，動作不停。

⑤ 轉身猴蹲扣步要大，轉身要快，與兩手動作要相合。

⑥ 整個動作要連貫不停，一氣呵成。

3. 直趟猴形轉身（轉身猴蹲式）

① 如左足蹬出，迅速收回，落在右足內側扣步，轉身180°，再向來時方向打出猴捯繩動作。

② 如右足蹬出，迅速收回，落在左足內側扣步，轉身180°，再向來時方向打出猴捯繩動作。

4. 收勢動作

直趟猴形練至原地，打出猴捯繩動作，如右手、右足在前時，再向前打出一劈拳，成左三體勢即收勢。如左手、左足在前，即可收勢。

三、猴形的勁力

1. 四角猴形

① 練習猴形要認真閱讀前面猴形的論述，不但要注意

形，更重要的要體現意境。在動作中要體現猴形輕巧靈敏、旋轉快速、縱跳敏捷、身法靈便、手快如電的風格。

② 猿猴掛印開始動作，前手收回到上鑽外翻與前腳收回上步外擺，動作要整齊一致；身法是欲左先右，欲右先左，欲前先後，周身完整不懈。

③ 扣步轉身要以腰帶肩撐轉。腳後撤跳出一大步，要用身向後坐，前腳用力後蹬，落地要穩，身形要蹲。腳後撤與手前伸要一致。

④ 猴捯繩動作是兩手連續在身前畫兩立圓，一前一後，一上一下，兩手動作協調。最後一掌向前劈出與足上步要同時，不能有先後。

⑤ 猿猴爬竿動作要連貫不停，進步出掌速度要快，跳步要遠，落地要穩。單腿向前跳時，後腿提膝向前帶；兩掌向前穿時，要兩掌摩擦而過，高與眼齊，意在臉部。

2. 直趨猴形

① 白猿獻果動作兩手在身前畫圓時，動作要小，要含胸，兩臂要圓，動作中暗含撐裹勁。兩前臂外旋撐轉，隨撐轉隨向前上托，與足上步要同時。雙手向上推托時，要沉肩合肘而裹，拱腰送肩而上托。

② 順水推舟動作，兩手向下往回捋帶時，要和後腳上步相一致。踩落時要注意頭部向上頂，意念向前沖。上步前推時，要兩手合住勁，注意合肘，長腰往前送放。上步要遠，跟步要快。

③ 猿猴摘桃動作，要注意前手蓋壓，後手向前伸出，後肩微前順，此勢重心微前移，以虎口向前，拇指和四指扣，意在掐敵喉頭，此謂摘桃。

④猿猴蹬枝也叫搬枝，前手翻轉繞一小圓，是刁挬而攬，而後手由下向上托，注意肘部內掩，兩手動作要和後腳上步同時，要發揮腰肩之力。

⑤猿猴蹬枝，後腳向前蹬時，要先屈膝提起，再向前以腳前掌或腳後跟蹬出，支撐腿要微屈，腳趾抓地站穩。

⑥轉身猴蹲姿勢，是側身正對前方，一腿屈膝約90°，另一腿腳前掌點地，在另一腳內側，要屈腰縮身，含胸合肩。手向後劈時，肩臂要放鬆，用肩帶肘，肘帶手而劈。轉身方向的掌握，關鍵在於蹬出之腳落地扣步的大小和位置，如扣步落在後腳的內側，則向來時的方向打。如扣步落在後腳的外側，則大轉身一直向前練習。大轉身時也可跳轉，要輕巧敏捷。

四、猴形練習容易出現的毛病及糾正方法

1.四角猴形

①走四角的猴形動作，有時方向掌握不準。

糾正：要想掌握好方向，關鍵是猿猴掛印的動作上，注意前腳的掰步和後腳上步扣腳的方向。

②撤跳步猴蹲動作，手腳配合不準。

糾正：應多加強練習，注意腳向後跳的同時，手向前伸，動作要輕靈、敏捷。

③猴捯繩動作，手腳配合不默契。

糾正：應先做手的動作，兩手先做左右左。做右手動作時，與右足上步要同時。

④左手拉回與左足撤回猴爬竿動作跳步不遠，站地不穩。

糾正：跳步不遠是起跳角度沒掌握好，注意起跳腿的膝部要向前壓，使小腿和地面夾角盡量小，重心前移，然後起跳，另一腿的膝部用力前帶，這樣多練習一些，就能跳得遠了。落地膝部微屈，腳趾抓地，就容易站穩。

2. 直趨猴形

① 獻果動作兩手各自畫圓圈直徑過大。

糾正：兩手各自畫圓時，先兩腕部交叉，再各自畫圓，兩前臂微動，兩掌指向外畫，圓圈直徑應 20 公分左右。

② 獻果動作兩手上托分開過大。

糾正：注意兩腕部不能分開過大，不能超過 10 公分，動作時兩腕部相靠也可以，關鍵是兩肘要合。

③ 推舟動作雙手向回、向下捋帶和向前送放推擊動作銜接不緊而斷開。

糾正：此動作應理解為向回、向下捋帶是蓄力，向前送放推擊是發力。先蓄而後發，動作一氣呵成，連貫不停，這是一個完整動作。

④ 摘桃向前伸出之手臂，有臂直而聳肩的現象。

糾正：手臂不能完全伸直，應肘部微屈，肩要向下鬆沉，同時肩部向前順。

⑤ 蹬枝動作有送胯現象，有腳站立不穩現象。

糾正：在練習中要避免送胯，先屈膝提起，然後再伸腿蹬出或彈出。站立之腿要微屈，腳趾抓地，膝部不能伸直。

⑥ 轉身猴蹲站立不穩。

糾正：首先要注意落腳扣步的位置是否準確，扣步的

角度是否合適；再注意轉身不要過猛，身體重心的移動不要過大，向下蹲身時要屈腰縮身，落臀屈膝，另一腳點地的位置要找好，幫助維持重心。

五、猴形的呼吸

在練習過程中如何使呼吸與動作有機的結合起來至關重要，掌握正確的呼吸方法對動作完成的質量至關重要。

猴形練習中掛印動作要領氣轉身，發勁動作都要呼氣，蹲身要沉氣，跳躍要提氣，蹬腿要聚氣。要配合動作而呼吸，隨動作的發力而呼氣，不發力的動作或動作過程中要吸氣。爬竿的跳步動作要提氣而起，跳穿時閉氣，落地向前打出時呼氣。

六、猴形用法及技擊含義

1. 猴形是由幾個動作所組成的，它的每一個動作都是一種手法，都有它的技擊含義，都有它的實用價值。這些動作可以單獨拆出來逐個練習，以體會勁法和用法，增強技擊能力。

2. 獻果的技法是雙手畫圓，意在撥開敵手，雙手向上托擊，意在敵下頦。關鍵在於進步近身。

3. 推舟是我雙手先向下、向後捋帶，使敵攻來之拳失去效應和目標，借敵向回抽拳變勢之機，我雙手向前推送，使敵向後跌出，推送在胸腹間，上步長腰而發放。

4. 摘桃是我一手向下蓋壓敵手，另一手向前掐拿敵喉頭頸部，手指扣掐，並有向前推壓之勁。

5. 墜枝動作是用雙手刁捋敵手臂向一側順捋，內中暗含摵臂之法。

6. 蹬枝是用後足向敵胸肋部蹬擊，是一種腿法，和墜枝連用效果較佳。

7. 掛印動作的目的是閃身刁手而走偏門，而另一手速向敵面部穿擊，有則擊之，無則而速退，蓄而待發，靜觀其變。蹲身是守勢、蓄勢，要有一觸即發之勢。

8. 猴捯繩是雙手連環向下捋採，而後向前劈、推，進手進步劈出，意在敵胸膛或臉部。

9. 爬竿動作是向前追擊之法，如敵退走，則我上步，以手取敵眼，腳踢敵襠、腹，手腳併用，指上打下。

10. 整個猴形動作兩手前穿，穿眉刺目動作較多。雖動作勁力不雄厚，但快捷靈敏，穿眉刺目，取其眼以亂其心志，為下面連續進攻創造機會，而發力重創。

七、猴形歌訣

猴形練靈起縱輕，掛印捯繩爬竿能。

摘桃獻果蹬枝法，機警敏捷快如風。

第四節　馬　形

一、概　述

拳譜云：「馬有擊蹄之功，擊蹄者，馬走極快之時，後蹄能超過前蹄數武，此其長也。」練馬形時，須後足向後一蹬，前足前進，後足再極力向前擁進，此步名曰疾步。這只是講的步法。馬形練習中的意念、意境是：一馬當先，萬馬奔騰，烈馬疾奔，勇猛向前，無堅不摧，穿山越嶺，行走如風，烈馬相搏，蹬踏彈踢，奮不顧身，怒目

圓睜，勇往直前。故練習中，不但步法中要體現向前的疾進，沖而遠，快而速，而且在手法上要表現出向前的沖撞栽打，要有意沖、勁沖，要有穿透之勁。要步到手到，手腳齊到，周身協調完整。

二、馬形的練法

馬形練法中有單馬、雙馬、搖身馬、步馬形、回身馬等。手法上分單雙，步法上分順步、拗步，身法中有沖身、搖身、回身之別。技法上有上掛、下刁、搖擺之用。總之，是以打擊之拳面向前沖撞下栽而擊之。由於馬形注重步法的疾進，故馬形有練疾之說，疾是步疾、身疾、意疾。

（一）單馬形

1. 動作過程（自左三體勢起）

（1）右步單馬形

① 左足向前進半步，右足提起跟進不落地；同時兩手握拳，外旋至拳心向上，兩手在各自位置旋轉，右拳順左臂下向前穿，含胸沉肘，目視前方（圖4–74）。

② 右足向前上一大步，左足跟進半步；右拳前穿與左拳相遇時向上、向內翻轉，使拳心向下，屈肘使右拳置於自己右肩前；右足向前上步，而

圖4–74

圖 4–75①　　　　　　　　圖 4–75②

形意拳械精解（上）

右拳向前打出，高與胸齊。左
拳撤至右肘後右肩前，兩肘部
抬起，略低於肩，兩臂微屈，
均成圓弧形，右拳心向下，拳
面向前，右腕部微扣，目視右
拳前方（圖 4–75①②）。

（2）左步單馬形

① 右足向前進半步，左
足提起跟進，靠於右足內側不
落地；同時，兩拳外旋至拳心
向上，兩肘內合，左拳順右臂
下向前穿，含胸沉肘，目視前
方（圖 4–76）。

圖 4–76

② 左足向前上一大步，右足跟進半步。左拳前穿與右
拳相遇時，向上、向內翻轉，使拳心向下，至左肩前。左

圖 4-77①

圖 4-77②

拳隨左足向前上步而向前打出，高與胸齊；右拳拉至左肘後左肩前，兩臂均成圓弧形，左拳面向前，腕部微扣，目視左拳（圖 4-77①②）。

2.單馬形動作要點

① 前足進步與後拳前穿，再向上捲動作要協調一致。

② 後足上一大步與拳向前栽打要整齊如一。

③ 兩手臂在動作過程中要注意掩肘內合於身體中線。

④ 單馬轉身扣步時注意向前進半步，扣足幅度要大，轉身要快，與兩手動作要協調一致。

3.單馬回身式

① 如練至右步單馬形時，欲轉身，右足向前上半步，扣足落地，重心移向右足，左轉身，左足提起靠攏於右足內側，轉身 180°面對來時方向；左拳下垂，右拳屈肘向

上，左拳略低於胸，右拳高與鼻
齊，兩拳心均向裡，隨左轉身而
掛磕，目視前方（圖4-78）。

② 左足向正前方上一步，
右足跟進半步；同時，左拳隨轉
身不停，收拳至肩前，拳心向
下，隨左足上步向前打出，高與
胸齊。右拳置於左肘後，兩拳心
均向下，兩肘微外撐，臂成圓
弧，目視左拳（圖4-79）。

單馬回身式，左右轉身相
同，惟動作互換。

圖 4-78

4. 單馬回身動作要點

① 扣步幅度要大，轉身要
快，注意前腳要上半步。

② 兩拳兩臂要隨身而轉，
扣步擰腰而轉身。

5. 收 勢

（1）左步單馬

① 左足後撤半步至右足
前，左拳屈肘向下蓋壓拉回至小
腹；同時，右拳向前、向上鑽
出，高與鼻齊，目視前方。

圖 4-79

② 左足向前進一步，右足不動，兩腿成三體勢步型。
左掌向前打出左劈拳，右掌拉回小腹，目視前方。以下動

作與左劈拳收勢相同。

（2）右步單馬

① 右足向後撤一步與左足齊，重心移向右足；同時，右拳拉回小腹不停，再向上鑽出，高與鼻齊；左拳蓋壓拉回小腹，頭向上頂，目視前方。

② 左足向前進一步，右足不動，兩腿成三體勢步型；左掌向前打出左劈拳，右拳變掌拉回小腹，目視前方。以下動作與左劈拳收勢相同。

6.收勢要點

① 前腳撤回與右拳鑽出要上下相齊。

② 左掌劈出與左足落地要上下整齊如一。

（二）雙馬形

1.動作過程（自左三體勢起）

（1）右步雙馬形

① 左手先抓握拉回至腹，兩手同時握拳，雙拳以拳心向上，自腹部經心窩向上、向前鑽出，高與鼻齊。雙拳鑽出不停，向下砸，拳心向上，向下、向後帶至兩胯側；左足向前進半步，右足提起跟至左足內側不落地，頭向上頂，目視前方（圖4-80①②）。

② 右足向前上一大步，左足跟進半步；兩拳自胯側屈肘，使拳上起至兩肩前，兩拳內旋使拳心向下，拳面向前，腕部微扣，兩肘部上抬外翻，兩拳自面前向前打出，高與胸齊，兩臂微屈，兩拳相距寸許，頭頂，目視前方（圖4-81①②）。

圖 4-80①

圖 4-80②

圖 4-81①

圖 4-81②

（2）左步雙馬形

① 右足向前進半步，左足提起跟至右足內側不落地；
雙拳翻轉至拳心向上，兩肘內合下垂，雙拳向前、向下畫

圖 4-82①

圖 4-82②

弧至兩胯側，拳心向上，頭向
上頂，目視前方（圖 4-82①
②）。

② 左足向前上一大步，
右足跟進半步；兩拳自胯側屈
肘上起至兩肩前，雙拳內旋，
使拳心向下，拳面向前，腕部
微扣，兩肘外翻，略高於肩，
兩拳自面前向前打出，高與胸
齊，兩臂微屈，兩拳相距寸
許，頭頂，目視前方（圖 4-
83）。

圖 4-83

2.動作要點

① 雙拳向下砸與左足進步要上下一致。

圖 4-84 圖 4-85

② 雙拳向前扣打與上步要手腳齊到，整齊如一。

3. 雙馬回身式

（1）以右步雙馬形為例，動作如下：

① 右足扣步，向左轉身，面對來時方向，重心移向右足，左足提起靠攏於右足內側；雙拳翻轉至拳心向上，雙肘部內合下垂；雙拳向前、向下畫弧至兩胯側，拳心向上，頭向上頂，目視前方（圖 4-84）。

② 左足向前上一步，右足跟進半步；兩拳自胯側屈肘上起至兩肩前；雙拳內旋，使拳心向下，拳面朝前，腕部微扣，兩肘部上起略高於肩，兩拳同時向前打出，高與胸齊，兩臂微屈，兩拳相距寸許，頭頂，目視前方（圖 4-85）。

（2）雙馬形回身動作左右相同，惟動作互換。

圖 4-86　　　　　　　　　圖 4-87

4.回身要點

① 前足扣步幅度要大，轉身動作要快，後足靠攏要快，周身要協調一致。

② 轉身後上步要快，雙拳打出要有力，動作要整齊如一。

③ 整個動作要連貫不停，一氣呵成。

5.雙馬形收勢（練至左步雙馬形時）

① 右足上步至左足內側震腳落地，左足提起，在右足內側，兩膝併攏。右拳先拉回至右腰側，拳心向上。左拳自前向下扣壓；右拳向前、向上鑽出，高與鼻齊，左拳拉回至腹，目視右拳（圖4-86）。

② 左足向前進半步，右足不動，成左三體勢步型；左拳如劈拳向前打出，動作過程與要求均與劈拳相同。單馬

形收勢與雙馬形收勢大部分動作相同，右拳鑽出，右足震腳，然後再劈出左掌，左足上步。只是右掌所在位置不同，而動作有差異，要細心領悟（圖4-87）。

③雙馬形還有一種練法，在雙拳向前打出時都相同，只是在雙拳打出之前，兩手的動作不同，所走的路線不同。一種是雙拳向下砸，向回帶，再上翻向前打出；還有一種是雙拳各自外翻自前向後繞一平圓，再向前打出。前一種是雙拳自前向下、向回繞一立圓，兩種練法各有千秋。

（三）搖身馬形

1.動作過程（自左三體勢起）

（1）搖身右馬形

①左足向左斜前方進半步，右足提起跟至左足內側不落地；同時，右手自腹部以手心向下、向前伸，掌指向前，與左手齊時，雙手由前向右畫弧至右肋外側，頭向上頂，目視右手（圖4-88①②）。

②右足向正前方上一大步，左足跟進半步；同時，雙手握拳上提至右肩前，以拳心向下，拳面向前，腕部微扣，用力向前下栽打，高與胸齊，左拳在右肘後，右臂微屈，目視右拳前方（圖4-89）。

（2）搖身左馬形

①右足向右斜前方進半步，左足提起跟至右足內側不落地；同時，雙拳變掌，掌心向下，左手前伸至右手前，雙手向左畫弧至左肋外側，身向右前移，目視雙手（圖4-90）。

圖 4-88①

圖 4-88②

圖 4-89

圖 4-90

屈,頭向上頂,目視前方(圖
4-91)。

左右練法相同,視自己體
力及場地大小而定。

2.搖身馬形動作要點

① 前腳進步要向斜前
方,身形要向斜前領,要體現
左右搖身的特點。

② 左足向左斜前方進步
與手向右後方摟掛捋帶,動作
要協調一致。

圖 4-91

③ 右足上步與右拳栽打
要相齊。

3.搖身馬形回身勢

以搖身馬形左勢為例,動
作如下:

① 左足向前進半步,腳
扣步落地,身右轉180°,面對
來時方向;右足提起向左足內
側併攏,重心移向左足。隨轉
身,右拳向右畫弧,拳與胸
高,右肘與肩平,左拳隨之,

圖 4-92

兩拳心均向下,目視左拳(圖 4-92)。

② 右足向前上一大步,左足跟進半步,右拳繼續向右
畫弧,收於右肩前;隨右足進步,右拳向前栽打,高與胸

齊，左拳在右肘內側，目視右拳前方（圖 4-93）。左右轉身相同，惟動作互換。

4.搖身馬形回身要點

動作要點與單馬形回身要點相同。

5.搖身馬形收勢

動作與單馬形相同。

（四）拗步馬形

圖 4-93

1.動作過程（自左三體勢起）

（1）拗步右馬形

① 右足向前上一大步，左足提起跟至右足內側不落地，兩膝併攏；同時，右手以手心向上順左臂前穿，至左掌時握拳，向上、向回屈肘，至右肩前，翻扣拳心向下，左拳翻扣、拳心向下在右肩前，頭頂，目視前方（圖 4-94）。

② 左足向正前方上一大步，右足跟進半步；同時，右拳向前打出，拳心向下，腕微扣，臂微屈，拳高與胸齊。左

圖 4-94

圖 4-95

圖 4-96

形意拳械精解（上）

拳在右肘後，左臂撐圓，拳心向下。目視右拳前方（圖4-95）。

（2）拗步左馬形

① 左足向前進半步，右足跟至左足內側；同時，兩拳變掌，上提與鼻齊，向前、向下摟帶，至左肩前同時握拳。頭向上頂，目視前方（圖4-96）。

② 右足向前上一大步，左足跟進半步；同時，

圖 4-97

左拳向前打出，高與胸齊，右拳在左肘後，兩拳心均向下，左腕部微扣，左臂微屈，頭頂，目視前方（圖4-97）。

圖 4-98

圖 4-99

2.動作要點

與單馬形動作要點相同，惟步法是拗步。

3.拗步馬形回身勢（以拗步右馬形為例）

　①左足向右足尖前扣步，右轉身，面向來時方向；右足提起，雙拳變掌向前、向下摟至左肩前。雙手握拳，頭向上頂，目視前方（圖 4-98）。

　②右足向前上一大步，左足跟進半步，左拳如同拗步左馬形向前打出，動作同前（圖 4-99）。

　回身勢左右相同，惟左右互換。

4.回身勢要點

要點與前相同，惟手法打出是拗步馬形手法。

5.收 勢

動作同前。

三、馬形的勁法

1.單 馬

① 單馬形的練法有前拳仰出者，有出拳扣而直頂者，有如崩拳者，皆因師傳不同而練法各異。觀察馬之動作，取其技能而為拳者，還應以扣腕向前栽打者為正宗。

② 馬形練習過程中，注意步法的前進要快而遠，要用後腳蹬，前腳沖，要體現馬有擊蹄之功，要有「追風趕月不放鬆」的氣勢。

③ 單馬形後拳向前臂下穿時，要緊背含胸、沉肘、縮腰。拳向上、向後捲時，要長腰，而肩部微後移。拳翻轉向前栽打時，要送肩拱腰，發勁時以配合呼氣，與前足落地相合，要整齊如一。

2.雙 馬

雙馬形是雙拳向前栽打、撞擊，身正而雙拳同時用力。雙拳翻轉向下砸時，要鬆肩墜肘，頭向上頂，兩肘要向回帶，此時腰微長而胸微挺，含有胸撞之意。兩拳上起至面前時，兩肘略高於肩以蓄力；雙拳翻扣向前栽打時，要含胸、送肩、拱腰、伸臂而打出，配合呼氣以助發力。拱腰是向後拱，以腰催肩，以肩送肘，以肘催拳。

3.搖身馬

① 搖身馬形的步法是前腳向斜前方上步，而後腳是向正前方上一大步，身形也要向斜前方移動。注意身形欲向斜前方移動時，先向斜後方微動一些，這叫欲前先後，欲左先右。以腰為軸，帶動兩肩，以肩而帶動兩臂，周身完整，此謂搖身。

② 搖身馬形的手法是：雙手由前向下後側帶掛，再向上起向前下打出，要走一個圓。向下帶掛時，要用腰勁，沉肩墜肘，以腰帶肩，以肩帶肘，以肘帶手，使勁力飽滿、完整，渾厚沉實，手腳齊到。

4.拗步馬

① 拗步馬形雙手在身前走一個立圓，搖身馬形是雙手繞一個平圓；單馬形是從下往上繞立圓，雙馬形是從上往下走立圓；還有雙馬兩側繞平圓。這些只是手法的不同，但總的都有一個相同點，就是向前栽打，這是關鍵所在，也是馬形的真髓，馬形的真正體現。

② 馬形是一個完整的動作，要連貫不停，中間不能有停頓，要一氣呵成，每一個動作完了之後可以稍停。

四、馬形的呼吸法

不管單馬、雙馬、搖身馬、拗步馬或是回身馬，都是以前腳上半步、繞圓為吸氣；後腳上一大步落地與拳的發力栽打、撞擊為呼氣。

五、馬形練習容易出現的毛病及糾正方法

1.馬形步法中後腳前進不遠

糾正：注意後腳向前上步時，要向前沖，腳平飛而進。前腳向前上半步時，後腳的膝蓋要注意向前下壓，以縮小蹬地角，加大蹬力，增強向前的水平推動力。在練習中應多加強腿部力量的練習。

2.手法繞圓時和身法配合不協調，手動而身不動

糾正：手法繞圓要和身法密切配合，手和身的動作是相向運動的。練習中先把動作放慢，細心體會，仔細找手與身的配合，要注意協調。手繞立圓時，身法要微微上長下縮。手繞平圓時，身法要微有前後移動，這就是運動力學中的動量守衡在武術身法中的具體運用。

3.搖身馬形動作中，身形沒有體現搖身

糾正：注意腳步要向斜前方上步，上步之後馬上重心移向前腳，頭向前領，身微前傾，再加兩手協調動作，充分體現搖身。

4.拗步馬形練習中有向兩側上步的現象

糾正：注意上步要向正前方，後腳向前上一大步時也要向正前方。後腳上步時一定要經過前腳內側前進，兩腿交叉時距離不要太遠，注意磨脛。

六、馬形用法及動作的技擊含義

1. 不管何種馬形，用法就是用拳向敵進行栽打、沖撞，意在擊打敵頭、胸、肋等部。可用單拳也可用雙拳撞打。要敢於上步欺身，向敵圈內沖進去，這是關鍵。

2. 單馬形的用法是用拳向上掛開敵打來之拳，翻扣而栽打敵胸膛，關鍵在於步法應向敵襠內沖去。單馬形還可用拳向前扣壓而栽打，簡捷而快速。

3. 雙馬形的用法是我雙拳向下砸敵打來之手臂，步進身擁，雙拳向前撞擊栽打敵胸。還有我雙拳向兩側格掛分開敵手而向前栽打。

4. 搖身馬形是我斜上步，搖身閃格其位，進而發拳擊打，打擊敵人部位，可隨心所欲，意在重創，使其喪失戰鬥能力。

5. 拗步馬形是我雙手從上向下拍擊敵擊來之拳或掌，而速上步進身用力栽打。

6. 馬形的用法，也可你發拳打我，我也發拳打你，用我前臂的挫壓之勁防開敵拳，同時向前栽打，這也是一種比較好的用法，但想用好此形非功深招熟、勇猛頑強、膽大心細者不可。

七、馬形歌訣

馬形練疾擊蹄功，單雙搖拗揚威名。
橫衝直撞栽拳打，勇猛向前意在沖。

第五節　鼉　形

一、概　述

鼉，乃鼉龍也。是水陸兩棲動物，以水為主。它力大善游泳，性凶猛。有浮水破浪之技，有翻江倒海之能。故武術前輩取其技能為拳，謂之鼉形。

在《現代漢語詞典》中是這樣解釋的：「鼉，爬形動物，吻短，體長兩公尺多，背部、尾部有鱗甲。力大，性貪睡，穴居江河岸邊。皮可製鼓。也稱鼉龍或揚子鰐，通稱豬婆龍。」

形意拳十二形中的鼉形，並不是對鼉龍生活習性和活動特徵的機械模仿，而是象其形而取其意。在練習鼉形時的意念為：面對濤濤的江河湖海，橫空排浪進入其中，如魚得水，急則翻江倒海，逐波分浪，勝似蛟龍。緩則浮水漫游，曲折前進，隨波逐流，悠然自得，有如閑庭信步。忽上忽上，忽左忽右，忽進忽退，忽快忽慢。總之，要體會水中游泳之意境。

在練習時，要以腰為主宰，雙臂雲掃，左右呼應，步法前進，有如蛇形，手法的撐裹鑽翻，周身一氣，運轉自如，於象形中寓攻防，平緩中藏矯健，剛柔相濟，任其自然。

二、鼉形的練法

鼉形練習有進步鼉形、退步鼉形、轉身鼉形。

（一）進步鼉形

1.動作過程（自左三體勢起）

（1）進步鼉形左勢

① 身體重心後移至右足，向右微轉，左手向下向腹前拉回，左足撤至右足前，目視左手（圖4-100）。

② 左足向左前方45°上一步，右足提起跟至左足內側不落地（也可腳前掌點地）；同時，左手外旋至手心向上，左手上起至胸前上方，再內旋變俯掌向左前方橫撥撐出，高與肩齊，右手在腹前，掌心向上，左臂撐圓，左掌心向下，左肘略低於肩，目視左掌（圖4-101）。

（2）進步鼉形右勢

右足向右斜前方45°上一大步，左足跟進提起至右足內側不落地（也可腳前掌點地）；右手自腹部經胸前向上起，至面前內旋變俯掌，向右斜前方橫撥撐出，高與肩齊，右肘略低於肩。左掌下落翻轉

圖4-100

圖4-101

回至腹前，掌心向上，目視右手（圖4-102）。

2. 動作要點

① 左右足向前上步時，注意方向角度。要走之字形，跟步要快，落步要穩。

② 左足落地與左手要同時，右足落地與右手要相齊，以腰身帶肩、帶臂、帶肘、帶手。

圖 4-102

③ 整個動作要協調一致，要連貫不停，兩臂畫圓動作協調一致，步法前進如蛇形，身形隨步的前進左右移動，整個動作中有快有慢。

④ 要柔和不要發剛勁。

（二）退步鼉形

1. 動作過程（自左三體勢起或接鼉形左勢）

（1）退步鼉形右勢

① 如以左三體勢起時，重心先向前移，然後右足再向右後方退一步，重心後移至右足；同時，左足提起靠於右足內側不落地，或腳前掌點地；右手外旋，手心向上，自腹部經胸前上起至面前內旋變俯掌，向右斜前方橫撥撐出，高與肩齊。右臂撐圓，右肘略低於肩。左手同時下落翻轉回至腹前，掌心向上，目視右掌（圖4-103①②）。

② 如接鼉形左勢時，右足直接向右後方退一步，其他

圖 4-103① 　　　　　　圖 4-103②

動作同前。

　　（2）退步鼉形左勢

　　左足向左後方退一步，重心移向左足，右足提起靠於左足內側不落地，或腳前掌點地。左手手心向上經胸部上起至面前內旋變俯掌，向左斜前方橫撥撐出，高與肩齊，左臂撐圓，左肘略低於肩，右手下落裹回翻轉至腹前，手心向上，目視左掌（圖 4-104①②）。

2. 動作要點

　　① 退步時，要向斜後方退，注意重心後移要快要

圖 4-104①

圖 4-104②　　　　　　　　　圖 4-105

穩。

　② 兩手動作與退步上下要一致，動作要連綿不斷。

3.鼉形回身勢

　不論練至左勢還是右勢，不論是進步鼉形還是退步鼉形，都是同樣的回身方法，動作如下：

　① 腳上步時，要腳尖外掰，掰步落地；另一腳再上步時要在前腳尖的外側扣步落地，轉身面對來時方向。兩手動作與腳相合，左足落地，左手向外橫撥，右足落地右手向右橫撥，動作要求與鼉形動作相同（圖4-105）。

　② 退步鼉形轉身時，要退的腳不向後退，而向前掰步落地；另一腳再向前腳尖外側扣步，轉身面對來時方向。兩手動作與兩腳相一致，左足落地左手外撥，右足落地右手外撥，全身協調一致，目隨兩手動作，左右都相同（圖4-106）。

4. 回身勢要點

① 回身步法是先擺再扣，動作要快，注意面對來時方向。

② 轉身手腳動作要協調一致，整齊如一。

5. 鼉形收勢

練到起勢位置成鼉形左勢時，即收勢。

① 右足向正前方上一步，左足跟進至右足內側不落地；右手握拳經胸上鑽，高與鼻齊，小指上翻，左手收回至腹前，抓握成拳，目視右拳。

② 左足向前上一步，右足不動，成三體勢步型；左拳如同劈拳向前打出，成左三體勢，再行收勢。

三、鼉形練習容易出現的毛病及糾正方法

1. 動作僵硬不柔和。

糾正：注意用意不用力，但不能鬆懈，要精神圓滿貫注，不要有僵勁。

2. 手腳不合順，手到腳不到，腳到手不到。

糾正：多練習細心體會，注意手腳齊到的時機。

3. 周身勁力輕浮不厚。

糾正：一要多練習，二在練習過程中要注意身法的配合。以腰為主宰，以腰為軸，注意充分發揮和調動肩肘之

力。

4. 只注意了前手的動作路線，後手動作呆板無力。

糾正：在前手動作準確之後，應加強對後手的注意，兩手協調配合，才能完整。後手下落回身要有內含力，要有回裹之勁。

5. 有起伏過大的現象。

糾正：在練習過程中動作與動作之間，有起伏但不能過大，注意要用膝部的彎曲度去掌握。

6. 兩手橫撥有肘高過肩的現象。

糾正：肘高而肩聳，肩聳而氣不能沉，所以肘部不能高過肩，應略低於肩。

四、鼉形的動作勁力

1. 鼉形在練習過程中要左右連貫不停，圓活不滯，轉換要靈活，意滿神足而勁有內含力。

2. 進步鼉形與退步鼉形可同時練習，一去練進步，回來練退步。

3. 練習時要注意用意念之勁，而不發手臂的拙力，意緊力鬆，意勁相連，不使有斷續之處，綿綿不斷，如水中游泳，用鼉形的意念意境去指導練習。

4. 進步鼉形向左右斜前方上步時，要向正前方的 45°方向上步。退步鼉形向後退步時，也要向後方的 45°方向退步。腳落地後，屈膝站穩，十趾抓地。後腳跟步時，要兩膝相靠，臀部向下鬆墜，頭向上頂。

5. 兩手、兩臂動作，一上一下，一出一回，內旋與外旋，橫撥與回裹，要同時動作，協調一致。注意以腰帶肩，以肩帶肘，以肘帶手，手腳相合。

6. 前手橫撥撐出是以掌外緣與前臂尺骨為力點，手臂與胸要成半圓形。胸要含，肘部略低於肩。後手下落要有回裹之勁，肩要沉、要合、要鬆。

7. 身法隨左右上步或退步，而重心隨之移動，腰要鬆活，頭向前領而身隨之搖。身法是欲左先右，欲右先左。須細心體會，周身要完整不懈，動作柔和而顯內力充盈。

五、鼉形呼吸法

鼉形的呼吸是以自然舒暢，輕鬆合順為原則。呼吸自然，動作柔和，呼吸隨動作進行，但不可憋氣而用僵勁，此為大忌也。

六、鼉形用法及動作的技擊含義

從它的結構來看，步法是前進後退都走之字形，有如蛇行，手法是兩手向身體兩側畫圓弧。動作的目的是化解敵向我進攻來的拳或掌。所以，它是以防守為主的技法。進步、退步走斜線以趨避敵攻來之勢。手型為鉗形手，食指拇指分開，其餘三指屈勾，以利刁拿鎖扣之用。

技法是刁拿挳帶橫撥，使攻來之拳失去效用。挳帶之勁在腰肩肘，節節貫穿。同時暗藏另一手的擊打，一旦得機得勢，另一手可隨意擊發，可打，可放，也可進步用掌外沿順勢切擊敵脖頸部。近身還有肘擊一法，在拳譜中肘為一拳也。

七、鼉形歌訣

鼉形意境游水中，兩臂撥水在腰功。
裹帶鑽翻加肘打，進退曲折意先行。

第六節　雞　形

一、概　述

雞乃益禽也。形意拳中十二形中的雞形，是取雄雞搏鬥中的技能而為拳，是前輩們根據技擊動作創編加工而成的，不是簡單的模仿，不求形象似，但求意念真。

雞形的主要技法有：金雞獨立、食米、抖翎、上架報曉、蹬腳展翅；雖各地雞形練法各異，但這些基本的技法還是大同小異的。

在練習雞形時，應該體現出這樣的意境：雞形練勇，有獨立之能，抖翎之威，奮鬥之勇，食米之準。雄雞性善鬥，鬥時皆以智取，口剛而能啄，爪利而能抓、撲、蹬、踏，生威抖翎能騰空，進退無時，往來無空，兩腿連環，隨時而生，血流滿面而奮鬥不止。攻中有防，防中有攻，攻防兼備，連環進擊，上下結合。

曹植有一鬥雞詩寫的極妙，抄錄於下：「游目極妙伎，請聽厭宮商。主人寂無為，眾賓進樂方。長筵坐戲客，鬥雞閑觀房。群雄正翕赫，雙翅自飛揚。揮憶激清風，悍目發朱光。嘴落輕毛散，嚴距往往傷。長鳴入青雲，扇翼獨翱翔。願蒙狸膏助，常得擅此場。」

二、雞形的練法

雞形練法有雞形四把，流傳較廣。有金雞獨立的單趟練法，還有金雞展翅、蹬腳的一種練法。這三種練法都深刻地體現出了雞形的特點。

（一）雞形練法一

1. 動作過程（自左三體勢起）

（1）金雞踏雪（金雞獨立）右勢

① 左足前進半步，右足不動，重心前移，大部重量在左足；同時，右足跟提起，右腿膝部彎曲。右手上起至心窩，順左臂下向前穿，手心向下，左手後撤，拉回至胸前，手心向下，右肩微前順，右手腕部微塌，右手指高與肩平，頭向上頂，目視右手（圖 4-107①②）。

② 右足向前上一大步，左足速提起跟進，靠於右足內側不落地，兩腿膝部相併攏，右腿屈膝站穩。同時，左手以手心向下，手指向前，順右臂下向前穿，右手收回至胸前，左肩微前順，左手掌指高與肩平，左手腕微塌，頭向上頂，目視左手（圖 4-108①②）。

圖 4-107①

圖 4-107②

圖 4-108①　　　　　　　　圖 4-108②

③ 左足進半步，右手前穿，右足進一大步，左手前穿，動作過程同①②。如此練習左右不停，視場地大小而定。

（2）金雞踏雪左勢（自右三體勢起）

① 右足前進半步，左足不動，重心前移，左足跟抬起，左手在右臂下前穿，右手收回，兩手心均向下（圖4-109）。

② 左足向前上一大步，右足跟進至左足內側不落地，左足屈膝站穩，右手自左臂下向前穿出。動作要求和過程與右式相同，只是左右調換（圖4-110）。

圖 4-109

圖 4-110

圖 4-111

2.金雞踏雪的動作要點

① 兩腳左右前進時，要保持高低一致，不可忽高忽低，關鍵在於膝部。

② 後腳上一大步時，縱步要遠，落地要穩，跟步要輕靈快速。兩膝相靠，進步速度要快，要連貫緊密，獨立時要穩住，微停。

3.金雞踏雪回身勢（以右足獨立為例）

① 左足向前邁半步，落地腳尖內扣，扣步要大，向右轉身 180°，重心前移至左足，右足提起靠於左足內側點地，左腿屈膝站穩。右手隨轉身向右、向後平行畫弧，轉身至來時方向，左手隨轉身自左向右平行畫弧，左手畫至身前時，右手收回至胸前，目視右手（圖 4-111）。

② 兩足不動，右手從左手上向前穿出，左手收回在胸

前。

③ 以下動作同金雞踏雪左式。

金雞踏雪可以作為單獨的練習，一去是右勢，轉身後回來是左勢，這樣左右互換。

4. 回身動作要點

① 前足進步扣足落地，幅度要大，轉身要快，重心移動要快要穩。

② 兩手畫弧與轉身要同時，周身要協調一致。

（二）雞形練法二

1. 雞形四把動作過程（自左三體勢起）

（1）金雞獨立
動作同前，做兩次成獨立右勢。

（2）金雞食米

左腳向前進一步，右腳隨之跟進至左腳後跟側挫地，落地有聲；同時，右手握拳，自胸向正前方打出，高與胸齊，拳眼向上，左手扣於右腕部，目視右拳（圖4-112）。

（3）金雞抖翎

右足向後退一步，左足隨之稍向後撤，成半馬步姿勢，大部重量偏於右足。同時，右拳隨右足後撤，拳內旋由前向

圖4-112

上、向右屈肘拉回，至頭部右
額角前，拳心向外，右肘部抬
起；左掌內旋用力向左下方撐
出，高與胯齊，目視左掌（圖
4-113）。

（4）金雞上架

　　身體右轉 90°，左足後
蹬，右足撐直，左足向前上一
大步，落地站穩，右足速跟
進，提起靠於左足內側不落
地，兩膝靠緊，屈膝下蹲。同
時，右拳變掌由上向前、向

圖 4-113

下，立掌劈落至左胯旁，手心向外；左手由下經胸部向上
穿至右肩前，掌指向上，手心向內，頭頂，目視右前方
（圖 4-114①②）。

圖 4-114①

圖 4-114②

圖 4-115

圖 4-116

（5）金雞報曉

右足向前進一大步，左足跟進半步，成三體勢步型。隨右足落地，右手由下向前、向上挑出，指尖向上，高與眼齊；左手內旋向下拉回至左胯旁，右臂微屈，沉肩墜肘，臀部向下鬆墜，頭向上頂，目視右手前方（圖 4-115）。

（6）上步左劈拳

① 右足先向後撤少許，再向前進半步，左足跟進至右足內側；同時，右手抓握拉回至腹，再向前、向上鑽出，左手握拳回腹前（圖 4-116）。

② 左足向前上一大步，右足跟進半步，大部重量在右足。同時，左掌順右臂向前劈出，高與胸齊，右手拉回至腹，目視左手前方（圖 4-117）。

（7）震腳右劈掌

① 左足撤回至右足內側不落地，腳尖翹起，腳底與右

圖 4-117

圖 4-118

腳踝骨齊高。左手抓握成拳，拉回至腹，再經心窩向前、向上鑽出，高與鼻齊，右拳在小腹，目視左拳（圖4-118）。

②左足落地震腳，右足提起；同時，右拳順左臂向前、向下變掌劈出，高與胸齊，左手拉回至腹，臀部向下鬆墜，頭部向上頂，目視右手前方。此勢身形微低（圖4-119）。

圖 4-119

（8）金雞食米

右足上步，左足跟進，左拳崩出，右手扣於左腕，動作同（2），惟左右互換，前為右勢，此為左勢（圖4-

120）。

（9）金雞抖翎，（10）金雞上架，（11）金雞報曉，動作均同前，惟左右互換。雞形四把有的傳統練法中只有一側，為使身體左右並重，左右練習，不偏於一側。雞形四把是由金雞食米、金雞抖翎、金雞上架、金雞報曉這四個動作所組成。

圖 4-120

2.動作要點

① 食米動作右拳打出與右足跟步，上下要相齊，要完整如一。

② 抖翎動作周身要完整一致，注意兩手的位置要準確。

③ 上架動作左足上步要大，落地要穩，與兩手動作要相齊。

④ 報曉動作右足上步要大，跟步要快，右掌挑打與右足落地要手腳齊到。

3.收勢動作

練習次數多少，視場地大小和自己體力而定。至起勢位置時，如是右劈拳時，右步扣步，右拳拉回再左轉身鑽出，左足上步，左拳劈出。

如是左劈拳時，左手抓握拉回，左足扣步，左轉身，右足上步，右拳鑽出，再左足上步左手向前劈出，即行收

圖 4-121

圖 4-122①

勢。

　起勢是左三體勢，練至原地位置，還要變成左三體勢。

（三）雞形練法三

1.動作過程（自左三體勢起）

（1）金雞食米

　左足向前進半步，右足向前蹉步跟進，落地有聲，右手握拳向前立拳打出，高與胸齊，左掌扣於右腕部，目視右拳（圖 4-121）。

（2）金雞展翅

　① 右足先向後撤半步；同時，兩拳交叉向上鑽，拳心向裡，左內右外，鑽至與頭齊時，翻轉變掌，向左右畫弧撐開（圖 4-122①②）。

圖 4-122②

圖 4-123

② 左足再向後撤至右足內側，落地震腳有聲。同時，兩掌繼續左右畫圓，合抱於腹前，頭向上頂，目視前方（圖4-123）。

（3）金雞蹬腳

左足向前進半步，站穩，腿部微屈。右腿提膝向前、向上勾腳尖蹬出，高與胸齊。雙手腕部相靠，掌指左右分開，以雙手掌心向前、向上用力托出，高與下額齊，目視前方（圖4-124）。

圖 4-124

（4）金雞抖翎

右足向前落地，右腳尖內扣，左足微跟步。身向左擰

圖 4-125①

圖 4-125②

轉 90°，大部重量落於左足，成左重右輕的半馬步型。左手向前、向上抓握成拳，右手向回裹至胸前向下、向右圓臂撐出，右掌心向右，虎口向下，右掌在右膝前上方。左拳翻轉變掌屈肘拉回至頭部左額角外，掌心向外，目視右掌（圖 4-125①②）。

（5）上步左劈拳

圖 4-126

① 身體右轉 90°，面對正前方。右足向後撤半步，右手翻轉，向回抓捋成拳至腹，左拳在頭前不動（圖 4-126）。

② 右足向前進半步，左足跟進不落地。同時，左拳自

頭前向前、向下蓋壓至小腹，右拳經心窩向前、向上鑽出，高與鼻齊，目視右拳（圖4-127）。

③ 左足再向前上一大步，右足跟進半步；同時，左掌如同劈拳向前劈出，高與肩齊，右手拉回至小腹，目視左手（圖4-128）。

（6）震腳右劈

動作與雞形四把裡的震腳右劈相同。

（7）金雞食米

動作同（1），左右互換。

（8）以下動作同前，惟左右互換。

此雞形練法是一左一右互換練習，練習次數視場地大小和個人體力而定。欲轉身時，練至上步劈拳時以劈拳轉身法而轉身，收勢與劈拳收勢相同。

圖4-127

圖4-128

2.動作要點

① 展翅動作的兩手畫弧要圓，收抱腹前時與腳後撤要手腳齊動。

② 蹬腳與兩掌托出要一致。

③ 此抖翎不同於前面的抖翎，前面的抖翎是退步，此抖翎是上步。落步微扣，周身完整如一。

三、雞形練習容易出現的毛病及糾正方法

1.金雞獨立練習容易出現的毛病及糾正方法

① 練習過程中兩腳左右前進，身形有忽高忽低的現象。

糾正：注意膝部的彎曲與掌握身形保持一致。

② 兩腳落地左右橫向距離過大，左右搖擺。

糾正：注意兩足向正前方上步，左右橫向距離以小於肩為度。

③ 兩手前穿有臂伸直現象，有只穿不踏現象，還有直來直去沒有腕部上提的動作。

糾正：前穿臂部不能伸直，應保持一定彎度，約160°，掌指向前微扣；踏掌要坐腕，以掌根為力點，注意先提腕而後踏掌。

④ 獨立時腳站立不穩。

糾正：注意兩膝相靠，獨立腳用腳趾抓地，頭頂坐臀，沉氣鬆肩，這樣才能站穩。

2.雞形四把練習容易出現的毛病及糾正方法

① 食米動作右拳打出，右腳跟進跺地。

糾正：右腳跟進時，應該是全腳掌用力挫地而發出聲音，有人為追求聲響而跺地，這樣無助於拳發力向前。

② 抖翎動作渾身力不整。

糾正：一是加強練習，二是要把動作姿勢進行站樁勢練習，以把身形和兩手的位置擺在正確的位置上，不斷體會動作過程和動作的勁力，逐步形成正確的姿勢定型。

③ 上架動作獨立腿不穩，另一腿抬腳過高。

糾正：重心微向下坐，兩腿靠攏，頭向上頂，而且臀向下坐。另一腳注意抬腳不能過高，腳尖上翹，在另一腳內側腳踝處。

④ 報曉動作兩手臂一上一下，只用胳膊的力量。

糾正：應該表現出全身的整勁，發勁之前應先蓄而後開，注意肩部運動，以肩部即根節催肘，以肘帶手，肘部保持一定角度向上挑。兩肩兩手要協調配合，只有多練習，多體會，才能找出整勁。

⑤ 震腳劈拳動作幅度過小。

糾正：注意震腳是在原地，拳上鑽要高一些，身隨之微上長，震腳下蹲式要矮一些，以增加動作難度和表現效果。

3. 雞形練法三容易出現的毛病及糾正方法

① 金雞展翅動作向後撤步，有跺腳現象。

糾正：應該是後腳向後撤步落地站穩之後，重心後移。前腳向後撤是用大腿根向後抽，裹胯合膝而向後撤，用腳後跟落地下踩而發出聲音，不是跺腳。

② 金雞蹬腳腿法有向上踢的現象。

糾正：此腿法是前蹬腿，腳尖勾起，先提膝屈腿，以腳跟為力點，伸直向前蹬出。

③ 展翅兩手動作與腳配合不默契，不整齊。

糾正：後腳撤步與兩拳上鑽要相合，兩掌翻轉向左右

畫弧與重心向後移相合，兩手裏抱至腹與前腳後撤落地有聲相合，這樣多練習，才能使動作達到完整一致。

④ 金雞抖翎這個動作與雞形四把中的金雞抖翎動作是相同的，姿勢架勢都完全相同。只是一個是向前進，一個是向後退。注意抖翎時，要爆發渾身的整力，要體會雞在抖動羽毛時的情景，全身的羽毛都在抖動。

四、雞形動作的勁力

1. 金雞獨立的勁力

① 左右手向前穿插時，先是兩手腕部微向上提，然後再向前坐腕塌掌，順肩沉肘而發勁，注意臀部向下鬆墜，坐腰而順肩，穿掌踏出。有如雞行走時一步一探頭的動作，注意兩腕部先提再踏。

② 金雞獨立動作的練習，主要是鍛鍊步法的疾進、驟停，疾進要遠，驟停要穩。

2. 雞形四把的勁力

① 金雞食米拳打出要撐腰順肩，與後腳向前蹚步要同時，後腳是在前腳站穩之後，撐腰合胯向前蹚步，以全腳掌向前蹚落地有聲。但不是跺地，要注意頭頂項豎，合胯收臀，氣沉丹田，發力以呼氣。

② 金雞抖翎向後退步時，身要先向後領，前腳向後蹬地，渾身蓄力，突然爆發。右拳上起翻轉後拉，力點在肘部。左掌翻肘圓臂，沉肩外撐，力點在掌根。兩手動作與退步落地完整一致，配合發力以呼氣，周身完整不懈。

③ 金雞上架要先撐身，後上步，上步要遠，落地要

穩，後足跟進要快，兩膝要緊靠。前手劈落與後手穿起要同時，兩手要有裹勁，肩要合，背要圓，頭向上頂，臀部向下鬆墜。

④ 報曉動作實際是一挑掌，上挑之勁在肩，兩手的前後上挑、下落與前腳上步整齊一致，不能有先後。報曉動作有挑靠與挑打之分。挑靠勁是意在肩和上臂，挑打勁是在前手掌根上，是坐胯長腰，鬆肩送臂而發勁。挑靠是步進身擁上挑斜靠而用擠的勁。雖是兩種勁，但也是兩種打法和用法。

⑤ 上步劈拳要注意前腳先撤回一些，再向前進半步，以利上步遠而穩。前足撤回與前手抓握拉回要同時，要手腳相合。向前進半步時與前拳向前鑽出要一致，再上步與後手劈出動作要相合。

⑥ 震腳劈掌在雞形動作中有的人也稱為金雞啄水。注意前手抓握拉回與前足撤步一起動作，拳向上鑽時要提膝抬腿，膝與胯平，長腰微向上起，以上鑽之拳向上領。身形下落，震腳拉回，後手劈出，另一腳的抬起要同時完成，上下內外如一，渾身完整一致。

3. 雞形練法二的勁力

① 金雞展翅：兩拳交叉向上鑽時，要有擰鑽勁。翻轉畫弧時，兩臂要有撐勁，胸要含，兩臂要圓；兩手合抱於腹前時，兩臂要有向下、向回的裹勁、抱勁，肘部緊貼兩肋。兩手與兩腳的後撤配合要協調一致，手與腳合。兩肘抱肋，兩拳可以砸擊小腹，以助氣沉丹田。

② 金雞蹬腳：上半步馬上起腳蹬出，動作要快，起腿要迅速，獨立腿膝部微屈，腳趾抓地站穩。另一腿先屈

膝上提以腳跟為力點，向前用力伸腿蹬出，膝部挺直。雙掌向上托起，兩肘合抱，長腰送肩伸臂。注意腳蹬與雙掌托起要同時。

③ 金雞抖翎：蹬出之腳向前落地時，要盡量向前，用獨立之腿的蹬勁帶動腳向前邁，落地腳要有踩勁，注意擰身扣腳。兩手上下左右分開撐打時，要與腳落地整齊一致。兩手在分開撐打之前要先蓄勁，左手向前，右手向後，含胸合肩，手掌內旋翻肘，擰腰，腳下踩而手上下撐打，意在下掌。勁力要飽滿，動作要協調完整。

五、雞形的呼吸

雞形各練法中是這樣呼吸的：在金雞獨立動作中，① 是小呼氣，② 是主要的呼氣發力。在每次發力呼氣完成之後，應馬上放鬆，以利吸氣。

在雞形四把的幾個動作中，也是每個發勁動作都是呼氣，每個能促使胸廓容積增大的動作都要吸氣。如展翅兩手向兩側畫弧時吸氣。在各種動作的練習中，都要體現這樣的原則。

六、雞形的用法及動作的技擊含義

形意拳非常注重勁法，每一個發勁的動作都可以作為一技法使用，雞形動作較多，用法各異。

1. 金雞獨立：意在疾進，搶進中門，手掌順臂前穿敵面部，以亂其心。坐腕塌掌意在敵胸膛。

2. 金雞食米：前手扣壓敵拳，進步後拳崩出，打擊敵心窩。

3. 金雞抖翎：可進步而發，也可退步而用。一手上架

後捋，另一手撐腰側身而向前下方掖掌。關鍵在步法，前腳要接近敵身，打擊敵腰胯腹部。

4. 金雞上架有進步劈靠之用法。還有一手在下，一手在肩上，側身丁步，有蓄而待發之意。

5. 金雞報曉動作實則是一挑掌，由下向上、向前挑打。

6. 金雞展翅是退步防守的動作，兩手向上撐開再向下、向回裹抱。上面來拳用外撐，下面來拳用回裹。

7. 金雞蹬腳是我雙掌向上托打敵下頦部，同時用腳蹬踏敵胸膛，上下齊發，指上打下，意在腳攻。

七、雞形歌訣

金雞踏雪獨立能，抖翎發威身勁整。
展翅蹬腳上下取，食米報曉上架行。

第七節　燕　形

一、概　述

拳譜云：「燕形練捷，為最靈巧之物。」形意拳是以燕子抄水之巧，鑽天之靈，上下翻飛之技而結合兵法技擊之道，組合動作，起名曰燕形。

在練習燕形時，應領會和理解這樣的意念：燕子鑽天身有長意，兩手翻轉，如兩翅翻飛，驚上取下，取其靈敏。燕形有抄水之精，抄水者，向水中而落，沾水而起之謂也。仆腿下勢要低，前手防護，後手掠地而起撩陰，兩腿踐步而上，又擊敵胸腹。練習時取其敏而輕捷之意。運

動中有起有伏，起有飛騰高翔之勢，伏有蜇藏九地之技，前縱、獨立、撩掌、崩拳要求動作快速敏捷，發力沉穩雄厚。既要縱得遠，又要落得輕，站得穩，敏捷之中透著穩健，靈巧之內現出雄厚，剛柔相濟，形神合一。

目前社會上流行的各種版本形意拳譜中的燕形動作，都有燕子抄水。有的勢高一些，有的勢低一些，師傳都不盡相同。有的動作相同名稱不同；有的名稱相同而動作不同。這裡介紹的燕形是綜合幾種燕形的動作而成。

二、燕形練法

燕形各支派動作不盡相同，各有特色，現介紹兩種練法。

（一）燕形練法一

1.動作過程（自三體勢起）

（1）燕子鑽天

① 兩掌同時外旋至手心向上，右手順左臂下向前穿，重心前移，至左掌時，右手向上伸出。左手屈肘翻掌，以手心向下經胸前向下按；右手向上穿超過頭，重心向右足移，右手不停自上向後、向下落，與肩平時，目視右手。左手向下、向前撩起，目視左手（圖4-129①②）。

② 左足向前進半步，蹬地起跳。右足向前上一大步，落地站穩，左足提膝成右獨立勢。右手下落至腰側，順左臂下向前、向上穿挑，過頭頂後手心向上。左手翻轉屈肘向胸前、向下插至襠前，小指向外，左膝提起，高與腰平。目視前方（圖4-130①②）。

圖 4-129①

圖 4-129②

形意拳械精解（上）

圖 4-130①

圖 4-130②

（2）燕子抄水

　　身右轉 90°，右足屈膝下蹲，左足向左側伸出成左仆步。左手順左腿內側向前穿，內旋手心向上，拇指向後，

圖 4-131

圖 4-132

左手在左足前上方。右手向後
撐，手心向外，臂撐圓。目視
左掌（圖4-131）。

（3）上步撩陰掌

① 左手向前穿，重心前
移，左足屈膝，重心至左足，
身微上起（圖4-132）。

② 右足向前上步，橫腳
落地，左足不動，兩腿交叉成
歇步勢。右手手心向前，用力
向前撩出，高與腰齊。左手扣
於右腕處，身形微起，左足跟
抬起，目視右掌（圖4-133）。

（4）左下崩拳

圖 4-133

左足向前上一大步，右足跟進半步；兩手抓握成拳，

圖 4-134

圖 4-135

左肘內合，左拳順右臂向前下方打出，以拳心向下，高與小腹齊。右拳向後拉回至腹，右拳心朝上，目視左拳前方，頭向上頂（圖 4-134）。

（5）上步右劈拳

① 左足向前進半步，右足跟進至左足內側不落地。左拳拉回至腹，再經心窩向上、向前鑽出，小指上翻，高與鼻齊（圖 4-135）。

圖 4-136

② 右足向前上一大步，左足跟進半步；右掌順左臂向前劈出，高與肩齊，左手拉回至腹，頭頂。目視前方（圖 4-136）。

以下再接燕子鑽天、燕子抄水、上步撩陰掌、下崩

拳，再上步左劈拳。只是動作左右互換，動作相反。練習時應先把一面練熟，把勁力要點體會出來，熟練之後再練另一面，這樣左右都要練習，使身體左右更加協調。

2.動作要點

① 鑽天動作兩手要不停，在跳起時右手向上穿挑，整個動作要一氣呵成。

② 抄水動作仆步要低，兩手要成一條直線，注意左手要順左腿穿出。鑽天和抄水兩個動作要連起來做，中間不停，一氣呵成。

③ 上步撩陰，右手與右腳動作要同時，兩腿交叉相疊，右手撩掌要向前探。

④ 左足上步與左拳栽打要上下整齊一致。

3.燕形回身

燕形是以劈拳回身和換勢的，欲換另一勢，先打出一劈拳再接前面動作。

（二）燕形練法二

1.動作過程（自左三體勢起）

（1）燕子鑽天（動作同前）

（2）燕子抄水（動作同前）

（3）燕子展翅

① 接燕子抄水動作，左手向左足前穿，重心前移至左足，左腿屈膝，身形微上起，頭部向前鑽，左手高與腰齊，右手向後伸直，目視左手（圖4-137）。

圖 4-137　　　　　　　　　圖 4-138

形意拳械精解（上）

②　右手屈肘回至腰間，從左臂下以手心向上、向前穿，左手外旋屈肘至胸前，兩掌在胸前交叉，兩肘下垂（圖 4-138）。

③　右足向前上一大步，屈膝半蹲，落地站穩。左足跟至右足內側不落地，兩膝靠緊，左腳尖翹起，靠於右腳踝關節處。同時，兩臂左右分開，兩肘微屈，兩手立掌左前右後，掌指向上，手心向右，兩手高與肩齊，目視左掌（圖4-139）。

（4）進步右崩拳

左足向前進一大步，右足跟進半步，右足尖跟至左足跟

圖 4-139

圖 4-140

圖 4-141

後，兩腿屈膝半蹲。右手握拳屈肘收回，由腰部向前打出，拳眼向上，左掌向裡翻扣，扣在右拳腕部，右拳打出高與胸齊，頭向上頂，目視右拳（圖 4-140）。

（5）上步右劈拳

① 雙手拉回至腹，左足向前進半步，左拳經心窩向上、向前鑽出，高與鼻齊，小指上翻，右足跟進不落地，目視左拳（圖 4-141）。

② 右足向前上一大步，左足跟進半步，成右前、左後三體勢，右拳順左臂向前劈出，高與肩齊，左手拉回至腹，兩手均變掌，掌心向下，頭頂，目視右掌前方（圖 4-142）。

圖 4-142

以下再按（1）（2）（3）（4）（5）動作進行練習，只是左右互換，動作要領、過程都相同。

轉身、收勢動作同前。

2.動作要點

① 燕子展翅動作是由三個分解動作組成，動作要連貫，中間不停。右足上步要大，落地要穩，與兩手動作要整齊一致。

② 進步右崩拳要與手腳相合，與金雞食米相同。

③ 上步右劈要手腳相齊，整齊如一。

3.回身和收勢與燕形練法一相同

三、燕形練習容易出現的毛病和糾正方法

1.燕子鑽天，兩手動作配合不協調。

糾正：注意後手向前穿時，前手應往回蓋，後手向上穿時，前手應往下穿；後手向後落時，前手應往前撩。總之，兩手一前一後，一上一下，同時動作。這樣多次練習就能動作協調。

2.燕子抄水勢，仆腿下勢姿勢過高，而且不穩。

糾正：姿勢越高越不容易穩定，因重心越高穩定性就越差。姿勢高的原因是獨立腿沒有屈膝全蹲，身應全部伏下去。另一腿應貼地鏟出，相當於長拳的仆步穿掌。有的姿勢下不去，可能柔韌性差所致，應加強柔韌性的練習。

3.燕子抄水手未向前穿，頭未向前領，而直接向上起。

糾正：這雖不算大的錯誤，但從完成動作的質量來說

是不高的。應體會燕子飛翔中，沾水而起的情景，應是一個弧形運動，所以燕子抄水仆腿下去後，手應向前穿，頭部應向前領鑽而起。

4. 燕子鑽天和抄水動作在練習時不連貫，有脫節現象。

糾正：在燕形開始教學示範時，必須一個動作一個動作的教，把動作要點和注意事項都講清楚。在學會動作之後自己練習時，應連貫起來一氣呵成，兩個動作之間勁力的銜接要緊密、合順、協調。

5. 燕子展翅動作兩手一前一後和上步落腳不合。

糾正：注意練習時，兩手的動作，先右手在外、左手在內交叉合起來，然後上步落腳和兩手前後分開要同時。這樣慢慢做，慢慢體會，熟練之後再加快速度。

6. 撩陰掌完成姿勢身太正，手過高。

糾正：撩陰掌完成姿勢身形不能太正，身形姿勢應是微斜；掌撩出手臂不能伸直，右肩部向下沉，向前探和左腳步向前橫落要同時。身形微向下，掌撩出高與腰平。注意在練習時腳步、手、肩的動作協調一致。

7. 進步下崩拳在練習時形成手臂向下的切擊。

糾正：應該注意手臂肘部位置，在發勁之前，肘部要內掩，用身發勁，調動兩肩的運動，一前一後，一上一下。

四、燕形動作的勁力

1. 燕形中的鑽天和抄水動作，雖是兩個動作，但練習起來應連貫不停，一氣呵成。注意動作銜接要連貫，中間沒有明顯的停頓處。

2. 燕子鑽天動作要注意身法重心的前後移動，後手前穿時重心前移，向上穿挑向後拉帶時，重心向後移，用腰帶肩，肩帶肘，擰轉而走。兩手同時協調動作：右手向上，左手向下；右手向後，左手向前；右手向前，左手向後。要用腰身，用兩肩帶動兩臂協調動作，使周身完整一致。

3. 燕子鑽天動作，後手第二次向前、向上穿挑時，注意身體重心隨手前穿而前移，要超過前腳，用前腳蹬地，後腳向前上一大步，後腳要用力向前帶，以遠、高為好。如果單做燕子鑽天動作時，後腳向前落地獨立站穩。另一腿提膝在胸前，後手向上穿挑，前手向下插，兩臂均微屈，此獨立式為燕子鑽天。如果鑽天和抄水連續動作時，後腳向上、向前起帶，而落地時，要橫腳屈膝下蹲。另一腳先屈膝，接近地面再伸直平仆鏟出，腳尖內扣。

4. 燕子抄水是仆腿下勢手向前穿的動作，應該越低越好。動作時注意屈膝下蹲之腿要全蹲，大腿緊貼小腿，腹部放在大腿上，膝部外展，腳尖外掰45°，臀部盡量下坐。另一腿腳尖內扣，緊貼地面向前鏟出，全腳掌著地。做抄水時，兩手的動作是前手擰臂順腿前穿，注意前肩先內扣，後手向後撐。關鍵是頭部要向仆腿的腳尖處向前鑽領，用後腿的蹬勁重心前移。前手肘部超過仆腿的腳尖，再屈膝上起，前手隨穿隨擰轉，擰轉要用沉肩墜肘之勁。

5. 上步撩陰掌姿勢較低，後手向前撩掌與後腳向前橫腳上步，動作要一致。注意撩掌時，要擰腰、翻身、探臂撩出。兩腿交插，兩大腿內側要夾緊，上身微前俯。

6. 燕形鑽天、抄水和撩陰掌三個動作要連貫一致，一氣呵成，中間不停頓。

7. 下崩拳也稱之為栽拳，腳上步落地與一拳向前下打出和另一手的拉回至腹，這三個動作要合而為一，不能有先後，配合呼氣而發力。拳的發勁注意兩肩的動作，一個向前下，一個向後上，兩手挫打。還要注意前手的肘部要向內掩，向內合，這樣發勁力整。

8. 燕形兩種練法中燕子鑽天和抄水動作都相同，只是後兩個動作不同。一是撩陰加栽打，一是展翅加崩拳，各有作用，各有特色。

9. 燕子展翅後腳向前上步時，要大要遠，落地要穩。重心前移要超過前足，用後足向前沖，用前足用力向後蹬，這樣才能步大而遠。上步時注意身體不要向上縱起，腳要平飛而進，單腳站立要穩，屈膝腳趾抓地。後腳跟步要快，兩膝緊靠，頭上頂，臀鬆墜。兩臂展翅動作一前一後，要和後腳前進、落地整齊一致。後手的前穿、上撩與前手的外旋、內掩要注意含胸合肩，兩臂展翅要開胸、順肩、實腹。

10. 進步崩拳也叫金雞食米，拳向前打出與後足跟步發力一致，同時配合呼氣，注意後手先回腰間，再向前崩出。

五、燕形的呼吸

1. 在燕形中每個發勁的動作都要求呼氣，以助發力。動作過程中每個開的動作都應吸氣，合的動作都應呼氣，這些是呼吸運動的規律。

2. 燕子鑽天動作向前、向上起跳要吸氣向上提，也就是提氣；燕子抄水動作時是向下，注意要呼氣，也就是有意識的沉氣，但這個呼氣不是發力時的呼氣。

3. 呼吸與動作配合的是否合理、協調、順暢，直接關係到動作完成的質量。在練拳時，開始學習新動作或減慢運動速度自己練習時，呼吸要用自然式。完全按自己平時的習慣，毫不著意地自然呼吸，有助於用心學會動作的正確規格。然後才能在正確的動作規格的影響下，體驗氣息的自然配合。這樣的原則和方法應該貫徹到形意拳所有的動作練習中去。

六、燕形用法及動作的技擊含義

1. 燕形的用法主要是鍛鍊身體靈活、動作敏捷、起伏快速的手段與方法。燕子鑽天後手向前穿挑，向後拉帶，意在防架敵手，能抓則抓，不能抓拧則挑開，而前手擊敵胸部或臉部。身形向後移，意在閃格其位；身形前移是為擊打，招法可隨意而用。

2. 燕子抄水練習時要仆腿下勢，而用時則不必仆腿，只是身形低一些而已，側身而進，側身斜進，用兩膀之力，暗含穿挑，意在敵襠部、腹部。

3. 燕子鑽天練習中向前躍步時，一腿用力蹬地，另一腿向上起帶以利跳的遠和高。在用法中可以理解為手向前上穿挑時，而暗含後腿有向前踏蹬的一腳。

4. 上步撩陰掌是前手排開敵手或挑、或格、或壓、或掛，後手撩擊敵襠部，用時要近身，前手注意封閉敵手和防護自己的頭部。用此法要快而出其不意，實際運用時後腳可以進步，也可以進前腳，但姿勢要低一些。

5. 進步下崩拳是擊打敵小腹部，向敵身後發勁，意念要有穿透之力。

6. 燕子展翅後手向前穿撩，足向前疾進，前手向前擊

打，意在敵胸部、臉部，注意側身而進。進步崩拳是攻擊敵胸部心窩處。

七、燕形歌訣

鑽天抄水一氣成，撩打招法不容情。
縮起長落身法意，勁順意領氣自通。

第八節　鷂　形

一、概　述

鷂，為猛禽類，在禽類中最為勇猛、靈敏。鷂屬雀鷹科，雖然身體較小，但靈巧、凶狠、勇猛有加。形意拳十二形中的鷂形是取其束身之捷，入林之奇，鑽天之勇，翻身之巧，展翅之威，捉物之猛。

在技法是取直線前進，側身而擊，翻身是驚上取下，縮身而進擊攪挑。身法上要束身而起，藏身而落，起落鑽翻左右飛騰。手法上要嚴密緊湊，步法上要疾進隨跟。在鷂形練習時，應注意體現這樣的意念：鷂形上下飛舞，左右盤旋，束翅直線而進，有如箭穿。入林須側身，發拳如烈炮，鑽天要勇猛，翻身要巧，上下翻飛，驟停返身，渾身協調完整，無絲毫鬆懈，展翅要先裹而後展，裹要藏身不露，身裹、勁裹、意念裹；展要發放，渾身均整，上下內外完整如一。捉物要體現心毒、手狠、勁猛。總之，鷂形在練習過程中，要突出表現剛健完整的神態、靈敏渾厚的勁力、勇猛快捷的手法、完整協調的身法。

二、鷂形練法

鷂形練法目前流行的有兩種，一種是鷂子束身、入林、鑽天和鷂子翻身。還有一種是鷂子束身、入林、捉雀、展翅、翻身。雖是兩種練法，但有很多相同之處，在動作方面也各有側重，應全面發展，左右並重。

（一）鷂形練法一

1.動作過程（自左三體勢起）

（1）鷂子束身

兩手同時抓握成拳，右拳自腹部向上提至心窩處，右足向前上一大步，左足提起跟至右足內側不落地，兩膝靠攏；同時，右拳自心窩向前、向下插，高與小腹齊。左拳拉回至小腹，拳心向內。右拳眼向前，右臂在左臂外，目視前方，頭向上頂（圖4-143）。

（2）鷂子入林

左足向前上一大步，右足跟進半步；同時，右拳屈肘向上鑽，高與眉齊，左拳上提至心窩處，隨左足上步向前打出，高與胸齊，拳眼向上。右前臂內旋翻轉，右肘下垂，右拳在右額角處，拳心向前，距額角一拳，目視左拳前方（圖4-144）。

圖4-143

圖 4-144　　　　　　　　　　圖 4-145

（３）鷂子鑽天

① 左足向前進半步，右足跟進至左足內側不落地；同時，右拳下落至右腰側、拳心向上。左拳先向上翻轉再向裡翻扣，拳心向下，左前臂橫，目視前方（圖 4-145）。

② 右足向前上一大步，左足跟進半步；同時，右拳由左手腕部內側向前、向上鑽出，高與眉齊，拳心向內，小指上翻。左拳向下扣壓拉回至腹，拳心向下，頭向上頂，目視右拳（圖 4-146）。

（４）鷂子翻身

① 右腳尖向內扣，身向左轉 180°，面對來時方向。

圖 4-146

圖 4-147

圖 4-148

右臂揚肘上起，右上臂在右耳側，前臂橫於頭上，隨身向左轉，右前臂自頭上向前、向下蓋壓，以拳心向下。左拳在小腹不動（圖4-147）。

②兩腳不動，右拳蓋壓至腹前，左拳經心窩向上鑽，由前順右腕內側向上鑽出，拳心向裡，高與鼻齊。身體重心向左腳移，目視左拳（圖4-148）。

③右前臂橫臂自左拳外向上撩起至頭齊；左拳屈肘收回至胸。身向右轉，重心後移至右足。右拳從頭上隨右轉身向後拉，向下畫弧到右腰側，拳心向上。右足屈膝全蹲，左足向左仆腿伸直，左拳順左腿向前內旋伸出，拳眼向下，左拳前伸超過左足尖。左拳上鑽看左拳，右拳橫臂上起向後時看右拳，左拳前伸成仆步時，再猛回頭看左拳前方（圖4-149①②）。

（5）鷂子束身

左拳順左腿前伸，重心前移至左足，左腿屈膝，身形

圖 4-149①

圖 4-149②

微上起。右足向前上一大步，左足迅速跟進提起不落地，至右足內側。同時，右拳自腰經胸向前、向下伸出，拳眼向前。左拳收回至腹前。右拳伸出在左拳外側，高與小腹齊，目視右前方，頭向上頂。兩臂緊貼兩肋（圖 4-150）。

　　下面動作同前，重複練習。

圖 4-150

2.動作要點

　　① 束身動作右腳上步要大，落地要穩，與兩手動作要相合。

　　② 鷂子鑽天與右鑽拳動作相同。

③ 翻身動作是一個完整的動作，練習時動作要連貫，周身要協調一致，注意重心的移動。

3.換 勢

如欲變另一側練習時，在鷂子鑽天動作之後，再上步變左順步鑽拳，然後再接鷂子翻身、束身、入林、鑽天動作練習，就變成了另一側的練習，左右互換，動作相同。

4.收 勢

練習至原地打出鷂子束身、鷂子入林之後，左拳扣壓拉回小腹，即行收勢，按三體勢收勢。

（二）鷂形練法二

1.動作過程（自左三體勢起）

（1）鷂子束身
（2）鷂子入林
動作同前。
（3）鷂子捉雀

① 左足向前進半步，兩拳同時變掌，左掌外旋，手心向上，右掌內旋，手心向外。左手由前向上、向右、向後畫弧至右腰側，手心向下。右手由上向後、向下畫弧至右腰側，手心向上。目視左手（圖4-151）。

② 右足向前橫腳上一步，腳尖外掰；同時，左臂向前、向上橫臂上架，略高於肩，橫臂身前。右手自右腰側以手心向上，隨右足橫落而向前穿，手指向前，高與胸齊。目視右手（圖4-152）。

圖 4-151

圖 4-152

③ 左足向前上一步，右足跟進半步，成左前右後三體勢步型。右掌上起與眉齊，手翻轉手心向下。左掌順右前臂向前、向下劈出，高與腰齊。右掌向後拉回到右腰前。目視左掌，頭向上頂（圖 4-153）。

（4）鷂子展翅

① 左足向前上半步，腳尖外掰。右足提起跟至左足內側不落地；同時，兩手

圖 4-153

抓握成拳，左拳拉回到腹，經心窩向上鑽，與眉齊時，拳向外翻轉。右拳由右腰側屈肘上起，肘下垂。右拳上起至眉齊時，向前、向左屈肘畫弧。兩拳交叉抱於胸前，拳心

圖 4-154① 　　　　　　　　　　圖 4-154②

向裡，左拳在內，右拳在外。身形向左轉 90°，目視右拳（圖 4-154①②）。

②右足向右前方上一大步，右腳橫落，左足跟進成馬步型；同時，兩拳變掌，內旋掌心向下，向身左右用力撐出，兩臂成圓，以掌根為力點，高與腰齊，頭向上頂，意念向前，目視右掌（圖 4-155①②）。

（5）鷂子鑽天

①右足先向後撤回少許，再向前上一步，左足跟進至右足內側不落地。同時，雙手抓握成拳，左拳回至腹部，右拳拉回至腹前，經心窩向上、向前鑽出，高與鼻齊，目視右拳（圖 4-156）。

②左足向前上一步，右足跟進半步；右拳內旋向下橫，前臂扣壓，拉回至腹，拳心向內；左拳經心窩向上、向前鑽出，小指上翻，高與鼻齊，目視左拳（圖 4-157）。

圖 4-155①

圖 4-155②

圖 4-156

圖 4-157

（6）鷂子翻身

　　動作同前，前面是向左轉身，此勢是向右轉身，左右互換練習。

2. 動作要點

① 束身和入林兩個動作應該連起來練習，中間不停，一氣呵成。

② 捉雀動作分解為三個動作，練習時要連貫不停。

③ 展翅動作右臂轉身掩肘與左腳外擺進步要上下相齊，整齊一致。

④ 鑽天和翻身動作同前。

3. 收勢和轉身動作

同鷂形練法一。

三、鷂形動作的勁法

1. 在練習過程中，鷂子束身和鷂子入林雖是兩個動作，但這兩個動作應連貫不停，一氣呵成。

2. 鷂子束身：右拳擰旋向前下插與右足上步動作協調一致，注意頭向上頂，右肩微向前順，沉肩墜肘，兩肩合抱，含胸實腹，臀部向下鬆墜，兩上臂緊貼兩肋部。

3. 鷂子入林：也叫順步炮拳，拳打出與前足上步落地要整齊一致，手腳齊到。注意後拳不是橫肘上架而是垂肘向上鑽翻，靠順肩側身而化打。右前臂擰旋，肘部不能上翻，要垂肘。

4. 鷂子鑽天：拳上鑽和上步落地要同時。注意小指上翻，拳外旋，這樣有鑽勁，而且能守中。從鷂子入林變為鷂子鑽天時，注意右拳自額角處下落時，右臂要有微向後的拉勁，右前臂要有向下、向內的裹勁邊拉邊裹，至腰側後再向前擰鑽。拳上鑽時要用腰催肩、催肘、催拳、長腰

送肩之勁。注意左拳要先向上翻轉後，再橫前臂向裡扣蓋壓拉回，要用肩肘之勁，兩拳同時動作周身完整一致。

5. 鷂子翻身：身體重心前後移動，要以腰為軸，周身協調完整。重心左移身左轉時，左拳鑽出，身微向前探。重心後移，身再右轉時，要以腰帶肩、帶肘、帶手，右拳先向上撩前臂，再用肘向後拉帶，左拳屈臂再抬肘，拳向下順腿擰轉下插，注意合肩。右拳自頭上向下畫弧至腰側時要有擰勁。注意肩部的開、合、沉勁，仆腿下勢時重心在右腿，屈膝下蹲，左拳順左腿上面下插前伸，拳一定要超過左足，頭向前領，重心前移。左肩外翻向下沉，左拳旋擰至拳眼向上，沉肘臂微屈，左拳含有上挑前頂之擰鑽勁。

6. 鷂子翻身動作對老年人可不做仆腿下勢，但兩手動作勁力不變，翻身動作注重身法，以身勁見長，注意兩肩與腰的動作、兩臂與腰的動作要協調一致，完整而不懈、柔和而不散，暗含有勁而不僵硬。

7. 從鷂子翻身接束身動作時，要注意動作與動作的銜接、轉換，勁力要合順，動作要協調。

8. 鷂子捉雀：兩拳在身前要畫立圓，以腰帶動兩肩，以肩帶肘，以肘帶手，後腳上步與前手橫撐、後手前穿要相一致，前手要有向前、向上橫撐和上架的掤勁，臂要圓，以前臂和掌外沿為力點，後手向前插要有擰裹鑽的勁，向前下劈出時，注意後手要先向上畫一半圓弧，翻轉下扣拉回與上步要同時。

9. 鷂子展翅：動作是先裹合而後撐開，也是先蓄而後發。裹時要含胸拔背，鬆肩沉肘，要裹而不露。兩掌向左右外撐時，注意兩肘要先向上翻，用寬胸、實腹、鬆肩而

向外撐，左右兩手用力要相同，與上步整齊一致，全身上下左右要姿勢均整，勁力均衡。

10. 鷂形的兩種練法動作雖有不同，但在練習過程中體現出鷂形的意念和意境卻都是相同的。

四、鷂形呼吸

鷂形動作的呼吸，在鷂子束身和入林動作中，束身為閉氣，入林為呼氣，鷂子鑽天①為吸氣，鷂子鑽天②為呼氣，在鷂子翻身中呼吸要和動作相合，下勢時要呼氣，起勢時要沉氣，氣沉小腹而發力。

在鷂子捉雀①②動作時要吸氣，③時呼氣，展翅①吸氣，展翅②呼氣；整個動作要和呼吸相配合。以拳勢動作的發力而呼氣，過程時吸氣。

五、鷂形練習易出現的毛病及糾正方法

1. 在鷂子入林右臂抬肘、右腳跟步時，腳過橫，膝向外撇。

糾正：注意右肘部應下垂，右拳鑽翻，內旋擰轉，側身化打。右足跟步時，注意要用膝帶足，膝應向內合，這樣防止拉胯、膝外撇，足過橫是拉胯現象。

2. 鷂子翻身動作周身勁力不完整，兩手動作與身配合不協調，顯示不出內勁。

糾正：這些問題應該在練習中去解決。在練習中去找勁，去找動作的運動路線，去認真地思索、體會。在練任何動作時都應該遵循這樣的原則：學必期熟，熟而苦練，練中加思，由思生巧。

3. 鷂子展翅練習時，前手有勁，而後手無力，手腳不

合。

　　糾正：手腳不合問題，要多練習多注意，手腳要齊到。前手和後手用勁要均勻，拳譜中講「前手打人後手發力」，這樣才能渾身均整、均衡而力厚。

　　4.做鷂子翻身時，身形不穩。

　　糾正：產生不穩的原因是身體重心前後移動時過猛、過大，因此，練習時要注意扣步，翻身扣步時注意腳扣步的位置應在前一些，這樣翻身時，身形才順。

六、鷂形用法及動作的技擊含義

　　1.拳術中的練法和勁法，在實戰運用中是有很大差距的。在實戰中，敵我雙方都處在千變萬化之中，每時每刻都在變化。所以，不能用一成不變的招術去對付千變萬化的敵人，應審時度勢，隨機應變。拳術中的招術是一種技法練習的手段，是一種假定的常規用法，不能把它作為不變的招術而運用。

　　2.鷂子束身和鷂子入林雖為兩勢，實為一招也。為順步炮拳，取側身進步，前拳上鑽化開，而後拳進擊敵心窩。步法要向敵襠內鑽，顧打兼備，同時而進。

　　3.鷂子鑽天與鑽拳同，只是出拳意在敵鼻，要沖進敵圈內向上鑽打，必須進步近身，鑽打暗含一肘打。

　　4.鷂子翻身是回身顧後的打法，也是一種指上打下的打法，在用時，不必走仆步下勢，因下勢動作大而慢，在用法上應講究快字，「拳無不破，惟快不破」這是真理。蓋鑽上打是指上，而架掤下擊是打下。步法可進可退，靈活運用。

　　5.鷂子捉雀是雙手順勢帶将，進步推手而插掌意在敵

軟肋，再進步劈擊敵胸。

6.展翅動作的用法是一手用前臂向外格擋，另一手也用臂向內磕掛並向下裹，使敵拳失去效用。而我手向下、向前，向敵腹部掀擊，這是向下擊打。也可以用後手前臂向內磕掛敵臂並順其臂向前橫切敵脖、喉頭部位。一是向下掀擊，一是向上橫切脖，要視具體情況，靈活運用。

七、鷂形歌訣

鷂子入林側身攻，翻身顧後逞其能。

展翅捉雀形貫意，勁力渾厚體均衡。

第九節　蛇　形

一、概　述

蛇，屬爬行蟲類。雖無足，但動作運轉快速靈活，反應機警靈敏，周身活潑不滯。形意拳前輩觀察蛇的動作，體會蛇的精神，而創立蛇形。取其挺頸之雄、吐信之威、撥草之技、纏繞之能，以豐富、擴展、完善形意拳的內容和技法。

在蛇形練習時，我們應該體現出蛇的技能、神態，蛇身活潑，能屈能伸，能繞能蟠，能柔能剛，屈伸自如。擊首則尾應，擊尾則首應，擊身則首尾俱應。

二、蛇形的練法

蛇形民間傳統有兩種練法，一種是由白蛇吐信、白蛇纏身、白蛇撥草三個動作組成；還有一種是以擡挑動作為

圖 4-158

圖 4-159

蛇形。動作路線都是走之字形，有如蛇行。

（一）蛇形練法一

1.動作過程（自左三體勢起）

（1）白蛇吐信

左足向後撤半步，左手下落收回至腹，左足向右方進
半步，腳外掰落地。同時，左手掌心向上，經心窩向上前
穿，與眼齊高，右手不動，目視左手，重心前移（圖 4-
158）。

（2）白蛇纏身

①左手翻轉，手心向下，由前向下、向後畫弧至左胯
後側。右手自腹向右、向上畫弧至頭頂上方，兩臂肘部微
屈。目視左手，身形向上起，微向左轉（圖 4-159）。

②右掌由右上方向左胯外下插，掌心向外。左掌由左

圖 4-160

圖 4-161

胯後向右肩前上穿，掌心向上，左肘部在胸前。腰左擰，兩腿屈膝下蹲，成歇步，右腳跟抬起，眼先隨右手，至擰身下蹲時，再看右肩前方，頭要向上頂，臀部坐在右腳跟上（圖4-160）。

（3）白蛇撥草

左足向前進半步，右足向右前方上一大步，左足跟進半步；同時，右掌向下、向右、向上撩出，高與腰平，虎口向上，掌指向前。左手拉回至左胯，掌心向下。身形微下坐，重心在兩足之間，目視右手（圖4-161）。

（4）白蛇吐信

身體重心向後移至左足，右足向後撒半步。右手由前下落收回至腹不停，右足向左前方進半步，腳尖外掰落地。右手掌心向上，經心窩向上、向前穿，與眼齊高，左手不動，重心前移，目視右手（圖4-162）。

左右練習，動作相同，惟左右互換。

圖 4-162　　　　　　　　圖 4-163

2.動作要點

① 左足進步要弧形外擺，左手拉回上穿，手腳要同時動作。

② 右掌下插與擰身下坐要協調一致。

③ 右足上步與右掌撩挑動作要整齊一致。

3.蛇形回身

① 如練至右白蛇撥草動作時，先將兩腿蹬直起身。左手自胯向前、向上掄起（以掌指向前，小指一側向上），至兩臂在身兩側成一條線時，兩足原地擰轉，身向左後轉180°，目視前方（圖 4-163）。

② 擰身屈膝下蹲，成歇步勢。兩臂成直線掄成右上、左下時，右手屈肘向前、向下插到左胯外側，右手掌心向外，左手自下向右肩前畫弧，掌心向上，眼先隨右手，至

圖 4-164①

圖 4-164②

蹲下後馬上視左手前方（圖 4-164①②）。

蛇形回身都是白蛇纏身動作，左右相同。

4.蛇形收勢

練至起勢位置收勢。

① 如白蛇撥草左勢時，左足收回與右足併攏，左手向胸前蓋壓至腹，再兩手側平舉，合掌下壓，起身站立，即收勢畢。

② 如練至白蛇撥草右勢時，右足收回，右手向胸前蓋壓，兩手側平舉，合掌下壓，起身站立，即收勢完畢。

圖 4-165

圖 4-166

（二）蛇形練法二

1.動作過程（自左三體勢起）

（1）蛇形右勢

①左足向前進半步，重心移至左足，右足隨之跟進，以腳前掌著地，腳跟提起，膝部彎曲；右掌由腹前向左下方插下，掌心向外，手指向下，手背貼於左胯。左臂隨之屈肘，左掌收於右肩前，掌心向內，指尖向前上。目視右肩前方（圖 4-165）。

②右足向右前方上一大步，左足跟進半步，大部重量在左足；兩掌變拳，右拳由下向右、向上撩出，高與腰平，拳眼向上，左拳拉回至左胯側，身體略低，微前傾，目視右拳（圖 4-166）。

圖 4-167　　　　　　圖 4-168

（2）蛇形左勢

①右足向前進半步，重心移至右足，左足隨之跟進，以腳前掌著地，腳跟抬起，膝部向下彎曲，左足跟至右足後側。兩拳變掌，左掌經腹部向右胯側下插，掌心向外，指尖向下。右掌屈肘合抱於左肩前，掌心向內，指尖向上，目視左肩前方（圖4-167）。

②左足向左斜前方上一大步，右足跟進半步，大部重量在右足；兩掌握拳，左拳由下向左、向上撩出，高與腰平，拳眼朝上。右拳拉回至右胯外側，身形略低，微前傾，目視左拳（圖4-168）。

2.動作要點

①左足進步與右掌下插要相合，注意擰腰合肩。
②右足上步與右掌上撩要整齊如一，左右相同。

3.蛇形回身

如練至左勢時欲回轉身，左足向右腳尖外扣步，向右後轉身約 270°，右足提起，腳尖點地，重心移至左足；雙拳變掌，右掌經腹部向左胯側下插，左掌隨轉身屈肘向右肩合抱至右肩前。然後右足斜進步，右拳撩擊。左右轉身相同。

三、蛇形動作的勁力

1.蛇形練法一

① 蛇形動作雖有白蛇吐信、白蛇纏身、白蛇撥草三個動作，實則是一個完整的動作。在練習過程中，特別是吐信和纏身兩個動作之間沒有明顯的界限和停頓之處，應連續不斷，一氣呵成。

② 白蛇吐信：左手上穿與左足外橫擺步動作要一致。左手下落拉回與左足後撤動作要同時，手足同時動作，上動下隨，下動上應。注意左手上穿時，要向上四指併攏，小指上翻，以利掩肘。

③ 白蛇纏身：兩手先展開掄起，頭向上頂，身向上起。然後兩手穿插合抱，兩腿疊坐全蹲。身法是先起而展，後落而縮。展要盡量展開，縮要完全縮緊。動作時注意右手由上向下、向後插時，手臂要有裹勁，手掌要有撐勁，要撐而下插。左手上穿時要撐裹鑽翻而上穿，兩肩合抱，收腹屈腰含胸，兩手動作要協調，手向下插和撐身下蹲要同時。

④ 白蛇撥草：右手向前撩出與右足向前上步要整齊一

致。發力時身形微向下坐，臀部向下鬆墜，後腿膝部內掩用力下插。兩肩部有上下動作，配合兩肩發勁，發勁時配合呼氣以助力。注意兩肩的動作和臀部下坐，緊密配合，細心體會，這是關鍵。

⑤ 纏身和撥草動作一是蓄勁，一是發勁。在練習時應該體會彈簧勁。纏是彈簧纏緊、壓緊以蓄力，撥草是有如彈簧突然崩開，以發勁。前後左右內外同時崩發，整齊如一。這樣的發勁質量才高，才是整勁。

⑥ 蛇形回身動作練習時，注意要先向上起身，轉身撐足，掄臂下插而落，起身要高，落勢要團緊。

2.蛇形練法二

① 此蛇形練法，由於動作姿勢較高，難度不是很大，故適合老年人練習。

② 前腳的上步與一手向下插一手向上穿，手足動作要整齊一致。手向下插時要用擰腰、合肩、旋臂、裹胯之勁，另一手向肩前上穿時要用裹臂上穿的鑽裹之勁。兩臂緊抱胸前，要含胸、緊背、頭頂，胯要鬆、臀要坐。

③ 拳向前撩出與腳向前進步落地要整齊一致。後腳向前進步時一定要注意後腳要經前腳內側。它的勁法要求和白蛇撥草動作要求相同，只是手型不同，一是拳，一是掌。

④ 此蛇形回身與練法一不同，注意前腳扣步要大。轉身時頭部要向上頂，旋轉時幅度不要大，以腰為軸，動作要快，周身上下要完整一致。

⑤ 蛇形練習過程中，手臂的向下插和手臂的撩出，注意臂部不要伸直，肘部要保持一定的彎度。

⑥蛇形動作最關鍵、最重要的就是上步一撩的動作，也是它的精華，要注意體會手臂的向上攉挑撩擊與身形微向下坐的配合。

四、蛇形練習容易出現的毛病及糾正方法

1.蛇形練法一

①吐信動作手沒有上穿，只是一帶而過。

糾正：首先按動作要領仔細去檢查糾正，注意手的動作是先上穿，小指上翻。然後接下面動作時，手要先內旋，手心向下，再接纏身動作。

②白蛇纏身下蹲，有不穩現象。

糾正：造成不穩現象的原因有三：A. 身體重心沒有控制好。B. 兩腿疊坐成歇步時，前腳尖外掰不夠。C. 身體過於前傾造成不穩。在練習過程中，一定要注意糾正不利因素，注意頭部始終保持中正，頭為六陽之首，頭正而身正，頭向上頂而身的中軸線就能中正，這樣重心就能控制得好。下坐成歇步時，前腳尖注意外掰，全腳掌著地，這樣才能站穩。雖坐臀、屈腰、含胸、緊背，但頭部要上頂。

③撥草動作手臂向上攉挑過高。

糾正：手臂向上攉挑高不過腰，低不過膝為正確，此攉挑動作主要意圖是撩打敵襠部。

④撥草向上撩手臂有伸直現象。

糾正：注意沉肩沉肘，注意肘部保持一定角度。

2.蛇形練法二

①前腳上步，後手下插，前手上穿只是兩手的動作，

身形太正。

糾正：應仔細閱讀動作要領，並細心體會。注意練習時的身形，要用肩部對著所要擺挑的方向，合肩撐腰。

② 擺挑時手臂有伸直現象。

糾正：拳譜中講：「直則少力，曲則不遠。」應該鬆肩沉肘，手臂保持一定角度。

③ 步法中向前跟步有拉胯現象。

糾正：形意拳步法中，後腳跟步的拉胯現象是普遍存在的一大毛病，有很多人對此注意不夠。它是由跟步時後腳過橫、膝外展所造成的。這種現象不利於掩襠，不利於後腳再繼續蹬地向前，所以必須糾正。方法是後腳跟步時，用膝部向前帶著腳向前跟步。注意腳尖與正前方必須小於45°，膝部內掩，這樣有利於蹬地發力，有利於掩襠。

五、蛇形的呼吸

開始學動作時，先求把手和腳的運動路線、各部的運動軌跡掌握正確，使手腳合順，這時不用注意呼吸的配合，集中精力學動作。動作練熟之後，要注意各部的勁力，全身的整勁。每個發力動作都要以呼氣來配合，這樣以助勁力的充實、飽滿。高勢和開勢動作要吸氣，縮勢和合勢的動作要呼氣。發勁時要用短促的呼氣。要細心體會，與蛇形動作密切配合。

六、蛇形用法及動作的技擊含義

1. 白蛇吐信是向敵面部穿掌動作，暗含著刁手的意念。敵應手則我翻手刁捋敵手，敵不應則穿眉刺目。雖此手法不能重創敵身，實則是為迷惑敵眼，亂其心志，為下

面手法創造良機。

2. 白蛇纏身練習時動作大而複雜，用時則應捷潔而動作小。練習時，兩手走的圈大，用時應小。頭部有躲閃之意，前手将帶敵手而含有肩撞之法。

3. 白蛇撥草是擺挑、撩擊敵襠腹的技法。一手上架後将敵手，上步用肩撞，手臂撩擊敵襠腹，步要插進敵中門，這是關鍵。

4. 蛇形雖然各家的練法不同，但是手臂由下向上擺挑動作基本上都是相同的，這是大家的共同點。由於練法不同，用法也各異。在具體實戰中的用法，則要打破常規，把周身之勁練成一家，隨時都能發放和應用，隨敵而動，隨心所欲，不要拘泥於死的招式。學招法者死，學勁法者活。

七、蛇形歌訣

蛇形身法貴屈伸，頭閃肩撞藏在心。
進步擺挑腰膀力，周身內外勁衡均。

第十節　鮐　形

一、概　述

拳譜云：鮐之性最直，有豎尾之能，上起可超升，下蕩可搗物，天性有豎尾上升，超達雲際之勢，下落有兩拳觸物之形，故以拳形其象，一起一落如奔雷閃電，以尾之能，如迅疾風變，外猛內柔，有不可言喻之巧力也。

鮐形動作是兩拳身前交叉，左右回環之後，用兩拳向

圖 4-169　　　　　　　　圖 4-170①

前沖搗。強調力發尾閭，兩臂與周身用勁完整，沿之字形斜進直打，發勁方向是前下方。

　　關於鮐形，有的拳譜是鳥字旁，加一個台字；有的拳譜是魚字旁，加一個台字。雖然字不一樣，音相同，字義有很大的區別。一個在天空飛，一個在水中游，但在十二形中的練法卻基本上相同。

二、鮐形的練法

1.動作過程（自左三體勢起）

　（1）鮐形左勢

　　①左足向前進半步，兩手同時抓握成拳，左拳拉回至腹前，兩拳心均向內，緊貼小腹，頭頂，目視前方（圖 4-169）。

　　②右足再向前上一大步，左足跟進提至右足內側不落

圖 4-170②

圖 4-170③

地；兩拳在胸前交叉上鑽，拳心向內，左拳在裡，右拳在外，雙拳上鑽至眉。雙拳翻轉，向左右分開，向下畫弧收回至腰側，拳心向上。頭向上頂，眼平視左前方（圖 4-170①②③）。

③ 左足向左前方上一大步，右足跟進半步，大部重量在右足；兩拳由兩腰側向前下沖出，拳心向上，兩臂微屈，兩拳相距一拳寬，高與小腹

圖 4-171

齊。頭向上頂，目視兩拳前方（圖 4-171）。

（2）鮐形右勢

① 左足向前進半步，右足跟至左足內側不落地，緊靠

圖 4-172①

圖 4-172②

左踝關節處，腳尖向上；兩拳交叉向上鑽，拳心向內，右拳在外，左拳在裡，雙拳上鑽至眉齊，再左右分開，向下畫弧收至腰間，兩拳心均向上，頭頂，目視右前方（圖4-172①②）。

圖 4-173

② 右足向右前方上一大步，左足跟進半步，大部重量在左足；兩拳拳心向上，由腰間向右前方沖出，高與小腹齊，兩臂微屈，兩拳相距一拳寬，頭向上頂，肩向下垂，目視兩拳前方（圖4-173）。

（3）鮐形左勢：動作與右勢同，惟左右互換。

2. 動作要點

① 前腳進半步與兩拳畫弧收抱腰間要協調一致。

② 後腳上步與雙拳向前打出要動作整齊，手腳齊到。

3. 回身動作

無論練至左勢或右勢均可回身，左右相同，惟動作相反。

鮐形左勢回身動作：

① 左足向右足尖外側大扣步，身右後轉約270°，重心移向左足，右足提起，靠攏於左足內側不落地；兩拳交叉向上鑽，拳心向內，上鑽至眉齊，再左右分開向下畫弧收至腰間，兩拳心向上。頭頂，目視右前方（圖4-174）。

② 右足向右斜前方上一步，左足跟進半步，大部

圖 4-174

圖 4-175

重量在左足。雙拳自腰間向前下方打出，拳心向上，高與腹齊，兩拳相距一拳寬，頭向上頂，目視拳前方（圖4-175）。

4.鮐形收勢

練至原起勢處,回身後即行收勢。

① 如是鮐形左勢時,身右轉 45°,右拳收回至腹,左拳隨身轉向上、向右畫弧蓋壓,拳心向下,左前臂橫。左足收回至右足內側,右拳經胸向前上鑽,左拳下壓拉回至腹。頭頂,目視前方。

② 左足向正前方上步,右足不動,左手如同劈拳向前劈出,成左三體勢,即行收勢。

如練至鮐形右勢時,收勢是右足收回,左拳蓋壓,右拳鑽出再上左步,左手劈出成左三體勢,即收勢。

三、鮐形動作勁法

1. 鮐形兩拳交叉上起要有鑽勁,至頭部時兩拳要翻轉,使拳心向外,此時身形微向下坐,要含胸緊背。兩拳向左右畫弧時,兩臂要有撐勁,臂要圓,肘微屈。雙拳在身兩側下落時,身形微向上長,兩臂要有裹勁。注意兩拳在身兩側要畫一立圓,在立圓的每一點上都要勁力飽滿,不能有任何鬆懈之處。

2. 鮐形的練習路線是走之字形。在動作過程中是一個完整的動作,動作中間不能間斷。

3. 兩拳的左右畫弧與前腳的上半步要一致,兩拳向前沖出與後腳向前上一大步的落地要同時。

4. 鮐形兩拳畫弧下落,兩臂下裹時,頭要向前、向上頂,腰微向上挺,兩肩要開,胸部要寬,腹要實,此時身形微向上升少許。

5. 兩拳向前沖出與上步落地整齊一致。雙拳握緊,手

腕部與拳心要保持平直，頭向上頂，兩肩下沉，臀部微向下坐。兩拳要撐旋沖出，沖出要靠兩臂向兩肋部擠而向前。拳領、肘隨、肩催，發力配合以呼氣。前腳落地要有踩勁。

6. 鮐形的回身注意扣步要大，轉身要快，身體要平衡穩定。

四、鮐形練習容易出現的毛病及糾正方法

1. 兩拳上鑽畫弧時，有聳肩現象。

糾正：在練習中，要注意沉肩墜肘。聳肩是指肩關節向上突出、突起，這不僅有違武術姿勢要求，而且能導致氣下行的困難，氣浮於胸中，上身飄浮，下盤不穩。克服的方法是在保持頭部中正的前提下，動作中注意鬆沉肩部肌肉，背肌微緊，體會肩部的鬆、沉感覺。

2. 兩拳向下畫弧時，沒有收回到腰側，而在身前一前臂距離處就向前沖出。

糾正：這樣兩拳向前沖擊的距離短，會出現用雙拳向前捅的現象。正確的運動路線是兩拳在身體兩側畫弧下落至兩腰。此時注意兩肘應向兩側撐開，微向後引，然後再兩肘用力向兩肋、向前撞擠，而兩拳向前沖擊。

3. 兩拳向前沖出後，兩拳相距過大。

糾正：兩拳相距過大，失去實用的意義，對於發勁也不緊湊。兩拳打出後正確的距離是相距一拳（約 10 公分）。

五、鮐形的呼吸

兩拳撐開向兩側畫弧時要吸氣，上步雙拳向前沖擊時

要呼氣。吸氣要長，呼氣要短促有力。

六、鴗形用法及動作的技擊含義

1. 兩拳上鑽撐開、下裹畫弧是防守之法，也叫顧法；暗含黏裹之勁，沾臂而黏，裹而進擊。練習時兩拳畫圓圈要大，真正在實用時，則大圈不如小圈。

2. 雙拳向前下沖擊，意在敵腰腹之間。此形用法因拳突擊較短，故應近身，靠近敵身而打，腳踏中門往裡沖，身擁而手進，步落而拳發。

3. 鴗形的用法主要是貼身近戰，按動作的結構來分析，主要攻擊方法是雙拳以拳心向上，向敵腰腹部進擊。既可單手進擊，也可雙拳撞打，還可掏打敵軟肋。

七、鴗形的歌訣

> 展翅升空上下飛，雙拳直搗縱步追。
> 拳勢貴在均衡勁，四梢相齊顯其威。

第十一節　鷹　形

一、概　述

鷹屬猛禽類，上嘴呈鉤形，頸短，腳部有長毛，足趾有長而銳利的爪，性凶猛，捕食小獸及其他鳥類。形意拳十二形的鷹形是取其攫獲之精，故鷹形中的手型為鷹爪。

在練習中應體會：鷹翔曠野，翱擊長空，展翅緩行，瞥見細微之物，束翅下落，翅擊爪抓嘴啄，迅猛之姿，勢不可擋。

鷹形動作在民間也叫鷹捉，主要是體現兩掌的抓拿劈落和頭上頂、目下視的神態與姿勢。

二、鷹形的練法

練法中有拗步鷹形和順步鷹形，步法不同，手法勁法都相同。

（一）拗步鷹形

1.動作過程（自左三體勢起）

（1）左拗步鷹形

① 左手抓握成拳拉回至腹，右手也抓握成拳在小腹。左足向後撤至右足前，重心在右足，左拳經心窩向上、向前鑽出，小指上翻，高與鼻齊，頭向上頂，目視左拳前方（圖4-176）。

② 左足向左斜前方上一大步，右足跟進半步，重心前移在兩足中間。右拳經心窩順左前臂內側上鑽，至兩拳相交同時變掌，內旋掌心向下。左手拉回至腹，右掌向前劈落，高與腰齊，打出的方向，應是兩足連線中間垂線所指的方向。頭向上頂，目視右掌，沉肩墜肘（圖4-177）。

圖4-176

圖 4-177

圖 4-178

（2）右拗步鷹形

① 左足向前進半步，右足提起跟至左足內側；右掌抓握拉回至腹成拳，經心窩向上、向前鑽出，小指上翻，高與鼻齊，目視右拳前方（圖4-178）。

② 右足向右斜前方上一大步，左足跟進半步，重心前移在兩足之間，左膝部彎曲，用力下壓。左拳上鑽經心窩順右前臂內側上鑽，至兩拳相交

圖 4-179

時變掌內旋，掌心向下。右手拉回至腹，左掌向前、向下劈出，高與腰齊，鬆肩墜肘，左臂微屈，頭向上頂，目視左掌（圖4-179）。

（3）左拗步鷹形

① 右足向前進半步，左足提起跟至右足內側；左掌抓握拉回至腹成拳，經心窩向上、向前鑽出，小指上翻，高與鼻齊，目視左拳。

② 左足向左斜前方上一大步，右足跟進半步，重心在兩足之間；右拳經心窩順左前臂上鑽，至兩拳相齊時，雙拳變掌內旋，使掌心向下，左手拉回至腹，右掌向前、向下劈出，高與腰齊。鬆肩墜肘，右臂略屈，頭向上頂，目視右拳。

2.動作要點

① 左拳拉回再鑽出與左足撤步要上下一致。

② 左足上步與右掌劈落要整齊如一，手腳齊到。左右相同，注意頭頂而目下視。

3.鷹形回身

以右足在前，左足在後，左手打出鷹捉為例：

① 右足向左足尖前扣步，重心移向右足，左足提起，向左後轉身，面對來時方向；左手抓握拉回至腹成拳，再經心窩向上、向前鑽出，高與鼻齊，小指上翻，右拳不動（圖4-180）。

② 左足向左斜前方上一步，右足跟進半步；右拳變

圖 4-180

掌，順左臂向前、向下劈出，高與腰齊，目視右掌（圖4-181）。

回身式左右相同，惟動作相反。

4. 回身要點

① 扣步回身要快，注意提腳移動重心要穩。
② 上步劈出與前同。

5. 鷹形收勢

練至起勢位置，回轉身與起勢時同一方向。

（1）如左拗步鷹形時

① 左足撤步與右足併攏，右掌抓握拉回至腹，再向上鑽出，高與鼻齊，小指上翻，目視右拳。

② 左足向正前方進半步，左手向前劈出，成左三體勢即行收勢。

（2）如右拗步鷹形時

① 右足撤回與左足併攏，重心移向右足；左手抓握成拳拉回至腹，右手握拳經心窩向上、向前鑽出，高與鼻齊，小指上翻，目視右拳。

② 左足向正前方進半步，右足不動，成三體勢步型，左手向前劈出，右手拉回至腹，頭頂，目視前方。

（二）順步鷹形

1. 動作過程（自左三體勢起）

（1）右順步鷹捉

① 左足先向後撤回少許，再向前進半步，右足跟進至

圖 4-181

圖 4-182

左足內側；左手抓握拉回至腹成拳，再經心窩向上、向前鑽出，小指上翻，高與鼻齊，目視左手（圖4-182）。

②右足向前上一大步，左足跟進半步；右拳自腹部經心窩向上鑽，順左臂向前，至兩拳相齊時，雙拳內旋變掌，掌心向下，用力劈出，右掌高與腰齊，左手拉回至腹，頭向上頂，鬆肩墜肘，目視右手（圖4-183）。

圖 4-183

（2）左順步鷹捉

①右足先向後撤回少許，再向前進半步，左足跟進至右足內側；右手抓握成拳，拉回至腹，再經心窩向上、向

| 圖 4-184 | 圖 4-185 |

前鑽，小指上翻，高與鼻齊，目視右拳（圖4-184）。

　　②左足向前上一大步，右足跟進半步，左拳自腹部經心窩向上鑽，順右臂向前，至兩拳相齊時，雙拳內旋變掌，掌心向下。左手用力劈出，高與腰齊。右手拉回至腹，頭向上頂，鬆肩墜肘，目視左手（圖4-185）。

2.動作要點

動作要點與拗步相同，只是步法不同。

3.順步鷹形轉身

轉身動作同劈拳轉身，只是劈出的掌型和高度不同，掌型是鷹爪，高度與腰齊。

4.收勢同劈拳

三、鷹形動作的勁力

1. 鷹形的手型與其他各形的手型都不相同，鷹形的手型為鷹爪。虎口張開，拇指用力外展，其餘四指微分，四指末節和中節指骨扣屈，手心內扣，腕部微塌。

2. 鷹形前手抓握拉回與前腳微向後撤要同時，前腳上半步與前拳鑽出要一致。雙掌向前下劈落與腳上步落地要整齊一致。

3. 鷹形練習所走路線，拗步鷹形是「之」字形，順步鷹形如同劈拳一樣走直線。

4. 拳抓握拉回不停而上鑽，腳後撤不停而進半步。拳上鑽時要挺腰上鑽，身形微長，雙掌向前下劈落時，如同鷹捉物一般，雙爪同時向下用力，注意含胸收腹，身形微前壓，前肩向下沉，後肩微起，掌要沉肘下按，肘部保持一定屈度，腕部微塌，五指屈，手心內扣。

5. 頭保持中正向上頂，目要向下視。兩腿要有夾剪之力，兩膝要向裡扣，後膝要向下插，後腳跟微離地面。要注意擰腰、裹胯、合膝，配合手的劈落而發勁。

6. 拗步鷹形雖然走的路線是「之」字形，但手法向前下劈落的方向是前後兩腳連接做一直線，在這條直線的中心點做一垂線所指的方向。

7. 拗步鷹形回身時，扣步角度要大，轉身要快，腳扣步和拳鑽出動作要一致，身體要平衡穩定，注意頭向上頂。

四、鷹形練習容易出現的毛病及糾正方法

1. 手型未按鷹爪的手型要求去做。

糾正：有的練習者採用普通形意拳掌法，這樣練習未嘗不可，但用鷹爪的手型能更好地體現鷹形的氣勢。

2. 拗步鷹形在練習時，前後兩腿夾剪力不夠。

糾正：注意前腳落地後，後腳在跟半步時，要用裏胯合膝而帶足。頭頂而坐臀，前腳有後扒的勁，後腳有跟勁，這樣就能形成兩腿的夾剪之力。

3. 劈落勁力不整。

糾正：首先應該正確理解整勁的含意，整勁強調整字。運勁時，要求全身各部都在高度統一集中的意念的支配下，遵循同一個技法的要求，一動無有不動地進行專一配合。按照先聚氣鬆沉，再由根至梢，節節貫通，依次傳遞的方法，就能使勁由根而起，逐步匯散成整，達於著力梢端而發出。

4. 由於鷹形劈落前手高與腰平，有低頭彎腰的現象。

糾正：低頭彎腰在武術練習中是一大毛病，劈落後身形的姿勢，要注意頭向上頂，脊柱要豎直，坐臀，手向下劈，頭向上頂，注意手不要向前夠著打，以免彎腰、凸臀。

五、鷹形的呼吸

進步手上鑽為吸，落步手劈下為呼。練習時節奏要分明，動靜相間，不能過快。要隨著呼吸，一招一式地練習，全身要均衡，勁力要飽滿，呼吸要順暢。

六、鷹形用法及動作的技擊含義

從動作結構來看，鷹形有順步、拗步之分，手法相同，步法有區別。拳上鑽是顧打兼備，既可作為防守動

作，也可進攻對方。注意防中、奪中、搶中。形意拳譜中有「拳不空出，意不空回」之說。拳上鑽之後變掌翻轉是抓捋刁拿，有衣抓衣，無衣抓肉。抓捋敵臂後進步劈按下捋，意在打擊敵胸、腹部。順步鷹形可從外進攻，也可從裡進招，關鍵是進步近身，才能把對方發出。

雙拳上鑽，前腳進步，既是守中、護中的動作，也是進步撞擊的含義。近身靠撞，整體打擊，搶占中門，攻擊中線。中門就是敵人兩腳之間，中線就是敵人的重心，也是敵身要害部位。

七、鷹形歌訣

鷹形練時爪似鈎，起鑽落翻拗順走。
擰腰裹胯坐臀力，精神氣力功為首。

第十二節　熊　　形

一、概　　述

熊，猛獸也。其性鈍，其形烈；有搖身晃膀之力，有豎項頂頸之功，有活腰鬆肩之姿。故形意拳取熊形的這些形和意而為拳。練習熊形的意境為：熊居山林，漫遊曠野，枕肩活膀，柔腰而行。悠閑覓食，無爭無競，一旦受到攻擊，則怒氣大發，搖身晃膀，掌拍頭頂，豎項沖撞，一往無前，視死如歸。

在形意拳譜中有雞腿、龍身、熊膀、虎豹頭之說，這只是講在練拳中幾個關鍵部位的形象和功能。雞腿是足的獨立，動迅靜定；龍身是指腰的屈伸展放；熊膀是肩的鬆

活沉墜；虎豹頭是指精神的威嚴不可侵犯，威懾敵膽。

熊形練習時要注意，步催而身欺，頭頂而項豎。手法要守中、護中、奪中。

二、熊形的練法

熊形動作有黑熊出洞、老熊撞膀、熊形回身勢。

1.動作過程（自左三體勢起）

（1）黑熊出洞

左足向前進半步，左足尖微扣，右足跟進半步，右足跟提起，腳前掌著地，右膝部彎曲向下，重心前移，大部重量在左腿，身形微前傾；同時，兩手抓握成拳，左拳自前屈前臂向右蓋壓，以拳心向下，拉回至腹。右拳自腹經心窩在左拳內側向上、向前鑽出，小指外翻，拳高與鼻齊，頭向上頂，下頦內收，目視右拳（圖4-186）。

（2）老熊撞膀

左足向前進半步，右足向前上一大步，左足跟進半步，身體重心前移，大部重量在右足；同時，右臂屈肘，右拳收至左胸前，拳心向下，左拳自腹橫前臂向前、向上在右臂外側撩架，收至左肩前變掌，以左掌心抵住右拳面，在右足上步落地的同時，右肘抬起，使肘尖對前方，兩手合勁，用右

圖4-186

形意拳械精解（上）

圖 4-187　　　　　　　　圖 4-188

肘、右膀向前頂撞，目視右肘前方（圖 4-187）。

（3）黑熊出洞

　　右足向前進半步，右足尖微裡扣，左足跟進半步，左足跟抬起，腳前掌著地，左膝部彎曲向下，重心前移，大部重量在右腿，身形微前傾；同時，右拳以拳心向下，橫前臂向身前蓋壓，拉回至腹。左拳自胸前在右前臂內側向前、向上鑽出，高與鼻齊，拳心向內，小指上翻，頭向上頂，下頦內收，目視左拳（圖 4-188）。

（4）老熊撞膀

　　右足向前進半步，左足向前進一大步，右足跟進半步；同時，右拳順左前臂外上鑽撩起與鼻齊時，收回於右胸前成掌。左肘屈回，左拳收回胸前，拳心向下。左肘抬起，使肘尖對正前方。右掌心抵住左拳面，隨左足上步，兩手合勁，用左肘、左膀向前頂撞，重心微前移，目視左肘前方（圖 4-189）。

圖 4-189 　　　　　　　圖 4-190

以下動作左右相同，練習次數多寡，視場地大小和自己體力而定。

2.動作要點

① 左足進步注意重心前移，與右拳鑽出動作要一致。

② 右足上步要大、要快，與右肘前頂要相合。練習時兩個動作要連起來做。

3.熊形回身

以老熊撞膀左勢為例，回身動作如下：

① 右足向前上步，扣於左足尖外側落地，重心移向右足，身向左後轉，面對來時方向。左足提起，並於右足內側不落地；右手以手心向上，向前上穿，左拳向下、向左插，隨動作隨轉身，頭上頂，目視右掌；轉身後目視左拳（圖 4-190）。

②左足向正前方上一
步，左足尖微扣，右足跟進半
步，右足跟抬起，腳前掌著
地，右膝彎曲，重心前移，大
部重量在左足，身形微前傾；
左拳隨轉身上抬，在身前橫前
臂蓋壓，以拳心向下，收回至
腹，拳心向腹。右掌上穿之
後，隨轉身下落變拳至右腰
側，隨左足上步，右拳自胸前
在左臂內向前、向上鑽出，高
與鼻齊，拳心向內，小指上

圖4-191

翻，頭向上頂，目視右拳（圖4-191）。

左右回身動作相同，惟左右互換。

4.回身勢要點

①扣步轉身要快，扣步幅度要大，扣步要用後腳向前
上步。

②扣步與穿掌要同時，兩掌前穿、後插要一致，周身
要協調一致。

5.熊形收勢

（1）熊形練至起勢位置時，如是老熊撞膀左勢收勢動
作如下：

①右足上步，在左足內側落地震腳，左足速起，在右
足內側，高不過踝。左拳自胸前向前、向上反背摔出，高
與鼻齊；不停，翻扣拉回至腹，拳心向下。右手下落握拳

經心窩向上、向前鑽出，高與鼻齊，小指上翻，頭向上頂，目視右拳。

②左足向前上一步，右足不動，成三體勢步型；左拳順右臂向前劈出變掌，手心向前下，高與肩平，右手拉回至腹，頭頂，目視左掌。

（2）如練至老熊撞膀右勢時，收勢動作如下：

左足向前上一步，右足不動，成左三體勢步型；右拳自胸經面前向上、向前畫弧，以拳鋒向前，拳心向內。左手順右前臂向前劈出，右拳內旋變掌拉回至腹，左掌劈出高與肩齊，目視左手，頭向上頂。

三、熊形動作的勁力

1. 熊形練習中所有動作，都要注意頭部向前上頂，身形微前壓。拳譜云：「熊有豎項之力，橫膀之勁，出洞之威。」熊形身法要體現其頂頭豎項之巨力和雄踞曠野的威嚴。

2. 黑熊出洞時前腳上步與前拳蓋壓和後拳鑽出動作要整齊一致。頭向前上頂，身向前沖，用後足的蹬勁。拳向前上鑽時，要注意肩部先微抽向後，再向前合。擰腰含胸而向前鑽，肩部的小動作與腰部密切配合。上臂緊貼肋部，拳鑽出，肩部前順要有頂勁、撞勁。要肩頂、肘頂、拳頂、頭頂四頂齊到。

3. 黑熊出洞練習時前足上步要微扣，膝部也要向內微合，後足跟抬起，後膝向下插，臀要收，胯要裹，兩膝內合。

4. 黑熊撞膀並不是撞肩膀，實則是一個向前頂肘的動作。肘部向前頂出與後足上步落地要同時。因肘頂距離不

遠，故身體重心應向前移，但不能太多，應在兩足之間的前1／3處為宜。肘尖向前頂時，肩要先合後開，有肩撞之意，肘尖先抬起，後手抵住拳面，兩手合力，向前沖撞頂擊，長腰伸肩，順步而頂肘。

5. 熊形回身時注意前腳扣步要大，轉身要快，動作要平衡穩定。

6. 出洞姿勢雖身形微前傾，頭部向前上頂，有頭頂微低之勢，但熊形的眼神要注意向上視。

7. 由撞膀接出洞動作時，還有一種練法是前拳向前上翻打，是一迎面打反背捶動作。翻打時，肩部要向前展，向前微送，以肘部為圓心向前甩擊，以拳背為力點。然後含胸合肩，用肘帶前臂向下收回至腹與另一拳上鑽要同時，周身協調一致。

四、熊形練習容易出現的毛病及糾正方法

1. 熊形練習時，頭頂項豎做的不正確，有抬頭平視現象。

糾正： 注意下頦向內收，頭部向前、向上頂，含胸緊背，身微前傾，但眼睛要上視拳，而頭不能抬起，有頭微低而眼向上視的神態與姿勢。

2. 黑熊出洞拳向上鑽出時，有肘部過屈或過直現象。

糾正： 向上鑽出之拳，上臂和前臂之間的夾角應在90°～100°，不能過大或過小。熊形要求上鑽之臂比鑽拳的夾角要小些。

3. 老熊撞膀頂肘時，肘擊幅度不大，出現硬撞。

糾正： 這種現象是沒有注意身法的欲前先後動作，肩部要鬆要活。在頂肘之前，後拳向前上鑽撩起後，拳向後

拉帶，同時鬆腰，肩部也要向後微轉，然後，再向前上步頂肘。這樣肘擊幅度能加大，更能體現撞膀頂肘的威力。

五、熊形的呼吸

出洞時拳上鑽發勁為呼氣，撞膀頂肘發勁為呼氣，每個動作過程的蓄勁為吸氣，上步發力為呼氣。一般採用長吸短呼的呼吸方法，有利於發勁，有利整勁。

六、熊形用法及動作的技擊含義

1. 熊形在實際用法中，要體現向前沖撞的氣勢和勁法。向前沖撞用肩肘之法，身微前傾，有利沖撞，由於頭部靠前，注意兩手要防護自己頭部。

2. 出洞是前手壓下撥開敵拳，進步發拳上鑽打擊敵胸、下頦、鼻子，注意上步要沖進敵襠或敵腳後，要貼近敵身，非近身不能用。

3. 撞膀時，要後手向上架開或領帶敵臂，上步進肘前頂，意在敵胸部或肋部。關鍵在於上步要快，近身要快。

4. 進步近身頂肘後，還暗藏一反背捶，用拳向前翻打甩擊，意在打擊敵臉部。雖不能重創敵人，但能使其處於招架慌亂之中，為我隨後突發重拳創造戰機。

七、熊形歌訣

熊形出洞守護能，豎項鑽打欺身用。
排手沖步頂肘去，得機得勢定輸贏。

第十三節　鷹熊合演

一、概　述

鷹形和熊形在民間傳統練法中，每一形都有單獨的練法，雖各地區各支派練法各異，但基本上大同小異。鷹熊合演流傳較廣，影響較大，鷹熊合演取其諧音「英雄」二字，以體現其氣勢。鷹有捉拿之精，熊有豎項之力，兩形合演互用其長，互補其短。

二、鷹熊合演的練法

1.動作過程（自左三體勢起）

（1）左拗步鷹形

動作同鷹形之左拗步鷹形。

（2）黑熊出洞

右掌抓握成拳拉回至腹。左足向正前方進半步，腳尖微扣，右足跟進少許，腳跟離地，膝部彎曲，同時，右拳經心窩向前、向上鑽出，高與鼻齊，拳心向內，小指上翻，身形微前傾，頭向上頂，目視右拳（見圖4-186）。

（3）右拗步鷹形

動作同鷹形之右拗步鷹形。

（4）黑熊出洞

動作同（2），惟動作左右互換。

圖 4-192

圖 4-193

2.動作要點

① 鷹熊合演是把鷹形和熊形串連起來一起進行演練。動作要點及勁法與前面介紹相同，只是動作的銜接處不同，要注意細心體會和學習掌握。

② 前腳進步與後拳向前上鑽出，動作要整齊一致。

3.鷹熊合演回身

練至拗步鷹形姿勢時回身，以左拗步鷹形回身為例：

① 左足抬起向正前方掰步落地，右足上步到左足尖前扣步落地，重心移向右足。左足抬起靠攏於右踝處。同時，右手隨轉身自下向左、向上、向右、向下畫圓，收於腰間。在右手畫圓的同時，左手向下、向左、向上畫弧與鼻齊時，左前臂橫臂蓋壓，高與肩平，眼隨右手。至右手收於腰間握拳時，回頭看左手（圖 4-192）。

② 左足向前上一步，右足跟進少許，腳跟抬起，膝部彎曲。同時，左拳向下蓋壓拉回至腹，右拳自腰間經心窩向上、向前鑽打，高與鼻齊，小指翻上。頭向前上頂，下頦內收，目視右拳前方（圖 4-193）。

左右回身動作相同，惟左右互換。

4. 收 勢

動作同前。

三、鷹熊合演動作的勁力

1. 鷹捉接熊出洞動作時，要注意前腳進步時，要向正前方，腳尖微向內扣，重心前移。而手的動作是手抓握拉回至腹時，頭要向上頂，兩肩向下沉，腰微上長。而拳向前、向上鑽時，要擰腰含胸，用拳領、肘隨、肩催而發勁。意念在膀與肘部，拳鑽出肩部前順有頂勁。

2. 鷹熊合演轉身動作是鷹捉回身變熊出洞勢，注意腳步的掰和扣。兩手要同時協調畫弧，上下左右動作要對稱，勁力要合順。

3. 其他動作勁力與前同。

四、鷹熊合演用法和技擊含義

參閱鷹形和熊形。

五、鷹熊合演歌訣

鷹熊鬥智，取法爲拳。
陰陽暗合，形意之源。

第十四節　雜勢捶

一、概　述

雜勢捶是傳統形意拳中最長的一個套路，是學習五行拳、連環拳、八勢拳和十二形之後的一個比較高級的綜合套路，在形意拳系統中占有重要的位置。

雜勢捶在老拳譜中稱之為「形拳合一」「統一拳」，是傳統形意拳中經典套路之一。

在雜勢捶這個套路中，並沒有把十二形拳中的全部精華包括在內，只選擇了幾形。另外，在套路中還有一些少見的動作：如貓洗臉、烏龍倒水、單展翅、三盤落地、推窗望月、懶龍臥道、龍虎相交等。這個套路內容比較豐富，動作數量較多，動作的連接和勁力的轉換順暢合理，但在套路中貓洗臉的動作重複次數過多。

雜勢捶，有的地區叫「閘勢捶」或「砸勢捶」，這是由於地區方言發音不同而造成的。

二、雜勢捶動作順序名稱

1. 起勢
2. 鷂子束身
3. 鷂子入林
4. 退步劈拳（貓洗臉）重複兩次
5. 烏龍倒水
6. 單展翅
7. 進步左崩拳（蟄龍出現）
8. 右順步崩拳（黑虎出洞）
9. 白鶴亮翅
10. 左炮拳
11. 雙展翅
12. 鷂子入林
13. 退步劈拳（貓洗臉）

重複兩次

14. 燕子抄水

15. 燕子展翅

16. 進步右崩拳

17. 退步左崩拳

18. 右順步崩拳

19. 雙展翅

20. 鷂子入林

21. 退步劈拳（貓洗臉）

重複兩次

22. 烏龍倒水

23. 金雞食米

24. 拗步鷹捉

25. 推窗望月

26. 三盤落地

27. 懶龍臥道

28. 烏龍翻江（順步左橫拳）

29. 進步右崩拳

30. 龍虎相交

31. 右順步崩拳

32. 白鶴亮翅

33. 左炮拳

34. 雙展翅

35. 鷂子入林

36. 退步劈拳（貓洗臉）

重複兩次

37. 烏龍倒水

38. 單展翅

39. 左崩拳

40. 右順步崩拳

41. 風擺荷葉(重複三次)

42. 進步左崩拳

43. 鷂子鑽天

44. 鷂子翻身

45. 鷂子束身

46. 鷂子入林

47. 收　勢

三、動作過程及要點

1. 起 勢

① 立正姿勢，與練拳方向成 45°（圖 4-194）。

② 兩足不動，兩臂自體兩側向上抬起，兩掌心向上，高與肩平，目視右手（圖 4-195）。

③ 兩臂屈肘，使兩掌向面前合攏，兩掌指相對，兩掌

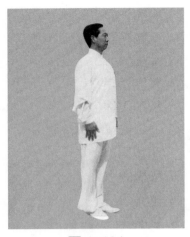

圖 4-194

圖 4-195

形意拳械精解（上）

向下按至小腹前。兩腿向下彎曲下蹲，頭向上頂，頭向左轉，目視練拳方向（圖4-196）。

④ 兩手在腹前抓握成拳翻轉，使拳心向上。左拳不動，右拳自小腹向上經心窩向前鑽出，右拳小指上翻，高與鼻齊。目視右拳（圖4-197）。

⑤ 右足不動，左足向前進一步，大部重量在右

圖 4-196

足，兩腿成左三體勢步型；同時，左拳自小腹向上經心窩向右肘部，順右前臂上向前鑽，左拳心向上。至兩拳相交時，內旋變掌，左掌向前下劈出，右掌拉回至小腹。左掌

圖 4-197　　　　　　　　圖 4-198

高與胸齊，頭向上頂，目視左掌前方（圖 4-198）。

　　【動作要點】：

　　① 起勢時，全身要放鬆，精神貫注。

　　② 兩手下按與兩腿下蹲要動作一致。

　　③ 左手劈出與左足上步要整齊一致。

2. 鷂子束身

　　左足不動，重心前移，右足向前上一大步，左足提起跟進至右足內側不落地，兩腿靠攏，右腿微屈站穩；同時，兩手抓握成拳，左拳拉回至小腹，拳心向內。右拳上提至心窩，向前、向下打出，拳眼向前，高與腹齊。右拳在左拳外側，兩肘貼肋，頭向上頂，目視前方（圖 4-199）。

　　【動作要點】：

　　① 右足上步要遠，落地要穩。左足跟步要快，注意兩

| 圖 4-199 | 圖 4-200 |

形
意
拳
械
精
解
（
上
）

腿相靠。

　②左拳拉回，右拳向前下打出與右足上步要整齊一致。注意兩肘貼肋，右肩要沉。

3. 鷂子入林

　左足向前上一大步，右足跟進半步，大部重量在右足；同時，右拳屈肘向上鑽，高與眉齊。左拳上提至心窩處，隨左足上步的同時，向前伸臂打出，高與胸齊，拳眼向上，左臂微屈，左肩前順。右前臂內旋翻轉，右肘下垂，右拳在右額角處，拳眼對額角。鬆肩墜肘，頭向上頂，目視左拳前方（圖4-200）。

　【動作要點】：

　①左足上步與左拳打出要完整一致。左拳打出要擰腰順肩，側身而擊。注意右肘要垂，不能上翻，右前臂要擰轉而化。

圖 4-201

圖 4-202

② 鷂子束身和鷂子入林兩個動作應連貫，中間不停，一氣呵成。

4.退步劈拳（貓洗臉）

① 左足向後退一步，重心後移，右足隨之向後撤半步；同時，兩拳變掌，左掌內掩向下拉回至左腰側，身微左轉。右掌向頭部右側以前臂向前、向左掩肘，掌心向內，距面前約一尺左右，掌指向上高不過鼻，右肘高與心窩齊。含胸收腹，目視前方（圖 4-201）。

② 右足向後退一步，左足隨之向後撤半步，重心後移，身微右轉；同時，右手掩肘向下拉回至右腰側，掌心向內。左掌自左腰側向左、向上屈肘，向右裏掩，左手至面前尺餘，掌心向內，左肘尖高與心窩齊。含胸收腹，目視前方（圖 4-202）。

以上①②動作再重複一次。

【動作要點】：

① 退步貓洗臉動作要重複兩次，練習時動作要連貫不停，兩手要掩裹而不露。左退步而右掩肘，右退步而左掩肘，動作要一致。

② 兩手做貓洗臉動作時，左右要不停，前臂要外旋而肘向內旋。向下裹，用腰帶肩，肩帶肘，退步而側身。在套路練習中，左右退步要小要快，只退一步就可以了，以免手快而腳慢。注意整個動作要快速連貫順暢。

圖 4-203

5.烏龍倒水

① 兩足不動，右手自腹前下落，向身右後方向畫弧擺起至頭頂上方，掌心向前。左手掩肘下落到腹前。目視前方（圖 4-203）。

② 右手向身前蓋壓下落至腹前抓握成拳，拳心向內。左手握拳，以拳心向內，經心窩向上鑽出，抬肘橫前臂向上架，高與頭齊，左拳內旋，拳心向外。身微下坐，目視前方（圖 4-204）。

圖 4-204

【動作要點】：

① 練習時要連續不斷，中間不停。

② 兩手動作要一上一下，協調配合。注意左拳上鑽橫架時，身有向前之意。左肘要有向上的撐勁。

6.單展翅

① 左拳外旋，橫前臂向下蓋壓，拉回至腹前，拳心向內。右拳自腹向上經心窩，在左臂內側向上鑽出，高與鼻齊。右拳內旋，以拳心向外，橫前臂抬肘向頭上架起，身微後移，腰微上長。目視前方（圖4-205）。

圖4-205

② 左足向後退一步，右足隨之後撤至左足前，重心在左足；同時，右拳外旋，右肘內掩以右拳心向上，右臂向前、向下砸落至腹前，右拳落在左手心內。右肘貼肋，頭向上頂，目視前方（圖4-206）。

圖4-206

【動作要點】：

① 右拳上鑽橫架要有向上的撐勁。注意身形微後移，有向上長之意。

②右拳揮臂下砸與左足退步落地要整齊一致。右拳下砸時，要旋拳掩肘，右肩微向前伸，用坐臀、收腹、含胸、鬆肩、沉肘而發力下砸。右拳不但有向下砸的勁，而且還有向後抽帶的沉勁。

7.進步左崩拳（蟄龍出現）

右足向前進一步，左足跟進半步，大部重量在左足；同時，左手握拳向正前方打出左崩拳，高與胸齊，拳眼向上，左肘微屈。右拳在腹前不動，左肩微向前順，目視前方（圖4-207）。

【動作要點】：

左拳打出與右足落地要整齊一致，手腳齊到。注意左拳打出，左肩要向前順，要沉肩墜肘，頭向上頂。

8.右順步崩拳（黑虎出洞）

右足向前進一步，左足跟進半步，大部重量在左足；同時，右拳向前打出右崩拳，高與胸齊，拳眼向上，右肘微屈，右肩前順。左拳同時拉回至腹前。頭向上頂，目視右拳前方（圖4-208）。

【動作要點】：

右足進步與右拳打出和左拳拉回，要整齊一致，上下相齊，手腳齊到。右拳的打出要擰腰順肩。右拳與左拳要吞吐

圖4-207

形意拳械精解（上）

圖 4-208

圖 4-209

力相等。要發以全力，收以全
力。

9.白鶴亮翅

① 左足向後退半步，右
足內扣，兩腿屈膝下蹲成馬步
姿勢；同時，右拳下落收回至
腹前，兩拳在腹前交叉，以拳
心向裡，自腹前向上鑽。右拳
在外，左拳在裡，雙拳上鑽高
與頭齊。目視右拳（圖 4-
209）。

圖 4-210

② 兩足不動，雙拳內旋翻轉至拳心向外，各自向左右
畫弧撐開，兩臂微屈撐圓，向下畫弧與肩平。目視右拳
（圖 4-210）。

③身體重心後移至左足，右足向後撤至左足內側，落地有聲；同時，兩拳繼續向下畫弧，雙拳微外旋，使拳心向裡，收抱於小腹前，用力砸擊小腹，雙肘貼肋，頭向上頂，氣沉丹田。目視前方（圖4-211）。

圖4-211

【動作要點】：

①整個動作要連貫不停，周身要協調，勁力要完整。

②兩拳畫弧收回，要注意體會鑽、翻、撐、裹、抱的勁力。兩拳向上起為鑽，內旋為翻，向兩側畫弧為撐，向下外旋為裹，砸擊小腹為抱。注意胸與肩的開合，背部的鬆緊和兩肘的垂墜。

③雙拳回至小腹與右足撤回落地，要整齊一致。氣沉丹田，呼氣以助發力。右足撤步要貼地而行，用腰胯向裡裹，合膝而抽回。意念好像用腳把一個重物給拉過來。最後踩地發聲，注意不要用力跺地。

④整個動作中要注意身體重心左右的移動。雙拳上鑽時，重心偏於左足。外撐時偏於右足，裹抱時重心後移至左足。

10.左炮拳

右足向右斜前方上一大步，左足跟進半步，大部重量在左足；同時，右拳自腹經心窩向上鑽，高與鼻齊，左拳

圖 4-212

圖 4-213

上提至心窩處。隨右足上步，左拳向前打出，臂微屈，拳眼向上，高與心窩齊。鬆肩沉肘，右拳內旋，右肘下垂，拳眼對右額角處，拳心向前。左肩前順，右肩自隨。下頦內收，頭向上頂，目視左拳（圖 4-212）。

【動作要點】：

左拳打出與右足上步動作要整齊一致，手腳齊到。注意擰腰順肩的勁。右拳要鑽翻擰轉，注意一定要垂肘，不要上翻。

11. 雙展翅

① 左足向後退一步，右足不動；雙拳下落至腹前，交叉向上鑽，拳心向裡。右拳在外，左拳在裡，高與頭齊。目視拳前方（圖 4-213）。

② 重心後移至左足，右足後撤至左足內側，落地震腳，重心移向右足；同時，雙拳內旋翻轉，向左右畫弧撐

開。兩拳再外旋，拳心向上，向下、向回裏抱收至腹前。頭向上頂，氣沉丹田，目視前方（圖4-214）。

【動作要點】：

① 雙拳上鑽與左足退步相齊，雙拳裏抱，下砸小腹與右足撤步震腳要整齊一致。

② 雙拳的鑽、翻、撐、裏、抱，注意兩拳內外旋轉要含胸、沉肘、收腹而下砸。雙拳砸擊小腹，氣沉丹田。

圖 4-214

12. 鷂子入林

左足向前上一大步，右足跟進半步；右拳經心窩向上鑽，高與鼻齊。左拳上提至右肘下，隨左足上步向前打出，臂微屈，拳眼向上，高與胸齊，右拳外旋，拳眼對右額角處，拳心向外，右肘下垂。左肩前順，目視左拳前方（圖4-215）。

圖 4-215

動作要點與3.相同。

13. 退步劈拳（貓洗臉）

動作過程及要點與4.相同，重複兩次。

14. 燕子抄水

① 左足在前，右足在後，兩手位置與 4.中② 相同。右手向後拉，向上起，經頭頂上方，向前、向下蓋壓，右手掌心向下。左手下落至腹握拳，經心窩向上、向前鑽出，拳心向內，高與鼻齊。右手下壓至腰側。重心前移至左足，目視左拳前方（圖 4-216）

圖 4-216

② 右手自左前臂外側向上撩起，左拳屈肘收回向下插，右手繼續向後畫弧。左拳變掌向前、向上撩起。此時重心後移，目視右手（圖 4-217①②）。

圖 4-217①

圖 4-217②

圖 4-218　　　　　　　　　　　圖 4-219

形意拳械精解（上）

③ 左足向前進半步，蹬地起跳，右腿提膝向前上一步，橫足落地，左腿提膝成右獨立勢，身微右轉；同時，右手向前、向上撩起至頭頂上方，右臂微直。左手屈肘收回翻掌下插，左手背貼左肋。目視左前方（圖 4-218）。

④ 右腿屈膝全蹲，左足以腳尖內扣，向左側仆腿鑣出，成左仆步。左手順左腿向下、向前穿出，掌心向後，小指向上。右掌向右後擺，右臂撐圓，目視左掌前方（圖 4-219）。

【動作要點】：

① 兩手動作要一上一下，一前一後，一左一右，連貫不停，全身要完整一致。

② 左足起跳，右腿向前帶與右手向上穿動作要協調一致。右足落地成仆步時與左手順腿前穿要相齊。

起跳要高、要遠、要提氣，仆步要低，仆步穿掌時要沉氣。提要提得起，沉要沉得下。

圖 4-220　　　　　　　　　圖 4-221

③ 整個動作要輕靈敏捷，手腳動作要協調完整，動作
要協調連貫，中間不停，一氣呵成。注意左手順腿前穿
時，頭部要向前鑽領。以左手超過左足尖再向前，以左肘
部超過左腳，再彎腿前起。要想練好此勢，必須加強腰、
腿基本功。

15.燕子展翅

① 重心前移至左足，左腿屈膝，身形上起；左肩前
順，左掌前穿，臂伸直，高與肩齊，手心向右。右手向後
伸直。頭向上頂，目視左手前方（圖 4-220）。
② 兩足不動，重心前移。左手屈肘回收至胸前，手心
向內。右手自身後下落，向前、向上順左臂下撩出，再屈
肘回收至胸前。兩掌在胸前交叉，兩肘下垂，掌心向內，
身形微右轉，目視左前方（圖 4-221）。
③ 右足向前上一大步，右腿微屈站穩。左足跟進至右

圖 4-222

圖 4-223

足內側不落地，兩膝相靠。同時，兩掌內旋翻轉，以手心向外，向左右揮臂分開，兩肘微屈。兩手成側立掌，左前右後，掌心向右，兩掌高與肩齊。目視左掌（圖 4-222）。

【動作要點】：

① 動作要連貫不停，上下相隨，左右兼顧，一氣呵成。

② 右足上步要遠，落地要穩，與兩拳前後分開要整齊一致。

16.進步右崩拳

左足向前上一步，右足跟進至左足後，重心在右足；同時，兩掌抓握成拳，右拳抽回至腰側，再向前打出右崩拳，高與胸齊。左拳向後拉回至左腰側，頭向上頂，目視右拳前方（圖 4-223）。

【動作要點】：

① 右足跟步時，挫地與右崩拳打出要整齊一致，完整如一。

② 崩拳的打出，要認真體會「手不離心，肘不離肋，出洞入洞緊隨身」的要領。

17.退步左崩拳

右足向後退半步，重心後移，左足向後退一步，全腳

圖 4-224

掌落地。右足隨之微撤少許，外擺微橫，身體右轉，左肩前順，兩腿微屈成剪子股型。右拳拉回至右腰側，左拳向前打出左崩拳，高與胸齊。頭向上頂，下頦內收。目視左拳前方（圖 4-224）。

【動作要點】：

① 左崩拳與左足向後落地要整齊一致，左足落地要震地有聲。

② 左拳打出，右拳拉回與擰腰順肩要整齊一致。

18.右順步崩拳

右足向前進一步，左足跟進半步，成右三體勢步型；同時，左拳拉回至左腰側，右拳向前打出右崩拳，高與心窩齊，頭向上頂，目視右拳（參見圖 4-208）。

【動作要點】：

右拳打出與右足上步落地要手腳齊到。注意擰腰順

肩，沉肩墜肘，呼氣而發力。

19.雙展翅

動作同 11。

20.鷂子入林

動作同 12。

21.退步劈拳（貓洗臉）

動作同 13。

22.烏龍倒水

動作同 5。

23.金雞食米

① 左足向前進一步，重心前移，右足不動；左拳自頭前下插至小腹，右拳向前、向上，自左臂外抄起，向右後拉引至右腰側。左拳變掌向前伸，高與胸齊，掌指向上，掌心向左，目視左掌前方（圖4-225）。

② 右足向左足後跟進，挫地震腳，重心在右足；同時，右拳向前打出右崩拳，高與胸齊。左手扶於右腕部，頭

圖 4-225

圖 4-226

圖 4-227

向上頂，目視右拳（圖4-226）。

【動作要點】：

① 右拳打出與右足挫地震腳要上下整齊如一，完整一致。

② 右拳向後拉與左手前伸，注意兩肩運動要協調。重心的移動和身法的開合，要遵循欲前先後，欲左先右的原則。

24.拗步鷹捉

① 重心前移，右足向前上一步，兩腿微屈，雙手拉回至小腹，左手握拳，經心窩向上、向前鑽出。左拳小指上翻，高與鼻齊。下頦內收，頭向上頂。目視左拳（圖4-227）。

② 左足向左斜前方上一大步，右足跟進半步，大部重量在右足；同時，右拳上鑽，順左肘部向前、向上。兩拳

相交時，內旋變掌成鷹形掌。右掌向前、向下劈落，高與腰齊。左掌拉回至腹前。頭向上頂，目向下視右手（圖4-228）。

圖4-228

【動作要點】：

① 右足上步與左拳鑽出相一致；左足上步與右掌劈落要整齊如一。

② 鷹捉手型是鷹形掌，指端要扣，掌心要含，手腕要塌。注意鷹捉打出的勁力要鬆肩墜肘，頭頂而臀向下坐，兩腿內含夾剪之力，頭不動而目下視。這是鷹形的特點。

25.推窗望月

① 右足向後退半步，左足向後撤至右足前。左手自腹向前、向上、向後畫弧，至左肩側，左手心向上。右手以掌心向外，拇指向下、向前、向上、向後畫弧至右腰側，掌心向下，目視左掌，身微左轉（圖4-229）。

圖4-229

② 左足向前進一大步，右足跟進半步，右足橫落，身體重心下坐，兩腿成半馬步型；同時，左掌掌心向前，拇

形意拳械精解（上）

指向下，自右肩向下、向前、
向上橫臂架撐，左臂撐圓，高
與眼齊。右掌掌指向上，與左
掌同時向前推出，右掌高與胸
齊。下頦內收，頭向上頂。右
掌在左肋前。目視右掌前方
（圖4-230）。

圖4-230

【動作要點】：

① 右足退步，左足撤步
與雙掌向前、向上、向後擺動
畫弧要動作一致，左足進步與
雙掌向前，左撐右推打出要整
齊一致。

② 兩手動作要注意身法
的配合。雙手向前而身微向
後，手向上而身微下坐，手向
後而身向前，雙掌推出腰身有
微向上翻之意。身形微向下
坐，而頭要向上頂。

圖4-231

26.三盤落地

① 左足後撤至右足內側
不落地，右足不動；右掌下落
至左肋前。左掌外旋，以掌心
向內，左肘屈肘下沉，向右掩肘，至右肩前下落，兩臂在
身前交叉，目視左方（圖4-231）。

② 左足向左橫跨一步，右足微跟，兩腿屈膝下蹲成馬

圖 4-232

圖 4-233

步型；同時，雙掌向前、向後用力撐開，兩臂撐圓，兩掌指遙相對，掌心向下，高與胯齊。目視左掌（圖 4-232）。

【動作要點】：

①左足撤步與左掌內掩、裹肘要協調一致，兩掌向左右撐與左足上步要整齊一致。

②左手內掩裹肘要合肩、含胸、緊背以蓄力。兩掌左右撐時，要開胸實腹，鬆腰坐胯，沉肩、撐肘、坐腕，配合發力以呼氣，使前後左右全身形成整勁。

27.懶龍臥道

①重心前移至左足，左手抓握成拳，向後拉回至右腰側，拳心向下。右手抓握成拳外旋，使拳心向上。右拳收回上提至右肋處，目視左前方（圖 4-233）。

②右腿提膝，右足尖外擺，向前橫足上一步，兩腿屈

圖 4-234

圖 4-235

膝下蹲成歇步型。同時，右拳自右肋經胸前向前、向下插，拳心向前，高與胯齊。目視右拳（圖4-234）。

【動作要點】：

①右足提起，橫足前落與右拳下插和身形下坐要完整一致。

②右拳下插要含胸、合肩、緊背，兩肩鬆沉，身形以左肩斜對前方。

28.烏龍翻江（順步左橫拳）

左足向正前方上一大步，右足跟進半步，大部重量在右足；同時，右拳上起內旋翻扣，拉回至右腰側，拳心向下。左拳外旋，自右臂下向前打出左橫拳，拳心向上，高與肩齊。頭向上頂，目視左拳前方（圖4-235）。

【動作要點】：

左足上步落地與左拳橫出要整齊一致，兩拳的擰旋翻

轉和出入要協調一致，完整如
一。

29.進步右崩拳

動作與 16.相同。

30.龍虎相交

　　左足向前進半步，重心前
移至左足，左腿微屈站穩。右
腿屈膝提起，向前用力蹬出，
腳尖向上勾起，高與腰齊。同
時，右拳拉回至右腰側，左拳
向前打出左崩拳，拳眼向上，
高與心窩齊。目視左拳前方
（圖4-236）。

　　【動作要點】：

　　① 左拳打出、右拳收回
和右腳蹬出，上下要相齊，動
作要一致。

　　② 拳打出要擰腰順肩。
腳蹬出要收腹提膝，伸腿而
蹬，注意左腿要穩。

31.右順步崩拳

圖 4-236

圖 4-237

　　右足蹬出之後，向前、向下落地，左足跟進半步，成
右三體勢步型；左拳拉回，右拳打出右崩拳，高與胸齊，
右臂微屈，頭向上頂。目視右拳（圖4-237）。

【動作要點】：

與 8.動作相同，只是右足下落要有向下的踩踏之勁。

32. 白鶴亮翅

與 9.相同。

33. 左炮拳

與 10.相同。

34. 雙展翅

與 11.相同。

35. 鷂子入林

與 12.相同

36. 退步劈拳（貓洗臉）

與 13.相同。

37. 烏龍倒水

與 5.相同。

38. 單展翅

與 6.相同。

39. 左崩拳

與 7.相同。

圖 4-238①

圖 4-238②

40.右順步崩拳

與 8.相同。

41.風擺荷葉（重複三次）

① 身向左轉 180°，面向來時方向。左足向左斜前方上半步，右足不動；雙拳變掌，右手下落經腹前，雙掌自下向左、向上擺動畫弧，掌指向上，兩掌相對，左手在前，右手在後，高與肩齊。目隨右手（圖 4-238①②）。

② 右足橫腳向前上一步，兩腿成交叉，重心在兩足之間；同時，雙掌自左前方向上、向右後方掄擺下落，雙手成立掌，右臂微屈，高與肩平，左掌在右肩前，兩掌心均向右後方，身向右擰轉。目視右掌（圖 4-239①②）。

【動作要點】：

① 兩掌向前擺與左足進步相一致，兩掌向後掄擺與右

圖 4-239①

圖 4-239②

足向前上步動作要整齊一致。

②整個動作要連續做三次，第一次和第二次要以動作柔和協調為主，最後一次要發力。注意腰部要盡量向右後扭轉，雙臂要沉肩墜肘。右腿要用力向前橫，整個動作要沉實有力，而不能飄浮。

42.進步左崩拳

左足向前上一步，右足微跟，大部重量在右足；雙手握拳，右拳拉回至右腰側，左拳下落至胸前，隨向左轉腰，左拳向前打出，高與胸齊，左臂微屈，拳眼向上，頭向上頂，目視左拳前方（圖 4-240）。

圖 4-240

圖 4-241　　　　　　　　圖 4-242

【動作要點】：

注意先轉身，再上步發拳。

43.鷂子鑽天

① 左足向前進半步，右足跟進提起至左足內側不落地；左拳內旋，以拳心向下，橫臂向下扣壓，高與胸齊。目視左拳（圖 4-241）。

② 右足向前上一步，左足跟進半步，大部重量在左足；同時，右拳自右腰側經心窩向前、向上鑽出。右拳小指上翻，高與鼻齊。左拳向下扣壓拉回至小腹，拳心向內。下頦內收，頭向上頂，目視右拳前方（圖 4-242）。

【動作要點】：

① 左拳屈肘扣壓與左足進步，要上下協調一致。右拳鑽出與右足上步要整齊如一。

② 右拳上鑽時，身形微向下坐。要擰腰順肩，鬆肩沉

圖 4-243

圖 4-244

肘，發力呼氣，氣沉丹田。

44. 鷂子翻身

① 兩足原地擰轉，向左轉身 180°，面對來時方向。右拳抬肘上揚，隨左轉身自頭上向前、向下蓋壓，拳心向下，高與胸齊。左拳自腹前經心窩向前、向上鑽出。小指上翻，高與鼻齊。目視左拳，重心前移至左足（圖 4-243）。

② 右拳向上橫肘架起至頭前，左臂屈肘收至胸前，重心後移至右足。右拳內旋向後拉至頭部右側方。同時，左拳內旋抬肘，以拳眼向內，順左肋向左胯下插，目視左拳（圖 4-244）。

③ 右腿屈膝下蹲，左腿向左仆腿伸直。左拳順左腿上向前穿，右拳隨之向後引拉，外旋至右腰側。左拳前穿超過左腳面，目視左拳（圖 4-245）。

圖 4-245　　　　　　　圖 4-246

【動作要點】：

① 鷂子翻身是一完整的動作，動作要連貫不停，一氣呵成。此動作注重身法，以身勁見長，以腰為軸，要活腰鬆肩，周身完整而不懈怠，勁力要柔和而不鬆散，內含勁力而不僵硬。

② 注意重心的前後移動，要用頭領而腰催。

③ 兩拳、兩臂動作要協調一致。左拳鑽出要在右臂內側，右拳橫臂上架要在左臂外側。右拳向後拉時，要用右肘向後帶，右拳下落要有擰裹勁，注意左右兩肩要有內合、外翻、鬆沉的貫穿勁，配合兩臂、兩拳的擰轉。

45.鷂子束身

重心前移至左足，左腿屈膝，身向前上起，左拳向前穿。右足向前上一大步，左足跟進至右足內側不落地，兩腿併攏；左拳扣壓拉回至腹前，右拳自右腰側上提，經心

圖 4-247　　　　　　　　圖 4-248

窩向前、向下打出，右拳高與襠齊。右拳在外，拳眼向前，頭向上頂，目視前方（圖 4-246）。

【動作要點】：

與 2.相同。

46. 鷂子入林

動作過程、動作要點與 3.相同（圖 4-247）。

47. 收 勢

① 兩足不動，右拳下落至腹，左拳扣壓拉回至腹，兩拳心均向內。左足踩地，頭向上頂，下頦內收，目視前方（圖 4-248）。

② 左足不動，右足向左足併攏，兩膝微屈保持高度不變。雙拳變掌，向兩側分開上擺，手心向上，手臂微屈，與肩平時，兩臂屈肘向面前合攏，兩掌指相對，掌心向

圖 4-249

圖 4-250

下，高與肩平，目視右拳（圖
4-249、圖 4-250）。

③ 兩掌向下按壓至腹
前，兩腿伸直成立正姿勢，兩
手垂於體兩側，目平視前方
（圖 4-251）。

【動作要點】：

① 左拳拉回與左足踩地
和頭向上頂動作要一致，右足
併攏與兩掌擺起合攏要協調一
致。

圖 4-251

② 兩掌下按與兩腿起立
要上下相齊。

③ 收勢動作要連貫不停。注意精神要飽滿，氣勢要威
嚴，整個動作要完整不懈。

第五章　套　路

第一節　形意八勢

一、概　述

　　文有八法，武有八勢。形意拳八勢是繼五行連環拳之後又一個短小精幹的民間傳統套路。它和五行連環拳一樣，一去是 17 個動作，回來還是這 17 個動作的重複。從動作上來看，整個套路不但包括五行拳劈、崩、鑽、炮、橫的全部內容，而且，它還包括了鷂形、雞形、馬形的部分動作，還有龍虎相交和白鶴亮翅、順步炮、翻身炮等動作。為什麼叫八勢？八勢是五行拳的五拳再加上鷂形、馬形、雞形，這樣合謂八勢。從動作結構和套路中的發力點上分析，也可以這樣算作八勢：鷂子束身、入林為一勢；單馬為二勢；退步左橫金雞啄水和食米為三勢；退步勒拳、右順炮拳為四勢；左橫拳、龍虎相交、左順步崩為五勢；撒步掩肘、右順步炮、白鶴亮翅為六勢；翻身炮為七勢；鷂子鑽天、鷂子翻身為八勢。

　　從整個套路的動作組合和勁法的連貫以及實用技法應用上來看，這樣稱謂八勢較為符合原意。

　　演練八勢套路，步法上有一個明顯的特點。撒步換勢時，重心在兩足間的移動要快。特別是在套路練習時，要注意在退步勒拳時，重心要放在左足，這樣右足才容易上

步。還有在左順步崩拳之後，撤步掩肘時，左足撤步後，重心移向左足，右足上步才更快、更容易。兩足重心的移動，原則是更有利於起動，有利於上步。

形意拳八勢套路的練習節奏，要注意這八勢的發勁，也就是整個套路中的八個發力點。每個發力點，都要先蓄而後發，發力要飽滿、沉穩、均整。注意發力之前的身法，欲前先後，欲左先右，蓄而後發，發要剛猛，勁力充實，完整飽滿，氣勢威嚴。

二、動作順序名稱

1. 起 勢
2. 鷂子束身
3. 鷂子入林
4. 拗步右馬形
5. 退步左橫拳
6. 右劈拳
7. 金雞啄水
8. 金雞食米
9. 退步勒拳
10. 右順步炮拳
11. 進步左橫拳
12. 龍虎相交
13. 左順步崩拳
14. 右順步炮拳
15. 白鶴亮翅
16. 翻身炮
17. 鷂子鑽天

18. 鷂子翻身
19. 鷂子束身
20. 鷂子入林
21. 拗步右馬形
22. 退步左橫拳
23. 右劈拳
24. 金雞啄水
25. 金雞食米
26. 退步勒拳
27. 右順步炮拳
28. 進步左橫拳
29. 龍虎相交
30. 左順步崩拳
31. 右順步炮拳
32. 白鶴亮翅
33. 翻身炮
34. 鷂子鑽天

35. 鷂子翻身

36. 鷂子束身

37. 鷂子入林

38. 回身左頂肘

39. 右順步橫拳

40. 三盤落地

41. 退步左劈拳

42. 收 勢

三、動作過程及要點

1. 起 勢

自左三體勢起（圖 5-1）。

2. 鷂子束身

身體重心前移至左足，右足向前上一大步，落地站穩，膝部微屈，腳趾抓地，左足跟進至右足內側不落地；同時，雙手握拳，左拳拉回至腹前，右拳向前、向下打出，右拳在左拳外，拳面向下，右拳高與小腹齊，頭向上頂，目視右拳（圖 5-2）。

圖 5-1

圖 5-2

【動作要點】：

右足上步與右拳向前下擊，要手腳齊到。上步要遠，落地要穩，跟步要快。兩肘護肋，兩拳護心，要體現束身的姿態。

3.鷂子入林

左足向前進一大步，右足跟進半步，成左三體勢步型；同時，右拳屈肘向上鑽，拳心向裡，高與眼齊，身向右轉

圖 5-3

90°。左拳自心窩向前打出，拳高與心窩齊，左臂微屈，拳眼向上。右拳隨右轉身置於頭部右額處，右肘下垂，拳心向前，頭微上頂，目視左拳前方（圖 5-3）。

【動作要點】：

左拳打出與左足上步要協調一致。鬆肩墜肘，左肩前順。注意右肘部下垂，擰腰順肩左拳打出。

4.拗步右馬形

左足向前進半步，右足向前蹉地跟進，至左足後側；同時，右拳自右頭側向前栽打，拳腕部微扣，拳心向下，高與胸齊。左拳扣壓拉回至右肩前，兩臂微屈，頭向上頂，目視右拳前方（圖 5-4）。

【動作要點】：

① 右拳向前栽打與右足跟進挫地要同時，要整齊如一。

圖 5-4

圖 5-5

②右拳向前栽打之前，要先走一小弧形，欲前先後。右肘部略高於肩，臂撐圓，要向前送肩，緊背含胸而發勁。

5.退步左橫拳

①右足向後撤半步，右前臂向內掩肘，右拳外旋，拳心向上。左拳下落至胸，拳心向下。目視右拳前方（圖5-5）。

圖 5-6

②左足經過右足內側向左後方退一步，落地踏實，重心後移至兩足之間；同時，左拳順右臂下向前鑽打，拳外旋至拳心向上；右拳扣壓向後拉回至腰間，左拳高與肩齊。頭向上頂，目視左拳前方

（圖5-6）。

【動作要點】：

① 左拳向前打出橫拳與左足後退落步要完整一致。

② 右足後撤步與右拳翻轉掩肘要動作一致，注意身法欲後先前的微小動作。

6.右劈拳

右足向正前方進半步，左足跟進半步；同時，右拳經心窩順左臂向前劈出，右掌高與胸齊，左拳變掌拉回至小腹，頭頂，目視前方（圖5-7）。

圖5-7

【動作要點】：

右掌劈出與右足上步要同時，右肩前順，要鬆肩墜肘，發力時呼氣，氣沉丹田。

7.金雞啄水

① 右足撤回至左足前，提膝勾腳尖向上抬起至小腿肚處，左腿獨立屈膝站穩；同時，右手抓握拉回成拳至腹，經心窩至嘴前向上鑽出，高與眉齊。左手抓緊握成拳，上提至胸，目視右拳（圖5-8）。

② 右足向下震腳落地，左足抬起，貼於右足內側，右膝部彎曲，身體下蹲。同時，左拳順右臂上鑽，變掌向前、向下劈落，左手高與胸齊。右手拉回至右胯，手心向下。頭向上頂，目視前方（圖5-9）。

圖 5-8

圖 5-9

【動作要點】：

① 右足撤步與右手拉回向上鑽出動作要協調一致，左掌下劈與右腳落地震腳，要整齊如一。

② 右足震腳時，要沉著有力。腰要塌，臀部要墜，頭要頂，肩要鬆，肘部要垂，身體要穩定。

8.金雞食米

圖 5-10

左足向前進一大步，右足向前蹉地跟步，跟至左足跟處，落地有聲。同時，右手握拳向前打出崩拳，高與胸齊。左手扶於右腕部，頭向上頂，目視右拳前方（圖 5-10）。

【動作要點】：

左足上步要大，右足跟步落地與右拳打出要整齊一致。

9. 退步勒拳

① 右足向後退半步，右拳從左手下向上翻轉，拳心向上，左手在右拳下，手心向上，目視右拳（圖5-11）。

圖5-11

② 左足向後撤，至右足內側落地，重心落至左足。同時，雙拳向後用力拉回至腹前，頭向上頂，目視前方（圖5-12）。

【動作要點】：

雙手向後、向小腹拉回，要用力撞擊，與左足撤回震腳要同時，要氣沉丹田。左足撤回震腳不是跺腳，而是坐臀、抽胯、拉腿、震腳。

10. 右順步炮拳

右足向前上一大步，左足跟進半步。同時，左拳經心窩

圖5-12

向上鑽至嘴前，向前、向上鑽出，高與鼻齊。右拳上提至胸，隨右足上步，身向左轉，右拳向前打出，高與胸齊，拳眼向上。左拳內旋至左額角處，左肘下垂，左拳眼對額

角。目視右拳前方（圖5-13）。

【動作要點】：

右拳打出與右足上步落地要整齊一致，要手腳齊到。注意右肩前順。左拳上鑽要鑽翻擰轉，不要上架，利用右肩前順而轉體化打。

11.進步左橫拳

右足向右前進半步，左足跟進半步，大部重量在左足；同時，左拳下落至胸前，順右臂下向前鑽出，拳外旋至拳心向上。右拳內旋扣壓拉回至腹前，左拳高與肩平，左肩前順，頭向上頂，目視左拳前方（圖5-14）。

【動作要點】：

① 注意身法，左拳向前打時，應先向後拉，再向下、向前打出左橫拳。欲前先後的原則應對每一個動作都體現出來。

② 左橫拳與右足進步落地要同時，兩足要有夾剪之力。左膝內合，有向下插的意念。擰腰順肩，臀部向下

圖 5-13

圖 5-14

坐，頭向上頂，有上下拔伸的
感覺。

12. 龍虎相交

右足向前進半步，站穩，
重心前移至右足，左腿提膝抬
起，用力向前蹬出，腳尖勾
起，腳跟用力，高與腰平；同
時，右拳向前直線打出，拳眼
向上，右臂微屈。左拳收回至
腰部左側，右拳打出高與胸
齊，右腿膝部微屈，頭向上
頂，目視前方（圖5-15）。

圖5-15

【動作要點】：

①打右拳蹬左足要同時，速度要快，右足站立要平衡
穩定。蹬腳時膝部要伸直，腳尖要勾起。蹬腳沖拳時，注
意身形要正，不要俯仰歪斜。

②右拳打出與左拳拉回要整齊一致。

13. 左順步崩拳

左足蹬出後，向前、向下落地，右足跟進半步，大部
重量在右足；同時，左拳向前直線打出左崩拳，高與胸
齊，左臂微屈，拳眼向上；右拳向後拉回至腹，頭向上
頂，目視前方（圖5-16）。

【動作要點】：

左拳打出，右拳拉回與左足進步落地要同時，要三者
合一，上下左右整齊一致。

圖 5-16

圖 5-17

14. 右順步炮拳

　① 左足後撤至右足內側落地，重心移至左足；同時，左拳屈前臂掩肘收回至胸前，身形微向右轉身，左拳向前上鑽至鼻齊，右拳不動（圖 5-17）。

　② 右足向前上一大步，左足跟進半步，同時，身形左轉，右肩前順，右拳向前打出，拳眼向上。左拳

圖 5-18

翻轉至左額角處，拳眼對左額角，左肘下垂。頭向上頂，目視右拳前方（圖 5-18）。

圖 5-19① 圖 5-19②

【動作要點】：

① 左拳掩肘與左足撤步要協調一致。右拳打出與右足上步要手腳齊到，整齊如一。

② 練習時，注意左足撤回之後，身體重心馬上移向左足，只有這樣，右足向前上步才順才快。左臂向內掩肘，緊接向上鑽，要連貫一致。

15. 白鶴亮翅

① 左足向後撤半步，雙腿成馬步型，雙拳下落在身前腹部交叉後，向上鑽起，與頭齊，拳心向裡，目隨右拳（圖 5-19①②）。

② 腳不動，雙拳內旋拳心向外，向左右畫弧，兩臂微屈，至身兩側向下畫弧，目隨右手（圖 5-20）。

③ 身體重心移至左足，右足向後撤回至左足內側，震地有聲；同時，雙拳收於小腹前，用力砸擊小腹。頭向上

圖 5-20

圖 5-21

頂，氣沉丹田，目視右拳（圖 5-21）。

【動作要點】：

① 兩拳下落向上鑽時，身形微下坐，鑽至與頭齊時，兩拳內旋翻轉向兩側撐開。向下畫弧時，兩臂要有裹勁。收至小腹時，要有抱勁。

② 身體重心的移動是先左、後右、再向左。右足撤回與雙拳砸擊小腹要同時，氣沉丹田以助發勁。

③ 右足撤回要落地有聲，不是跺地，而是踩踏，周身完整一致。

16. 翻身炮

雙腿向上起跳，在空中向右轉身 180°，雙腳前後分開，同時落地，左足在前，右足在後，成半馬步型，或三體勢步型；右拳上鑽，隨轉體置於右額角處，拳眼向內，右肘下垂；左拳向前直線打出，拳眼向上，高與胸齊，左

圖 5-22①　　　　　　　　　圖 5-22②

形意拳械精解（上）

臂微屈。頭向上頂，目視左拳前方（圖 5-22①②）。

【動作要點】：

① 雙腿同時起跳，同時落地，不能有先後，雙足落地時，要有前後的開勁，也就是後足向前蹬，前足向後蹬。

② 雙足落地與炮拳打出要完整一致。

17. 鷂子鑽天

① 左足向前進半步，右足跟進至左足內側不落地；同時，左拳內旋向下扣壓，拳心向下，左肘微屈；右拳自上下落至右腰側，目視左拳（圖5-23）。

圖 5-23

② 右足向前上一大步，左足跟進半步。同時，右拳自右腰側向前、向上鑽出，高與鼻齊，小指上翻。左拳拉回至腹，頭頂，目視前方（圖5-24）。

【動作要點】：

右拳鑽出與右足上步要同時，拳打出發勁時要呼氣。

18. 鷂子翻身

① 兩足原地擰轉，向左

圖 5-24

375

轉身180°，面對來時方向，右拳外旋抬肘上揚，隨轉身自頭上向前、向下蓋壓，拳心向下；同時，左拳自腹前，經右拳裡側向上鑽出，高與鼻齊，拳心向內。此時身體重心

圖 5-25①

圖 5-25②

圖 5-26   圖 5-27

移向左足，右拳蓋壓至腹前。目視左拳（圖 5-25①②）。

②右拳自腹，經左臂外側向上橫肘架起至頭上；同時，左拳向下沉肘，回收至胸前，身體重心後移至右足。右拳向後拉至右肩前；同時，左拳內旋抬肘，以拳眼向內，順左肋、左胯向下插，目視左拳（圖 5-26）。

③右腿屈膝下蹲，左腿仆腿伸直；同時，左拳順左腿外側前伸，隨前伸隨外旋至拳眼朝上。右拳向後拉回至腰側，身體重心隨左拳前伸而前移。目視左拳（圖 5-27）。

【動作要點】：

① 身體重心向左、右、左的移動，要以腰為軸，周身完整。右拳的向下蓋壓與左拳的上鑽要同時，右拳向上橫肘架起與左拳沉肘回收要協調一致。右拳向後拉帶，與左拳抬肘向下、向前穿插要完整一致。

② 注意兩肩的動作，一向內裹合，一向外翻轉。以腰帶肩，以肩帶肘、帶手。

③ 整個動作要連貫不停，周身要協調一致，上下、左

右要完整不懈。眼神要貫注而不散亂，勁力柔和而不鬆垮，勁力暗含而不僵硬。

19. 鷂子束身

左拳前伸，重心前移至左足，左腿屈膝。右足向前上一大步，立定站穩。左足跟進至右足內側不落地，兩腿併攏；同時，右拳自右腰側上提至心窩，向前、向下打出，高與襠齊，左拳拉回至腹，兩拳交叉，左拳在內，拳心向裡，右拳在外，拳眼向前。頭向上頂，目視前方（圖5-28）。

【動作要點】：

同2。

20～37動作過程和要領同圖5-3～20，就是回身之後的第二段動作，再把前面動作重複一遍。練至鷂子入林（圖5-29）。

圖 5-28

圖 5-29

圖 5-30　　　　　　　　圖 5-31

38.回身左頂肘

　　左足向後退一步，身左轉 180°，兩足撐轉。左拳拉回，屈肘向後頂，左肘與肩平。左拳心向下，在左肩前；右拳下落在左胸前，拳心向下，頭向上頂，目視左肘，身體重心在兩足之間（圖 5-30）。

　　【動作要點】：

　　左肘回頂與左足撤步轉身動作要協調一致，整齊如一。頂肘時要以肘尖為力點，肩要鬆、要送。

39.右順步橫拳

　　右足向前上一步，左足跟進少許。同時，右拳自左肘下向前打出一橫拳，拳心向上，高與肩齊。左拳拉回至腹前，頭向上頂，目視右拳（圖 5-31）。

圖 5-32①

圖 5-32②

【動作要點】：

右足上步與右橫拳要手腳齊到。身形要先微後縮，右肩向下裹沉，右拳向前擰鑽打出橫拳。

40.三盤落地

右拳向左掩肘畫弧至左肩外下側變掌，眼隨右手；左足向右足後，背步落地，全腳掌著地，右足擰橫，兩腿交叉成剪子股形，身體重心在兩足之間；同時，兩拳變掌，向左右撐開，兩臂圓，兩肘微屈，手心向下，虎口向內，兩肘外撐，兩掌高與胯平，鬆肩頭頂。目視左掌（圖 5-32①②）。

【動作要點】：

右拳向左掩肘畫弧時，要裹肘含胸以蓄力；左足背步與雙掌撐按要同時，兩掌左右撐力要相等。

41.退步左劈拳

① 右足向後退一步，重心後移至右足，左足後撤至右足前；同時，雙掌握拳，右拳自右腰側經心窩向前、向上鑽出，小指上翻，高與鼻齊；左拳拉回至小腹，目視右拳（圖 5-33）。

② 左足向前進半步，右足不動，成左三體勢步型；同時，左拳自腹經心窩、順右臂向前劈出成掌。右拳變掌，拉回至腹，掌心向下，左掌高與胸齊，頭向上頂，目視左掌前方（圖 5-34）。

【動作要領】：

右足向後退步與右拳向前鑽出要同時；左掌向前劈出與左足進步要一致。

42.收 勢

同左三體勢收勢。

圖 5-33

圖 5-34

第二節　十二洪捶

一、概　述

　　形意拳十二洪捶是本拳種的一個傳統套路，在民間流傳甚廣，國內形意拳各個主要流派都有這個套路。這個套路以其短小精幹，內容豐富，特點突出，深受廣大群眾喜愛，是形意拳一個傳統經典套路。

　　十二洪捶套路中包括五行拳劈、崩、鑽、炮、橫五種拳法，還有十二形中的鷂形、虎形、蛇形、雞形的部分動作。全套共有 58 個動作，一去一回，到原起勢位置收勢。回身後的動作完全相同。套路特點起勢之後就有四角的順步橫拳，轉身後，還有四角的順步橫拳，再轉身至起勢位置時，再練一次四角的順步橫拳。至此共有十二個順步橫拳。所以，有的拳家也稱此套路為「十二橫捶」，在《中國武術大辭典》中稱之為「十二洪捶」。

二、動作順序名稱

1. 起 勢
2. 左崩拳
3. 右順步橫拳
4. 回身右順步橫拳
5. 回身右頂肘
6. 左順步橫拳
7. 回身左順步橫拳
8. 轉身撤步左崩拳
9. 進步右崩拳
10. 退步左崩拳
11. 右順步崩拳
12. 白鶴亮翅
13. 左炮拳
14. 退步勒拳
15. 鷂子入林
16. 上步虎托

三、動作過程及要點

1. 起 勢

① 身體成立正姿勢，與練拳方向成 90°角。頭向上頂，兩肩自然鬆垂，兩腳跟併攏，兩臂垂於體兩側，五指

圖 5-35

圖 5-36

併攏，目視前方（圖 5-35）。

　②兩手自體側，以手心向上，向兩側平舉，高與肩平，兩足不動，目視右手（圖5-36）。

　③兩臂屈肘，兩掌向面前合攏，掌指相對，兩掌下落與肩平時，內旋至掌心向前，兩拇指向下，向身前推出，高與肩齊。兩臂撐圓，頭向上頂，同時，兩膝微屈下蹲，目視兩掌前方（圖5-37）。

圖 5-37

【動作要點】：

　①兩掌翻轉向身前推出與兩腿下蹲要同時，動作要柔

圖 5-38　　　　　　　　　　圖 5-39

和協調。

　　② 兩掌推出，臂要撐圓，胸要含，肩要鬆，背微緊，頭要頂，神要貫注。

2.左崩拳

　　① 右掌向右畫弧下落，收回於右腰側握拳，拳眼向上。同時，左手抓握成拳，在身前下落，回至腰前，拳心向內，左肘緊貼左肋。身微右轉，目視右拳（圖 5-38）。

　　② 左足向左進一步，右足跟進半步，比左三體勢步型略小；同時，左拳自腰部向前打出左崩拳，高與胸齊。拳眼向上，左臂微屈，右拳在腰側不動，頭向上頂，目視左拳（圖 5-39）。

　　【動作要點】：

　　① 左崩拳打出與左足進步要整齊一致。

　　② 右手畫弧與左手下落要同時，右手收回腰間與左拳

圖 5-40　　　　　　　　　　圖 5-41

崩出要協調一致。注意以身帶動兩臂，體會「欲前先後，欲左先右」的身法要求。

3.右順步橫拳

①　左足向前進半步，右足跟進至左足內側不落地。同時，左拳外旋使拳心向上，左肘微向內掩。右拳內旋，使拳心向下，自右腰側向身前穿至左腰側，目視左拳（圖 5-40）。

②　右足向右斜前方上一大步，左足跟進半步，大部重量在左足。同時，右拳順左臂下，向前打出右橫拳，拳心翻轉向上，高與肩齊。左拳翻扣拉回至腹前，拳心向下，頭向上頂，目視右拳前方（圖 5-41）。

【動作要點】：

①　右足上步與右拳橫出，上下動作要整齊一致。步落拳發，發力要呼氣。

| 圖 5-42① | 圖 5-42② |

② 橫拳打出時，左右兩拳要擰旋，左拳內旋翻扣，右拳外旋擰鑽。前後兩拳要完整一致。

4. 回身右順步橫拳

① 右足向左足尖前扣步，向左轉身 180°，重心移至右足。左足向前進半步，大部重量在右足。同時，右拳屈肘收回至腰前，拳心向下。左拳自腹部先向後插，以拳眼向下，隨轉身左臂外旋，擰至拳心向上高與肩齊，目視左拳（圖 5-42①②）。

②右足向前上一大步，左足跟進半步，兩腿成右三體勢步型；同時，右拳順左臂下向前打出右橫拳，拳心向上，高與肩平。左拳翻扣拉回至腹，拳心向下。頭微上頂，目視右拳（圖 5-43）。

【動作要點】：

① 回身右順步橫拳動作是一個完整的動作。練習時動

圖 5-43

圖 5-44

作要連貫，中間不停，一氣呵成。

　　② 動作的關鍵是回身，回身的動作順序是：右足扣步，右拳屈臂回收，左拳內旋後插。然後左轉身，左臂外旋擰轉，左足上半步。最後才是上步右橫拳。注意兩拳的擰轉與兩肩的運動和手臂的旋轉，周身要完整協調一致。

5.回身右頂肘（肘底看捶）

　　右足向後退一步，左足原地擰轉，身向右轉 90°，兩腿成半馬步型，大部重量在左足；同時，右拳內旋翻扣於胸前，拳心向下，右臂屈肘，右肘尖向右頂出，高與肩平。同時，左拳自腹，經右肘下向右打出，拳心向下，左拳在右肋下。頭向上頂，目視右肘前方（圖 5-44）。

　　【動作要點】：

　　① 右足退步，右轉身，右肘後頂，三者合而為一，要整齊一致。

<table>
<tr><td>圖 5-45</td><td>圖 5-46①</td></tr>
</table>

圖 5-45　　　　　　　　圖 5-46①

② 左拳在右肘下是暗藏一拳，也是有利於保護右肋。
右足落地與右肘頂出要相齊。

6.左順步橫拳

　　左足向左斜前方上一大步，右足跟進半步；同時，左
拳向前翻轉打出左橫拳，拳心向上，高與肩齊，左臂微
屈。右拳拉回至腹，拳心向下。鬆肩墜肘，頭向上頂，目
視左拳（圖 5-45）。

　　【動作要點】：

　　① 左拳橫出與左足上步要整齊一致，手腳齊到。

　　② 左拳橫出時，要擰腰順肩，用腰催肩，肩催肘，肘
催拳，隨催隨轉，擰旋而橫而鑽。

7.回身左順步橫拳

　　① 左足扣步，向右轉身 180°，重心移向左足，右足原

圖 5-46②

圖 5-47

地擰轉；同時，左臂屈肘，左拳收回至腰前，拳心向下。
右拳自腹，屈肘向後插，以拳眼向下，隨回身右臂外旋，
擰至拳心向上，右拳高與肩齊。目視右拳（圖 5-46①
②）。

　　②左足向前上一大步，右足跟進半步，大部重量在右
足；同時，左拳順右臂下向前打出左橫拳，拳心向上，小
指微上翻，高與肩平。右拳翻扣拉回至腹，拳心向下，右
肘貼肋。頭向上頂，目視左拳（圖 5-47）。

　　【動作要點】：
　　與動作 4.相同，惟左右互換。

8.轉身撤步左崩拳

　　① 左足微向右擺扣步，左臂屈肘向上，左拳收回胸
前，下落至腰間，擰轉至拳心向上；同時，右拳經右肋向
後插，右拳內旋，拳心向上，高與胸齊。此勢重心前移至

圖 5-48

圖 5-49

左足，目視右拳（圖 5-48）。

② 右轉身 90°，面對右拳方向。右足向身後退一步，重心後移至右足。同時，右拳外旋擰轉至拳心向上，右臂微屈，拳高與胸齊。左足隨之後撤半步至右足前。目視右拳（圖 5-49）。

③ 左足向前進半步，右足跟進少許，大部重量在右足；同時，左拳自腰部向前打出左崩拳，左臂微屈，拳眼向上，高與胸齊。右拳同時拉回至右腰側。頭向上頂，目視左拳（圖 5-50）。

【動作要點】：

① 動作要連貫不停，一氣呵成。

② 左拳屈肘收回與右拳內旋後插要同時擰轉，注意兩肩的協調動作。右肩內合，右臂擰裏內旋而後插。轉身後，右拳擰轉，用右肩外翻而下沉之勁旋臂，兩肩要鬆沉，周身要完整一致。

圖 5-50　　　　　　　　圖 5-51

③ 左足進步與左拳打出動作要整齊一致。

9.進步右崩拳

左足向前進一步，右足跟進至左足跟後側，重心在右足，右足要落地有聲；同時，右拳向前打出右崩拳，拳眼向上，肘部微屈，高與胸齊。左拳拉回至小腹，拳心向內。頭向上頂，目視右拳（圖 5-51）。

【動作要點】：

① 右拳打出，左拳拉回與右足跟步要同時，要上下左右整齊一致。

② 右足跟步時，要裹胯合膝而帶足。右腳向前挫地而發力，要落地有聲，發力以呼氣配合。

10.退步左崩拳

右足先向後退半步，重心後移。左足向後退一步，全

図 5-52　　　　　　　　　　　図 5-53

腳掌著地，大部分重量在左足。右足隨之後撤少許，腳尖外擺。身微右轉，兩腿成交叉剪子股形，兩大腿內側相貼，兩腿彎曲；同時，右拳拉回至右腰側，拳心向上。左拳向前打出左崩拳，高與胸齊，拳眼向上。頭向上頂，目視左拳（圖 5-52）。

　【動作要點】：

　　① 左足退步落地，要踩落有聲。用重心後移，身體向後靠，左腿突然支撐，全腳掌著地而發聲。

　　② 左拳打出，右拳拉回與左足落地要整齊一致。左拳打出要擰腰順肩而發勁。

11. 右順步崩拳

　　右足向前進一步，左足跟進半步，大部重量在左足；同時，左拳拉回至腹，拳心向內。右拳向前打出右崩拳，高與心窩齊，拳眼向上，右臂微屈。頭向上頂，目視右拳

圖 5-54

圖 5-55

（圖 5-53）。

【動作要點】：

　　右拳打出與右足落地，要手腳齊到。擰腰順肩而發拳，配合呼氣以助發力。

12. 白鶴亮翅

　　① 左足向後撤半步，兩腿屈膝下蹲成馬步型；右拳外旋，屈臂向左掩肘畫弧，經面前向下、向右撐開至右膝外側，拳眼向下。左拳向左撐開至左膝外側，拳眼向下。兩臂撐圓，目視右拳（圖 5-54）。

　　② 兩拳在腹前交叉向上起鑽，高與眉齊。兩拳心向裡，兩腕部交叉，左拳在裡，右拳在外，重心微向左移，目視右拳（圖 5-55）。

　　③ 雙拳內旋至拳心向外，兩臂微屈成圓，向左右撐開，兩拳向左右畫弧下落，收抱於腹前。同時，右足拉回

圖 5-56①   圖 5-56②

至左足內側震地有聲。頭向上頂，氣沉丹田，目視右前方（圖 5-56①②）。

【動作要點】：

① 動作要連貫不停，一氣呵成。注意動作的韻律，運勁時要慢，發力時要快，動而不僵，快而不毛，周身完整不懈，勁力均整。

② 右臂掩肘時，要合肩含胸，雙臂向下左右撐開時，要開胸實腹，雙臂撐圓。雙拳交叉向上，要有鑽勁。兩拳外旋為翻，自頭上向兩側畫弧，要有撐勁，自兩側向下旋臂畫弧要有裹勁。雙拳收至腹前要有抱勁。

③ 右足撤回要貼地而行，踩地發聲，與雙拳收抱，砸擊小腹要整齊一致，注意要氣沉丹田。

④ 在白鶴亮翅整個動作過程中，要注意身體重心的移動，雙拳上鑽時，重心偏向左足，雙臂向上外撐時，重心偏向右足，雙拳裹抱時，重心完全移向左足。

13. 左炮拳

右足向右斜前方上一大步，左足跟進半步，大部分重量在左足；同時，右拳經心窩向上鑽出，高與鼻齊，小指上翻，右拳距頭左側約20公分。左拳上提至心窩處，隨右足上步，左拳向前伸臂打出，高與心窩齊，拳眼向上，左臂微屈肘內掩。右拳隨之向內旋轉，拳眼對

圖 5-57

右額角處，右肘下垂。頭向上頂，目視左拳（圖 5-57）。

【動作要點】：

① 左拳打出與右足上步要整齊一致，步到拳發，手腳齊到。

② 左拳打出要充分發揮擰腰順肩之勁，用腰催肩，肩催肘，肘催拳，左肘要貼肋而行。右拳隨擰腰順肩轉體而內旋擰轉，以鑽翻化解敵拳。注意右肘部下垂，不要抬起。

14. 退步勒拳

① 左足向後退半步，重心後移，身微左轉。右臂向左掩肘，右拳下落略低於肩，左拳變掌扶於右腕部。右拳在身前向下、向內，再向上、向前繞一小圓，左掌扶於右腕，右拳心向裡，兩臂微屈。目視右拳（圖 5-58）。

② 右足向後撤步至左足內側，落地震腳，膝部微屈。

圖 5-58　　　　　　　　　圖 5-59

同時，左足抬起，貼靠於右足內側。同時，雙手收回，勒抱於小腹，兩肘緊貼兩肋，鬆肩束肋，頭向上頂，發力呼氣，目視前方（圖5-59）。

【動作要點】：

① 雙手抱收於小腹與右足震腳，要整齊一致，配合呼氣以發力，氣沉丹田，右拳要砸擊小腹。

② 右拳繞圓翻轉，向上翻時注意鬆肩緊背，手臂向前微伸以利向回勒抱。

15. 鷂子入林

左足向前上一大步，右足跟進半步，大部重量在右足；同時，右拳經心窩向上鑽至鼻時，隨右肩後轉而內旋，以拳眼對右額角處，右肘下垂。左拳向前伸臂打出，拳眼向上，高與心窩齊，左臂微屈。目視左拳（圖5-60）。

圖 5-60

圖 5-61①

【動作要點】：

① 左拳打出與左足上步上下相齊，整齊如一。

② 左拳向前打出時，要注意肘部微向內掩，拳要直線出擊，擰腰順肩而發勁，鷂子入林是側身而進，右拳要上鑽擰旋，不要抬肘上架，注意右肘下垂。

16. 上步虎托

① 左足向前進半步，右

圖 5-61②

足跟進提起至左足內側不落地；同時，右拳下落向左臂下前穿，雙拳變掌，自身前交叉向上鑽，至頭頂上方，向左右分開畫弧下落，回落至兩腰側，掌指向下，掌心向前，

目視前方（圖5-61①②）。

②右足向前上一大步，左足跟進半步，大部重量在左足，成三體勢步型；同時，雙拳變掌，自兩腰側以掌心向前，用力伸臂向前下推送托，雙掌高與小腹齊，雙掌相距5公分左右，掌指向下，頭向上頂，目視兩掌前方（圖5-62）。

圖5-62

【動作要點】：

①虎托是虎形的一種練法。兩掌向前下推送托出與右足上步落地，要整齊一致。

②兩掌畫弧時，兩臂要撐圓，向下落時要有裹勁。兩手托出發勁時，要用兩肘向兩肋合擠而向前托送。肩要沉，肘要合，臀要向下坐，背微向後撐，配合發力而呼氣，氣沉丹田。整個動作要連貫不停。

17. 上步虎撐

①右足向前進半步，左足跟進不落地；同時，雙掌腕部交

圖5-63

叉，左手在上，右手在下，兩掌心向上。自下向前、向上撩起，與鼻齊時，內旋翻轉，至胸前兩掌心向外，兩臂屈肘。目視前方（圖5-63）。

②左足向前上一大步，右
足跟進半步；同時，雙掌向前用
力伸臂打出。兩臂撐圓，拇指向
下，兩掌指相對，高與胸齊，頭
向上頂，目視兩掌前方（圖5-
64）。

【動作要點】：

①兩掌向前撐打與左足上
步，動作要整齊一致，要手腳齊
到。

②雙掌向上撩起時，要含
胸緊背，肩向前伸；向回翻轉內
旋時，要兩肘上翻而腰向上挺；
雙掌向前撐打時，要弓腰、縮
身、後坐而伸臂向前，以加大兩
掌之力。

圖 5-64

18.白蛇吐信

左足向前進半步，右足向前
上一步，左足不跟步，大部重量
在左足。同時，左掌在前，擺掌
旋腕，向下扣壓。右掌先拉回至
腰，再外旋以仰掌向上穿出，掌
心向上，高與眼齊。左手扣壓在
右肘下，左掌心向下。目視右手前方（圖5-65）。

圖 5-65

【動作要點】：

右手前穿與右足上步，手足動作要整齊一致。右臂不

圖 5-66

圖 5-67

形意拳械精解（上）

要伸直，要在左掌內側前穿。

19.白蛇纏身

① 左足向前上一步，左足尖外擺橫落，重心在兩足之間。同時，左手在右臂外側向上擺起，向前、向下畫弧落至左胯側。同時，右手抽回下落至右胯側，再向後、向上畫弧擺起，至頭部上方，掌心向上，虎口向前。右臂微屈撐圓。身形微長，目視前方（圖5-66）。

② 身向左擰，兩腿屈膝下蹲，成歇步姿勢；同時，右手自頭上向左胯側下插，右手外旋掌心向外。左掌自下向右肩前上穿，左手外旋，掌心向上。兩肘在身前相抱，左前臂在外。目視左手前方（圖5-67）。

【動作要點】：

① 右手下插和左手上穿與擰身下蹲，三動作要同時完成，整齊一致。

②右手下插要有撐裹勁，左手上穿要有鑽翻合抱勁。身法要先展開後緊縮。兩腿全蹲站穩，兩肩合抱，收腹屈腰，含胸緊背。兩臂擺動畫弧時，臂要圓，配合腰身協調動作。

20. 白蛇撥草

右足向前上一步，左足跟進半步，大部重量在左足，兩腿成低三體勢步型。同時，左

圖 5-68

手向下拉回至左胯側，掌心向下。右手向前、向上擺挑，肘部微屈，掌指向前，高與腰齊。鬆肩沉肘，身形微坐，目視右掌（圖 5-68）。

【動作要點】：

①右掌的向前擺挑與右足上步要完整如一。注意身形微向下沉，臀部要向下墜，腰部要有向上挺之意。關鍵在兩肩的運勁，要一上一下。右肘要沉，細心體會周身的勁力。

②蛇形的吐信、纏身、撥草這三個動作要連貫不停，一氣呵成，注意眼神的運轉。吐信動作要快，纏身要縮緊，撥草發勁要猛。

21. 震腳金雞上架

①重心後移至左足，右足後撤至左足內側不落地；同時，右掌下落經身前左側，再向上、向前畫弧掄劈，劈落

至右胯側，掌心向下；左手同時自左胯向後拉，向上擺起至頭前上方，左手虎口向前。掌心向斜上方，目視左掌（圖5-69）。

圖 5-69

② 右足震腳落地，右膝微屈下蹲，左足同時提起在右足內側，兩膝併攏；同時，左手自頭上向下撺裏插至右胯側，掌指向下，掌心向外。右手自下向前、向上穿至左肩前。身右轉以左肩正對前方。頭向上頂，目視左肩前方（圖5-70）。

【動作要點】：

① 右足震腳與左手下插和右手上穿，動作要整齊一致。

② 兩手擺臂畫弧，左右要同時動作。注意兩臂微屈撐圓。左掌下插要撺裏而轉，要手領、肘隨、肩催，合肩含胸。兩臂、肘部在胸前交叉疊抱，以護胸肋。

圖 5-70

22.金雞報曉

左足向前上一步，右足跟進半步；同時，左掌自下向

前、向上挑掌打出，掌指向上，掌心向前，肘部微屈。右手拉回至腹前，掌心向下。頭向上頂，目視左掌前方（圖5-71）。

【動作要點】：

① 左掌挑打與左足上步，要手腳齊到。

② 左掌挑打之前，左肘部要緊貼左肋、左腰側，先把左掌自左胯移至腹前，左肩下沉而內合，然後長腰、開胸、順肩、伸臂、沉肘而向上打出挑掌，配合發力而呼氣。這樣，上下內外合為一體，打出整勁。

23.上步右鑽拳

① 左足向前進半步，右足跟進不落地；同時，左掌向下翻扣，抓握成拳，拳心向下，高與肩齊。左肘彎曲，略低於肩，在身前蓋壓，頭向上頂，目視左拳（圖5-72）。

圖 5-72

② 右足向前上一大步，左足跟進半步；同時，右手握拳，在左拳內側向前、向上鑽出，高與鼻齊，小指上翻。左拳拉回至腹，拳心向下。頭向上頂，目視右拳前方（圖

5-73）。

【動作要點】：

① 左足進步與左拳扣壓動作要相齊。右拳鑽出與右足上步動作整齊合一，上下協調一致。

② 右拳鑽出要坐臀、長腰、催肩、送肘而發拳，注意體會整勁。兩拳同時用力，一上一下，配合要一致。

圖 5-73

24.鷂子翻身

① 兩足在原地擰轉，向左轉身 180°，面對來時方向。右拳外旋，右臂屈肘向上抬起，右上臂貼右耳側，右前臂橫於頭上，隨身左轉，右臂自頭上向前、向下蓋壓，拳心向下，高與胸齊；同時，左拳自腹前，經右拳裡側向上、向前鑽出，高與鼻齊，拳心向內。此時身體重心前移，大部重量在左足。目視左拳前方（圖5-74）。

圖 5-74

② 右拳自胸部經左臂外側，橫前臂向上架起，至頭頂上方，拳心向外。同時，左拳屈肘下落，收回至胸前。重心保持不動，目視前方（圖 5-75）。

圖 5-75

圖 5-76

③ 身微右轉，重心後移，大部重量在右足。同時，右拳向右、向後拉至右肩前；左拳內旋，左肘向上抬起，以拳眼向內，順左肋向左胯下插，目視左拳（圖5-76）。

④ 右腿屈膝下蹲，右足尖微外擺，右大腿和小腿貼緊；左腿向前伸直成仆步，左

圖 5-77

足尖內扣；同時，左拳順左腿上向前穿。隨前伸隨外旋擰轉，左拳眼向上。重心隨左拳向前穿而向前移，頭向前鑽、前領。左拳在左足前方約 10 公分。右拳向後拉，向下擰裹回至右腰側，拳眼向上。目視左拳（圖5-77）。

【動作要點】：

① 鷂子翻身整個動作要連貫不停，周身完整，勁力協

調，注重身法，以身勁見長，暗含勁而不僵硬，周身協調而靈活。

② 右拳蓋壓與左拳鑽出，右拳向上橫肘架起與左拳屈肘回收，動作要敏捷快速，兩拳動作一上一下要協調一致。

③ 身體重心向前後的移動，要以腰為軸，周身完整。注意重心向後移時，身形微向右轉，與兩手的動作要協調配合。

④ 整個動作要注意兩肩的運動，左拳貼肋沿腿下穿時，左肩要向內合，向內裏。右肩要向外抻而向下沉。右拳向後拉帶時，要用右肘向後帶，用身向後領。右拳下落要擰裏。左臂、左拳擰旋時，要用肩部的向外翻轉，以肩帶肘、帶手而擰旋。

⑤ 鷂子翻身也可不做仆步下勢，以適應老年人，周身勁力與動作要求完全相同，只是不做仆步而已。

25.鷂子束身

左拳順左腿前穿，重心前移至左足，左腿屈膝，身形上起；右足向前上一大步，落地立穩。左足迅速提起，跟進至右足內側不落地，兩腿併攏；同時，左拳向下回落至襠前，拳心向內。右拳自腰側經胸部向前、向下，伸臂打出，以拳眼向前，高與小腹齊。右拳在左拳外側，兩臂緊貼兩肋，頭向上頂，目視右拳前（圖5-78）。

圖 5-78

【動作要點】：

右足上步與右拳向前下插動作要整齊一致。注意兩上臂貼肋，兩肩合抱，右肩微向前順，鬆肩沉肘，含胸實腹。

26.鷂子入林

左足向前上一大步，右足跟進半步；同時，右拳屈肘向上鑽出，高與鼻齊。左拳上提至心窩處，向前伸臂打出，拳眼向上，高與鼻齊，左臂微屈。同時，左肩前順，右拳內旋翻轉至右額角處，拳眼對額角，右肘下垂。頭微上頂，目視左拳前方（圖5-79）。

圖5-79

【動作要點】：

左拳向前打出與左足上步要手腳齊到。發勁時，要擰腰順肩，與步法的前沖配合一致。注意右肘不要抬起。

27.右順步橫拳

① 左足進半步，右足跟

圖5-80

進至左足內側不落地；同時，左拳外旋至拳心向上，右拳下落，插至左腋下，拳心向下。兩肩合抱，含胸拔背，目視左拳（圖5-80）。

② 右足向右斜前方上一步，左足跟進半步，大部重量在左足；同時，右拳打出右橫拳，拳心向上，高與肩平。左拳翻扣拉回至腹，拳心向下。頭向上頂，目視右拳前方（圖 5–81）。

【動作要點】：

與動作 3.相同。

以下動作重複動作 4～34，演至 28～57，動作過程和動作要點完全相同。演練方向，第一段是一去，第二段是回原地。

圖 5–81

58. 收 勢

① 上接退步左崩拳姿勢，左足向前上一步，右足不動，兩腿成左三體勢步型；同時，左拳向下翻扣，向後拉回至小腹，拳心向裡。右拳不動，頭向上頂，目視前方（圖 5–82）。

② 右足向左足併攏，

圖 5–82

兩腿彎曲，兩膝相靠。同時，兩拳變掌，向體兩側畫弧擺起，手心向上。與肩平時，兩掌向面前合攏，高與肩齊，掌心向下，目視前方，頭向上頂（圖 5–83①②）。

形意拳械精解（上）

圖 5-83①

圖 5-83②

③兩掌在身前，向下
按至腹前，同時，隨之伸直
站起，兩腿成立正姿勢，兩
手垂於體兩側，頭向上頂，
目視前方（圖5-84）。

【動作要點】：

①左拳拉回與左足上
步，動作要整齊一致。

②兩掌下按與兩腿站
起要上下相齊。

③整個收勢動作要連
貫不停，動作要穩健，精神
要貫注飽滿，氣勢要威嚴如山。

圖 5-84

第三節　形意綜合拳

一、概　述

這套形意綜合拳是在五行拳和十二形拳的基礎上，摘用了部分八字功裡的內容，創編的一個套路。原來叫綜合形意拳，後經反覆推敲，認為應該叫形意綜合拳。形意綜合拳套路共分為四段，計有 51 個動作。

從內容設計上，它包括五行拳的劈、崩、鑽、炮、橫五種拳法。十二形中的虎形、馬形、雞形、燕形、猴形、蛇形、鴿形之中的部分動作。還有八字功中的截和雲字功串連而成的組合動作。同時，還把雜勢捶套路中的風擺荷葉、推窗望月及連環拳中的白鶴亮翅等動作加進去，以提高套路的表演性、欣賞性和藝術性。在套路中還有一些比較實用的散手組合，如捋手貫耳、雙截加崩拳、雲領加鑽拳等，以提高套路的實用技擊性。這個套路編排布局合理，內容豐富多彩，動作聯接緊湊，勁力轉換合順，較好地體現出了形意拳的風格和特點。

二、形意綜合拳動作順序名稱

1. 起 勢
2. 左劈拳
3. 進步右崩拳
4. 退步左崩拳
5. 右順步崩拳
6. 捋手貫耳
7. 白猿獻果
8. 退步跨虎
9. 左熊形
10. 右橫拳
11. 上步鷹捉
12. 轉身虎托

三、動作過程及要點

1. 起 勢

　　立正姿勢。兩臂側平舉，手心向上與肩平，屈肘兩掌向面前合攏。然後以兩掌心向下，向下按壓至小腹處，同時，屈膝下蹲，兩膝併攏。頭向上頂，目視右掌（圖 5-85

第五章　套　路

圖 5-85①

圖 5-85②

①②③）。

2.左劈拳

　　① 身向左轉 90°，右手握拳，自腹經心窩、嘴前，向上、向前鑽出，高與鼻齊，小指上翻。目視右拳前方（圖 5-86）。

　　② 左足向前上一步，右足不動，大部重量在右足，成左三體勢步型；同時，左拳變掌，經心窩順右

圖 5-85③

臂向前劈出，高與胸齊，右手拉回至腹，掌心向下，頭向上頂，目視左掌（圖 5-87）。

圖 5-86

圖 5-87

【動作要點】：

左掌劈出與左足上步要一致，注意兩拳所走的路線沿身體的矢狀面向前劈。

3.進步右崩拳

左足向前進一步，右足蹉地跟進至左足跟處，大部重量在右足；同時，兩手抓握成拳，右拳向前打出，拳眼向上，手臂微屈，高與胸齊；左拳拉回至腹，右肩微前順。頭

圖 5-88

向上頂，目視右拳前方（圖 5-88）。

【動作要點】：

① 右拳向前打出與右足跟步要整齊一致。右足向前跟

步時，注意不要跺地，而是向
前下蹉地，落地有聲。

②前腳進步落實之後，
後腳跟步時，就像有一根繩子
拴住後腳，要用力把它拉斷而
向前跟步。

4.退步左崩拳

右足向後撤半步，右拳翻
轉拳心向上。左足向後退一
步，重心後移，大部重量在左
足，右足微撤，右腳尖外橫，

圖5-89

兩大腿相靠；同時，右拳向後拉回至右腰側，左拳向前直
線打出，拳眼向上，高與胸齊，左肩前順，頭向上頂。目
視左前方（圖5-89）。

【動作要點】：

左拳向前打出、右拳收回與左足向後退步落地，三者
要整齊如一，動作一致。左肩前順時，要右肩後拉，兩肩
同時動作。

5.右順步崩拳

右足向前進半步，左足跟進半步，大部重量在左足，
成右前左後的三體勢步型；同時，右拳向前直線打出，拳
眼向上，高與胸齊，左拳拉回至腹，右臂微屈，拳面向前
頂。右肩前順，頭向上頂，目視右拳前方（圖5-90）。

【動作要點】：

右拳打出與右足上步要同時。崩拳的打出，不但要和

圖 5-90

圖 5-91

足的進步相合，而且，還要注意發揮兩肩前順後拉的催動作用。

6.捋手貫耳

　　① 右足向前進步，左足跟進至右足內側；同時，左拳變掌，以掌心向前，掌指向上，虎口張開，向右臂下前伸，右拳向後收回至右肩前，目視左掌前方（圖 5-91）。

圖 5-92

　　② 左足向前上一大步，右足跟進半步，大部重量在右足；同時，右拳自右肩前向右擺向前弧形摜擊，右臂微屈。右肘略高於肩，拳心向下，右拳高與耳齊。同時，左掌向前迎擊右拳，目視右拳

圖 5-93　　　　　　　　圖 5-94

（圖 5-92）。

【動作要點】：

右拳抽回向右擺、向前攢打，動作要連貫不停。右拳攢耳與左足上步要動作一致。左掌在右臂下向前伸意在抓捋敵手進步攢耳。

7. 白猿獻果

① 左足向前進半步，腳尖內扣，右足跟進至左足內側不落地；同時，身體向右轉 90°，右掌在左掌中，向內翻轉畫弧，成右掌心向上，左手在下托住右腕部，然後雙手向回、向下拉回至小腹，用力撞擊，同時呼氣，頭向上頂，兩肘貼肋（圖 5-93）。

② 右足向身前上一步，左足跟進半步，大部重量在左足；同時，雙手變掌，以兩掌根相靠，掌指向上，自小腹向前、向上托出。高與嘴齊，目視雙手前方（圖 5-94）。

圖 5-95

圖 5-96

【動作要點】：

① 雙掌向上托擊與右足上步要整齊一致。兩肘要合，肩要沉。

② 右拳翻轉畫弧向小腹勒擊時，要雙手同時用力，撞擊小腹，氣沉丹田。此動作練習時注意方向的轉變。

8. 退步跨虎

① 左足向後退半步，右足撤至左足處，身體重心移至左足；同時，雙掌在身前下落交叉，左手在內，右手在外，右手心向內，左手心向外（圖 5-95）。

② 右足向右退一大步，左足隨之後撤少許，成馬步型，重心稍偏於右腿；同時，右掌向上拉回至頭部右上方，右肘部向右撐，左手向下經胸前向左撐出，掌心向下，虎口向內，手臂撐圓，左手高與胸齊，目視左掌。此勢稍低，右大腿與地面平行（圖 5-96）。

圖 5-97 圖 5-98

【動作要點】：

① 右手向上、向後拉與左手向下、向前撐要協調，同時發力，用力均衡。

② 向右跨步移動時要注意身體重心的移動，跨步與兩手動作要整齊一致。周身上下左右要均衡。氣勢要威嚴，精神要飽滿，眼神要貫注。

9. 左熊形

① 左足進半步，右足跟進，身形左轉；同時，左手握拳向上、向左搬攔收回左腰側，右拳隨轉身自頭上向前、向下蓋壓，目視左前方（圖 5-97）。

② 右足向前上一大步，左足跟進，左腳跟離地，腳前掌著地，身體重心大部在右足；同時，右拳向下蓋壓，拉回至腹，拳心向內，左拳經心窩向前、向上鑽出，小指上翻，高與鼻齊，收下頦，頭部用力向前上頂，目視左拳前

<table>
<tr><td>圖 5-99</td><td>圖 5-100</td></tr>
</table>

方（圖 5-98）。

【動作要點】：

左拳搬攔與身左轉和左足進半步要同時；左拳向上鑽打，右拳向下蓋壓與右足上步動作要整齊一致。注意熊形頭部收頦向上頂，身體重心前移。

10. 右橫拳

① 右足向前進半步，左足跟進不落地；同時，左拳下落前伸與肩齊，拳心向上；右拳上提至胸，拳心向下，目視左拳前方（圖 5-99）。

② 左足向左前方上一大步，右足跟進半步；同時，左拳內旋翻扣，拉回至腹，拳心向下；右拳順左臂下向前外旋，翻轉鑽出，拳心向上，右拳高與肩平，頭向上頂，目視前方（圖 5-100）。

圖 5-101

圖 5-102

【動作要點】：

① 右拳向前打出與左足上步動作要整齊一致。

② 右拳橫出時，要擰腰順肩，頭頂、臀向下坐，兩腿要有夾剪之力，右腿膝部要向內合，向下插，裹胯合膝。兩拳、兩臂動作勢若擰繩，周身協調完整不懈。

11. 上步鷹捉

① 左足向前進半步，右足跟進不落地；同時，右拳上起高與頭齊，左拳上提至右肘部，拳心向上，鬆肩，兩肘內合（圖 5-101）。

② 右足向前上一大步，左足跟進半步，同時，左拳順右臂向前鑽至兩拳相齊時，雙拳同時變掌內旋，向下劈落至腰齊時，右掌拉回至腹，左掌劈出在左前方，高與腰齊，頭向上頂，目向下視左掌（圖 5-102）。

圖 5-103①

圖 5-103②

【動作要點】：

① 左掌劈出注意方向角度，應是兩腳位置畫一直線，直線中點的垂線所指方向，也就是身體的左前方。左掌劈落、右掌拉回與右足上步要整齊一致。

② 注意臀部向下坐，頭向上頂，使身豎直，鬆肩垂肘，掌成鷹爪型。

12. 轉身虎托

① 右足進半步外掰，左足上步扣於右足尖前，重心移至左足；同時，身向右轉 180°，面對來時方向，左手隨轉身向右上擺，右手上起，兩手腕部交叉，左手在上，右手在下，在身前向上、向左右畫弧收於兩腰側，兩掌心向前，手指向下，頭向上頂，目視前方（圖 5-103①②）。

②右足向右斜前方上一步，左足跟進半步；同時，兩掌自兩腰側向前下托出，高與腹齊，兩掌相距一拳，掌心

圖 5-104　　　　　　　　圖 5-105

向前，掌指向下，頭向上頂，目視兩掌前方（圖 5-104）。

【動作要點】：

① 兩足掰扣步要大，轉身要快。兩掌畫弧時，臂要微屈成圓。兩掌向前下托出與右足上步落地要同時。

② 托出時，要頭頂、沉肩、塌腰、坐臀，配合呼氣以助發力。

13.雙截手

① 兩足不動，雙掌握拳，由前向上、向左格掛橫截，右前臂豎直，拳心向裡，右拳在前，左拳在後，右拳高與鼻齊，左拳在面前，目視前方（圖 5-105）。

② 雙拳向右橫截，左前臂向前、向右橫截，拳心向裡，前臂豎直；左臂在前，右拳在左肘部；同時，右足向後撤回半步點地，目視前方（圖 5-106）。

圖 5-106

圖 5-107

【動作要點】：

① 左右雙截要利用轉腰，以腰帶肩，以肩帶肘，以肘帶手。注意兩臂橫截時，拳要旋轉，向左截右拳外旋，左拳內旋。向右截時，左拳外旋，右拳內旋。

② 向右截時，右足要同時向後撤半步。左右雙截要連貫不停，一氣呵成。

14.右順步崩拳

右足向前進一步，左足微跟，右拳下落至右腰側，隨右足進步向前直線打出右崩拳，拳眼向上，右臂微屈，拳高與胸齊，左拳拉回至左腰側，頭向上頂，目視右拳（圖5-107）。

【動作要點】：

與 5.同。

圖 5-108① 　　　　　　　　 圖 5-108②

形意拳械精解（上）

15.白鶴亮翅

① 左足向後撤半步，雙腿成馬步型，右拳下落，雙拳在身前下部交叉；雙拳向上鑽起，與頭齊，拳心向裡，左拳在裡，右拳在外，兩腕交叉（圖 5-108①②）。

② 雙拳內旋以拳心向外，兩臂微屈成圓，雙拳向左右畫弧，收於小腹前；同時，右足拉回至左足內側，震地有聲，頭向上頂，氣沉丹田，目視右拳（圖 5-109①②）。

【動作要點】：

① 白鶴亮翅動作兩拳上鑽，然後翻轉外撐，向兩側下裹，最後用力收抱於小腹，要注意體會鑽、翻、撐、裹、抱的勁力。要完整不懈，動而不僵，快而不毛，周身均整。

② 整個動作中還要注意身體重心左右的移動。雙拳上鑽時，重心向左移，雙臂外撐時，重心向右移，雙拳裹抱

圖 5-109①

圖 5-109②

時，重心移向左足。

③ 雙拳收抱於小腹時右足拉回，要動作一致。雙拳用力砸擊小腹，氣沉丹田。右足拉回要貼地而行，踩地發聲，注意不要跺地。

16. 左炮拳

右足向右斜前方上一大步，左足跟進半步；同時，右拳經心窩向上鑽與鼻齊，左拳上提至心窩處，隨右足進步，

圖 5-110

左拳打出，拳高與心窩齊，左臂向內掩肘微屈，拳眼向上，右拳內旋擰轉置右額角處，右肘下垂，目視左拳前方（圖 5-110）。

【動作要點】：

① 左拳打出與右足上步要整齊一致，手腳齊到。

② 左拳打出時，要用腰催肩，肩催肘，肘催手，注意發揮腰勁。還要注意右肘下垂，不要抬起，右拳在右額角處。發力時，要轉身撐腰。

圖 5-111

17. 左領右栽

左足向左前上一步，右足不動，身向左閃，重心移向左足；同時，左拳內旋，向上橫臂抓捋，隨身向左領帶，架於頭前上方。右拳自上經胸前向下栽至襠前，拳眼向內，拳面向下，臂微屈，身形微低，目視前方（圖 5-111）。

【動作要點】：

① 兩手動作與左足向左前上步要動作一致。

② 左手向左領帶與身向左閃完整一致。右拳向下栽時，右肩要向前頂，右膝合，右胯向內裹。

18. 右捋帶

右足向前上一步，腳尖微外掰落地，左足不動，同時，兩拳變掌，右掌自下向前、向上撩起，略高於肩，右手掌心向前，虎口向下；左掌掌心向上，手指向前，隨右手動作向前伸、向上托與肩平，左手在前，右手在後，身微右轉，目視左拳前方（圖 5-112）。

圖 5-112

圖 5-113

【動作要點】：

① 右足上步與雙手向右捋帶動作要協調一致。

② 雙手動作要先向前伸，再隨身微右轉而向右捋帶。左肘微屈，右手在頭前，注意捋帶時，要用腰勁。

19.拗步鑽打

左足向前上一大步，右足跟進半步；同時，左手內旋翻扣，向下、向左勾掛成拳，至左肩前上方，拳眼向下，左肘略高過肩。右掌下落至右腰側握拳，隨左足上步，右拳自腰間向前、向上打出鑽拳，高與鼻齊，小指上翻，頭向上頂，目視前方（圖 5-113）。

【動作要點】：

① 右拳鑽打與左足上步要整齊一致。

② 左手向下、向左勾掛，再向上帶起，要走一弧形。要用腰帶，要有沉勁，要有抖擞勁。右拳向上鑽打要用腰

勁，注意兩肩的配合，擰腰順肩而發勁。

20.右領左栽

動作同前，惟左右互換。

21.左捋帶

動作同前，惟左右互換。

22.拗步鑽打

動作同前，惟左右互換。

23.鷂子鑽天

右足在前，左足在後，左拳鑽打。左拳內旋翻扣下壓，前臂微橫，拳心向下。同時，右拳下落至右腰側。右足向前進半步，左足跟進半步；同時，右拳經心窩向前、向上鑽出，高與鼻齊，小指上翻；左拳拉回至腹，頭向上頂，目視前方（圖5–114）。

【動作要點】：

右拳鑽出與右足上步要同時，拳鑽出高與鼻齊。肘尖與胸齊，肘部的夾角約120°。

24.鷂子翻身

① 兩腳原地擰轉，向左轉身180°，面對來時方向，右拳外旋抬肘上揚，隨左轉身

圖 5–114

圖 5-115①

圖 5-115②

自頭上向前、向下蓋壓。拳心
向下，身體重心移向左足，同
時，左拳自腹前向上鑽出，高
與鼻齊，小指上翻，拳心向
內。右拳蓋壓高與胸齊，目視
左拳（圖 5-115①②）。

②右拳向上橫肘架起至
頭前，同時左拳沉肘向下收至
胸前，身體重心後移至右足，
右拳向後拉至右肩前，同時，
左拳內旋抬肘，以拳眼向內，
順左肋、左胯向下插。目視左
拳（圖 5-116）。

圖 5-116

③右腿屈膝下蹲，左腿仆腿伸直，大部重量在右足，
同時，左拳順左腿外側向前穿，右拳向後拉回至腰側。左

拳前伸超過左腳面，外旋擰轉，至拳眼向上，目視左拳。身體重心隨左拳前伸而前移（圖5-117）。

圖5-117

【動作要點】：

① 鷂子翻身動作注重身法，以身勁見長，以腰為軸，兩肩與兩臂的動作要協調一致。完整而不懈怠，柔和而不鬆散，暗含有力而不僵硬。

② 注意重心前後移動，用頭領，用腰帶。右拳蓋壓，左拳鑽出之後，右拳橫臂上起，向後拉帶，要用肘向後帶。右拳向下畫弧至右腰側時，要有裹勁、擰勁，右肩要有沉勁。

③ 左拳貼肋下插時，注意先抬肘，左肩內扣內合而下插。左拳前穿超過左足時，要頭向前領，重心前移，隨之左肩外翻下沉而左拳擰旋，拳眼向上，沉肘臂微屈，暗含有擰旋上挑、前頂之勁。

25.鷂子束身

重心移至左足，左膝屈，身上起。右足向前上一大步，立定站穩，左足迅速跟進至右足內側不落地，兩膝併攏；同時，左拳拉回至腹，右拳自右腰側上提至心窩向前、向下打出，高與襠齊。左拳在內，拳心向裡，右拳在外，拳眼向前。頭向上頂，目視右拳（圖5-118）。

【動作要點】：

① 右拳向前下打出與右足上步要動作一致，右足上步

形意拳械精解（上）

圖 5-118

圖 5-119

要平衡穩定。

　　② 注意兩肩合抱，兩肘貼肋，含胸實腹，臀部向下鬆墜，右肩微向前順。

26.鷂子入林

　　左足向前上一大步，右足跟進半步。同時，右拳經心窩向上鑽起，高與鼻齊，隨上步撐身，右拳內旋擰轉至右額處，拳眼向內，右肘下垂。同時，左拳自心窩向前打出高與胸齊，拳眼向上，肘部微屈，頭向上頂，目視左拳（圖 5-119）。

　　【動作要點】：

　　① 左拳向前打出與左足上步落地，要整齊一致，手腳齊到。

　　② 注意右臂不是上架抬肘，而是鑽翻擰化垂肘，左拳打出是靠上步撐腰、側身、順肩而發力，兩肩向下鬆墜。

27.雙馬形

① 右足向前上一步，右拳外旋，以拳心向上，前臂內掩，以拳鋒向前、向下砸，與左拳相交後，兩拳同時向下砸，拳心向上，頭向上頂，目視前方（圖5–120①②）。

② 左足向前上一大步，右足跟進半步，同時，雙拳自兩胯側屈肘上起，至兩肩前，兩拳同時內旋，拳心向下，拳面向前；腕部微扣，兩肘上翻，兩拳向前打出。高與胸齊，兩臂微屈，兩拳相距一拳，頭向上頂，目視前方（圖5–121）。

【動作要點】：

① 雙拳向前扣打與左足上步落地要整齊一致。

② 雙拳向下砸時，要鬆肩沉肘，用兩肘向回帶，頭向上頂，腰微長而胸向前挺，含有胸撞之意。

圖 5–120①

圖 5–120②

③ 雙拳向前扣打時，要含胸、送肩、伸臂、拱腰而打出。拱腰是腰部向後拱而收腹，以腰催肩，以肩送肘，以肘催拳，節節貫穿，節節加力，力達拳面。

圖 5-121

圖 5-122

28.退步左橫拳

① 右足向後撤半步，左拳拉回至腹前，左拳心向下，右拳外旋，拳心向上，右前臂向內掩肘，目視右拳前方（圖 5-122）。

② 左足經右足內側向左後方退一步，落地踏實，重心後移，大部分重量在左足；同時，左拳順右臂下向前打出，左拳外旋至拳心向

圖 5-123

上；右拳內旋扣壓，向後拉回至腹前；左拳打出高與肩齊。頭向上頂，目視左拳前方（圖 5-123）。

【動作要點】：

① 左拳向前打出橫拳與左足後退落地要完整一致，整齊如一。

② 右足後撤與右拳翻轉掩肘要動作一致，注意身法欲後先前的微小動作。

29.右劈拳

右足向前方進半步，左足跟進半步；同時，右拳經心窩順左臂上向前劈出變掌，右掌高與胸齊，左拳變掌拉回至腹，頭向上頂，目視右掌前方（圖5-124）。

圖5-124

【動作要點】：

右掌劈出與右足上步要整齊一致。要注意鬆肩墜肘，頭向上頂，身有微上起之意。發力時呼氣，氣沉丹田。

30.金雞啄水

① 右足撤回至左足前，提膝腳尖向上抬起，至小腿肚

圖5-125

處，左腿獨立站穩。同時，右手抓握拉回至腹成拳，右拳經心窩至嘴前，向上、向前鑽出，高與鼻齊，小指上翻，左拳上提至右肘處，目視右拳（圖5-125）。

②右足向下震腳落地，左足同時抬起不沾地，貼於右腳內側。右膝部彎曲，身體下蹲。同時，左拳順右臂上鑽至頭部，變掌向前、向下劈落，左手高與胸齊。右手拉回至右胯，手心向下。頭向上頂，目視前方（圖5-126）。

【動作要點】：

①右足撤回與右手拉回上鑽，動作要協調一致。左掌下劈與右腳落地震腳要整齊如一。

②左手劈出時，肩要鬆，肘要垂。右足震腳時，膝部要屈，腰要塌，臀部要墜，頭要頂，腳要沉著有力，全腳掌著地，震地有聲。

31. 金雞食米

左足向前進一大步，右足向前挫地跟步，跟至左足處，落地有聲。同時，右手握拳向前打出崩拳，高與胸齊。左手扶於右腕部，頭向上頂，目視右拳前方（圖5-127）。

【動作要點】：

左足上步要遠要快，右足跟步落地與右拳打出要整齊

圖5-126

圖5-127

圖 5-128 　　　　　　　　　圖 5-129

一致。左拳打出注意右肩微前順。

32.虎撲

① 右足向後退一步，左足隨之撤回半步；同時，雙手變拳拉回至胸，重心移至右足。目視前方（圖 5-128）。

② 左足向前方進一步，右足跟進半步；同時，雙拳上鑽經心窩至嘴前，雙拳內旋變掌向前撲出，高與胸齊。兩掌心向前，兩掌相距一拳，頭向上頂，鬆肩墜肘。目視兩掌前方（圖 5-129）。

【動作要點】：

① 形意掌步法特點「逢進必跟，逢退必撤」，雙拳由前變掌抓握拉回成拳與右足後退，左足撤步動作要協調一致。

② 雙掌向前撲出與右足進步要整齊合一，手腳齊到。雙掌撲出要細心體會挺腰、伸肩之勁。

圖 5-130　　　　　　　圖 5-131

33. 虎托

① 左足向前進半步，腳尖微內扣，右足跟進至左足內側不落地；同時，兩掌先交叉，再各自向兩側畫弧，回至兩腰側。畫弧時，兩掌心向前，掌指向下，頭向上頂。目視右前方（圖 5-130）。

② 右足向右斜前方上一大步，左足跟進半步；同時，兩掌自腰側向前、向下托出，掌指向下，兩掌相距一拳，高與腹齊，鬆肩坐腰，頭頂。目視兩掌前方（圖 5-131）。

【動作要點】：

① 兩掌向身前兩側畫弧與左足進半步要協調一致。兩掌向兩側撐開，兩臂要圓，要含胸拔背，屈腰縮身。兩掌向下裹帶時，要頭頂、長腰、沉肩、合肘。

② 兩掌向前托出與右足上步落地要同時，要整齊一

致。

兩掌托出時，要用兩肘部向兩肋合擠，向前托送，肩要沉，臀要向下坐，兩肘內合，身形微向下落，配合呼氣而發力。

34. 雙截手

動作過程和要領與 13 相同。

35. 右順步崩拳

動作過程和要領與 14 相同。

36. 風擺荷葉

① 身體左轉，左腳向左前方進半步，右拳下落變掌，雙掌向下、向左，再向上畫圓。目隨右手（圖5-132）。

② 右足向左足前橫腳邁進一步，兩腿成交叉步，身體重心在兩足之間；同時，雙掌自左向上、向右、向後方擺落，身形也隨之向右後方扭轉，右掌高與肩平，左掌在右肩前，兩掌心均向右後方。目視右掌（圖5-133）。

圖 5-132

圖 5-133

【動作要點】：

① 兩掌擺動畫圓時，要在身前畫一立圓，兩掌向後擺落與右足向左腳前蓋步，要整齊一致。

② 擺落時，腰部要盡力向後扭轉，要沉肩墜肘，要沉實有力，而不能飄浮，風擺荷葉動作，連續做二至三次中間不停。

圖 5-134

37.轉身蛇纏身

① 兩掌同時下落，自身右側向左、向上撩起；同時，兩足原地擰轉，左轉身180°，兩掌隨轉身，左手自頭上向左、向下掄劈，至左胯處。右手向上掄起，至頭右上方。目隨左手（圖5-134）。

② 身繼續左轉90°，兩腿屈膝下蹲成歇步姿勢。同時，右手自頭上屈肘經面前，向左胯外側下插，掌心向外。左手自左胯向上、向右肩前畫弧上穿，掌心向上，至右肩前方。目視右肩前方（圖5-135）。

圖 5-135

【動作要點】：

① 兩掌的撩劈和穿插要和身體擰轉下蹲協調一致，中間不停。

② 兩掌撩劈時，身要向上起，要高。兩掌穿插時，要外旋擰轉。落勢身要團緊。

38. 白蛇撥草

右足向右前方上一大步，左足跟進半步，姿勢要低，大部重量在左足。同時，右手自

圖 5-136

左胯向前、向上撩出，高與腰齊。右臂肘部微屈，右手指向前，拇指向上。左手拉回至左胯旁，目視右手，臀部向下坐（圖 5-136）。

【動作要點】：

右手撩出與右足上步落地要同時。右手撩出發勁時，要坐臀縮胯，要長腰、沉肩、沉肘，注意兩肩的配合。

39. 猿猴掛印

① 右手抓握拉回至腹成拳。同時，身微左轉，右足隨之撤回至左足內側不停，再向右前方邁進半步，腳尖外擺，身形向右擰轉。同時，右拳經心窩向上鑽，至嘴前方時，內旋翻轉至拳心向內。並向前、向右微橫做刁捋狀。高與肩平，目視右拳（圖 5-137）。

② 身體重心前移至右足，左足向右足尖扣步成八字形。同時，左手提起至右肘部，身隨扣步繼續向右轉，右

圖 5-137

圖 5-138

拳隨身向外擰轉。目視右手（圖 5-138）。

【動作要點】：

① 右足撤回再向前進步時，路線要走一弧形，向前擺步而足尖外撇。右拳上鑽之後，隨扣步轉身而拳變掌，翻轉刁捋。身隨兩足擺扣步而轉身 180°。

② 整個動作手腳身法要協調一致，周身完整，精神貫注。

40.退步猴蹲

① 重心移向左足，右足向後退一大步。同時，左手順右臂上向前直臂前穿，高與眼平。右手拉回至腹，掌心向下，掌指向前，目視左手（圖 5-139）。

② 左足速向後撤回至右足內側，腳尖點地，重心在右足，屈膝下蹲，大腿與地面平行。同時，左手向下拉回至左胯，右手上提至右肩上方，再向左肩前方伸探，掌心向

圖 5-139

圖 5-140

下，高與肩平，目視左肩前方。蹲身後，身微右轉，以左肩對前方（圖 5-140）。

【動作要點】：

① 右足向後退一大步時，用左足蹬地，右足跳起退步，落地要穩。左足撤回點地要快，動作要輕靈敏捷。

② 右足後退與左手向前穿要同時，此勢蹲身姿勢要低要穩。

41.猿猴捯繩

① 身形微向上起，兩掌協調動作，在身前畫一立圓，右手向前，左手向後，右手向下，左手向上，雙手同時動作，只繞一個圓。目視前方（圖 5-141①②）。

② 右手在上，左手在下時，左足向前進一步，右足跟進半步。同時，左手順右肩上向前劈出，左掌高與胸齊，手心向前。右手拉回至腹，頭向上頂，目視左手（圖 5-

圖 5-141①

圖 5-141②

142）。

【動作要點】：

兩掌在身前畫圓，動作
要快、要協調。左掌向前劈
出與左足進步要完整一致，
要發力。

42.金雞獨立

① 左足前進半步，右
足不動，重心前移，大部分
重量在左足，右足跟抬起，
左腿膝彎曲。同時，右手上

圖 5-142

提至心窩，順左臂下，以手心向下，手指向前穿。左手拉
回至胸前，手心向下，右肩前順，右臂微屈。右手腕部微
塌，掌心向前，掌指向上，高與肩平，頭向上頂。目視右

圖 5-143

圖 5-144

手（圖 5-143）。

②右足向正前方上一大步，左足速跟進至右足內側不落地，兩腿膝部靠攏，右腿屈膝站穩；同時，左手順右臂下，向前穿至前方時，左腕微塌，臂微屈，掌指高與肩平，右手收回至胸前，左肩微前順，頭向上頂。目視前方（圖 5-144）。

【動作要點】：

縱步要遠，落地要穩，跟步要快。兩手前穿踏掌時，要先提腕上起，然後再順肩沉肘坐腕踏掌。金雞獨立要連續做兩次。

43. 金雞蹬腳

①左足向前上半步，重心前移至左足，右手順左臂下前伸至兩腕部相交時，兩掌心向前、向左右各自畫圓弧，收於胸前，兩腕部相靠，兩掌心向上。目視前方（圖 5-

圖 5-145

圖 5-146

145）。

② 右腿提膝向上、向前勾腳尖蹬出，高與肩齊。同時，兩掌向上、向前托出，高與嘴齊，左腿微屈站穩。目視前方（圖 5-146）。

【動作要點】：

① 兩掌畫弧兩臂微屈，脊背要圓，胸要含。兩掌上托與提膝前蹬，動作整齊。

② 兩掌向上托起，要長腰、送肩、伸臂，兩肘要合抱，腳前蹬時，注意不要送胯。

44. 燕子抄水

① 右腳蹬出後不落地，屈膝收腿至左腿內側，身體向右轉 90°，同時，雙掌合腕向上穿，上至頭頂。目視雙掌（圖 5-147）。

② 右足橫足落地，屈膝全蹲，左足向左仆腿伸直鏟

圖 5-147

圖 5-148

出，全腳掌著地；雙掌自頭上內翻，兩手背相靠向身前下插，至腰側時，左手向左，右手向右，以雙掌內旋至手心向上，向左右穿出，手臂伸直，左手順左腿外側前穿，至左足前。伏身下勢，大部重量在右足，右手向右伸出，手心向上。目視左掌（圖 5-148）。

【動作要點】：

兩掌上穿，左足向上蹬地彈起要同時，兩掌下插，左右穿出與仆腿下勢，整個動作連貫不停，手腳動作協調一致。周身完整。

45.上步撩陰掌

左手繼續前穿，重心前移，左腿屈膝，身微上起。右足向前上一大步，橫腳落地，兩腿交叉成歇步式。同時，右手以手心向前，用力向前上撩出，高與腰齊。左手扣於右腕部，身形微前俯上翻，右肩在下，左肩在上。目視右

圖 5-149

圖 5-150

掌（圖 5-149）。

【動作要點】：

右手向前撩掌與右足向前落地要同時。撩掌時，要擰腰、翻身、探臂撩出，手臂微屈。兩大腿內側要夾緊。

46.上步栽打

左足向前上一步，右足跟進半步；同時，兩手抓握成拳，左拳順右臂向前下方打出，拳心向下，高與腹齊。右拳同時向後拉回至右腰側，拳心向上，頭向上頂。目視左拳（圖 5-150）。

【動作要點】：

① 左拳打出與左足上步，要手腳齊到，整齊一致。

② 左拳向前下打出時，注意頭用力上頂，左肘部向內掩，右拳用力後拉，兩拳錯打，用力相等。注意兩肩發力。

圖 5–151　　　　　　　　圖 5–152

47.右鑽拳

① 左足先向後撤半步，左拳拉回至腹，左足再向前進半步，左拳經心窩向前、向上鑽出，高與鼻齊。目視左拳（圖 5–151）。

② 右足向前上一大步，左足跟進半步；同時，左拳橫前臂向下扣壓。右拳向前、向上打出鑽拳，小指上翻，高與鼻齊。左拳拉回至腹，頭向上頂，目視前方（圖 5–152）。

【動作要點】：

左拳上鑽與左足進半步要同時，右拳鑽打與右足上步要動作一致。

48.進步踏掌

① 右足後撤半步，腳掌點地，重心移至左足。同時，

兩拳變掌，左掌由下、向上、向右臂外，以掌心向外，橫前臂向上架起，高與眉齊，右手屈肘收回至胸前。目視前方（圖5-153）。

②右足向前進一步，腳尖內扣，橫腳落地。左足跟進。身左轉90°，兩腿成馬步型，重心在兩足之間。同時，右掌內旋，掌心向外，拇指向下，用力向右推出，高與胸齊，左掌向上、向左用力撐拉，停於頭部左上方。目視右掌（圖5-154①②）。

圖 5-153

【動作要點】：

右掌向右踏出與右足上步和擰腰轉身，左手向左撐

圖 5-154①

圖 5-154②

圖 5-155　　　　　　　　　　圖 5-156

拉，要整齊一致，配合呼氣以發力。右臂要撐圓。

49.推窗望月

①　兩掌下落，向左擺，再向上、向右掄擺，同時，重心向左足移，右足向左足前上一步，腳微橫。身形右轉90°，眼隨左掌（圖 5-155）。

②　左足向前上一步，右足不動，大部重量在右足，兩足成半馬步型。同時，兩掌自右，向下、向左、向上掄擺。左掌心向外，拇指向下、左臂微屈成圓，停於左前方，高與眉齊。 右掌自右，掌心向左，掌指向上，用力向左推出，高與胸齊，右臂屈肘，頭向上頂。目視右手前方（圖 5-156）。

【動作要點】：

兩掌掄擺與右足上步要協調一致，左掌上架撐打和右掌推擊與左足上步，要整齊一致。同時，氣聚丹田。

圖 5–157

圖 5–158

50. 左劈拳

① 右足在左足後稍進半步，同時，右手拉回至腹成拳，再向上、向前鑽出，高與鼻齊。同時，左手握拳拉回至腹。頭向上頂，目視右拳（圖 5–157）。

② 左足向前進半步，成左三體勢步型，右足不動。同時，左拳順右臂向前用力劈出，高與胸齊。右手拉回至腹，掌心向下，頭向上頂，目視前方（圖 5–158）。

51. 收 勢

① 左手拉回至腹成拳，重心前移，右足向左足併攏，兩膝屈（圖 5–159①②）。

② 兩拳變掌向左右兩側平舉，屈肘向面前合攏，目視右手（圖 5–160）。

圖 5-159①

圖 5-159②

圖 5-160

圖 5-161

③ 雙手向下按至腹，兩膝伸直站直，兩手垂於兩側，成立正姿勢，收勢完畢（圖 5-161）。

第四節　安身捶

一、概　述

形意安身捶是形意安身炮對練套路的單人演練套路，是完全按照安身炮對練的動作順序改編成的單練套路。把甲和乙的動作分成第一段和第二段，動作順序不變。一個人時，可以單獨練習，兩個人在一起時可以對練。

安身捶套路單練時，能有利於體驗每個動作的勁力，動作的路線、方向、角度等，有利於動作的連接，有利於對練套路的記憶。

在安身炮對練套路中，有很多手法招式或技法組合非常實用，技擊性很強。如左右雙截手加一崩拳，炮拳、摜耳加偷打，蛇形撩襠，順手牽羊加上樹，撤步拉撥打，換步拍撥抽等。這些手法既是安身炮套路中的重要內容，也表現出了形意手法的特點。

在民間傳統形意拳中，所有稱為「炮」的都是對練。如：五行炮、絞手炮、安身炮、散手炮等。也有不稱炮的對練，如：九套環、十六把等。

為了和安身炮對練區別開來，以安身炮對練的動作順序而成的單練套路，起名叫「安身捶」。這趟拳技擊手法實用價值很高，能豐富手法，以提高技藝。

二、安身捶動作順序名稱

1. 起 勢
2. 進步右崩拳
3. 左劈拳
4. 搖身右劈拳
5. 撤步雙截手
6. 右順步崩拳
7. 猿猴捯繩
8. 上步右炮拳
9. 摟手右貫耳
10. 進步偷打
11. 上步左劈拳
12. 上步右蛇形
13. 左右切脖
14. 猿猴捯繩
15. 上步鷹熊合演
16. 原步左切脖
17. 順手牽羊
18. 右足橫蹬
19. 拗步右劈
20. 上步挑抒右劈
21. 上步摟手蓋劈
22. 左右雙截手
23. 右順步崩拳
24. 退步左劈拳

25. 排手右崩拳
26. 左順步炮拳
27. 退步搖身劈
28. 原步左切脖
29. 撤步拉撥打
30. 撤步右鑽拳
31. 退步左劈
32. 撤步左鑽拳
33. 換步拍撥抽
34. 退步抒手右劈
35. 退步左劈
36. 撤步右橫拳
37. 左順步崩拳
38. 退步右鑽拳
39. 撤步雙截手
40. 右順步崩拳
41. 退步右橫拳
42. 鷂子抓肩
43. 換步右劈
44. 原步左切脖
45. 右退步崩拳
46. 退步左崩拳
47. 收 勢

形意拳械精解（上）

三、動作過程及要點

1.起勢

① 立正姿勢，面向練拳方向 45°角。兩手心向上，兩臂向上平舉。與肩平時，兩臂屈肘向面前合攏下壓，手心向下，掌指相對，下壓至小腹。同時，雙腿屈膝半蹲，目視兩掌（圖 5-162①②③）。

圖 5-162①

② 雙手同時握拳，拳心向上。右拳經心窩向上、向前鑽出，小指上翻，高與鼻齊。身向左轉，右拳所指方向為練拳方向。目視右拳（圖 5-163）。

圖 5-162②

圖 5-162③

圖 5-163

圖 5-164

③ 左足向前上一步，右足不動，兩腿成三體勢步型；
同時，左掌如劈拳向前劈出，右拳變掌拉回至腹。左掌高
與肩齊，頭向上頂，目視前方（圖 5-164）。

【動作要點】：

① 起勢動作全身要放鬆，精神貫注。

② 兩掌下按與兩腿下蹲動作要一致。

③ 左手劈出與左足上步要整齊一致。

2.進步右崩拳

左足向前進半步，右足跟進至左足後，重心在右足，
落地震腳；同時，左手抓握成拳拉回至腹，右拳向前打出
右崩拳，高與胸齊，拳眼向上，右臂微屈，頭向上頂，右
肩前順。目視右拳前方（圖 5-165）。

【動作要點】：

左手拉回，右拳打出與右足跟步要整齊如一。

圖 5-165

圖 5-166

3.左劈拳

　① 右足向後退半步，左足撤半步；同時，右拳收回至腹不停，向上經心窩向前鑽出，高與鼻齊，小指上翻。頭向上頂，目視右拳（圖 5-166）。

　② 左足向前進半步，右足跟進半步；同時，左拳經心窩順右臂向前劈出變掌。右手拉回至腹，左掌高與胸齊，目視左掌前方（圖 5-167）。

圖 5-167

　【動作要點】：

　① 右足退步，左足撤步與右拳拉回鑽出，動作要上下

圖 5-168　　　　　　　圖 5-169

一致。

② 左掌劈出與左足進步要整齊一致。

4.搖身右劈拳

① 左足後撤至右足前，再向右前方進半步，腳尖微外擺，右足不動；同時，左手抓握成拳拉回至腹，再經心窩向上、向前鑽出，高與鼻齊。目視左拳（圖 5-168）。

② 右足向前上一步，左足跟進半步，大部重量在左足；同時，右拳向前劈出成掌，高與胸齊。左手拉回至腹成掌，目視右掌（圖 5-169）。

【動作要點】：

① 注意右足進步要先撤後進，要弧形擺步，身形隨之移動。

② 左足進步與左手相齊，右足上步與右掌劈落要一致。

圖 5-170

圖 5-171

5.撤步雙截手

① 左足向後退半步，右足隨之後撤半步，重心後移至左足；同時，右手握拳，屈臂由前向左掩肘橫截。右拳外旋，拳心向裡，高與鼻齊。左拳經心窩上鑽內旋，拳心向外。左拳在右肩前，左肘在心窩處，身微左轉。目視前方（圖 5-170）。

② 身向右轉，右拳內旋，左拳外旋，以左前臂向上豎直，自左向右掩肘橫截，左肩前順，左拳高與鼻齊。右拳在左肘上方。含胸收腹，目視左拳前方（圖 5-171）。

【動作要點】：

① 左足退步與右肘向左橫截，動作要協調一致。向右截時，要與身右轉、右足撤步相一致。

② 左右雙截手動作要連貫，以腰帶肩，以肩帶肘。左截時，右臂在前，右截時，左臂在前。兩拳與前臂要擰

旋，注意要含胸收腹。

6.右順步崩拳

右足向前進半步，左足跟進，成右三體勢；同時，右拳下落至右腰側，右拳向前打出崩拳高與胸齊。左拳下落，拉回至腹前。右肩前順，頭向上頂，目視右拳（圖5-172）。

【動作要點】：

右拳打出與右足進步要整齊一致。此勢要和前一勢退步雙截手連起來做，是一動作組合。

圖5-172

7.猿猴捯繩

① 左足微向後退半步，右足後撤半步，重心後移，大部重量在左足。同時，雙拳變掌，右手自前向左、向上繞一小弧，再向下、向後捋帶。左掌緊跟右手，向前、向下捋帶。左手高與胸齊，右手回至胸前，左肩前順，頭向上頂。目視左手前方（圖5-173）。

圖5-173

② 右足向前進一步，左足跟進半步；同時，右掌以掌心用力向前、向上打出，高與頭齊；左手拉回至腹，手心

向下。下頦內收，頭向上頂，
目視前方（圖 5-174）。

【動作要點】：

① 猴捯繩兩手動作要快，
要敏捷。右掌向前、向上打出
與右足進步落地要整齊一致。

② 捯繩時，要收腹含胸。
出掌時要長腰、沉肩、墜肘。

8.上步右炮拳

重心前移，左足向前上一
大步，右足跟進半步；同時，

圖 5-174

左拳以拳心向上，順右臂下向前鑽，向上架至左耳前。右手
抽回至胸前握拳，再向前伸臂打出右炮拳，高與胸齊。目視
右拳前方（圖 5-175①②）。

圖 5-175①

圖 5-175②

【動作要點】：

右拳打出與左足上步落地要整齊一致，注意左拳要先向前穿架，再擰腰發拳。

9.摟手右貫耳

右足向前上一步，左足跟進半步，大部重量在左足；同時，左拳變掌自頭左側向前、向下蓋壓摟回至胸前，右拳抽回至右腋下，向右、向前畫弧平掄攢耳，拳眼向下，高與耳齊。右臂微屈，目視右拳前方（圖 5-176①②）。

圖 5-176①

【動作要點】：

右拳攢耳要繞一弧形，隨走隨內旋，與右足上步要整齊一致。

10.進步偷打

右足向前進半步，左足跟進半步；同時，左手成立掌，向前伸臂，向右橫撥，掌指向上，掌心向右。右拳向右畫弧

圖 5-176②

抽回至胸前變掌，再向前、向上打出，掌心向前，高與頭齊。左手拉回至腹前。頭向上頂，目視前方（圖 5-177①②）。

圖 5-177①

圖 5-177②

【動作要點】：

　　左手右撥、抓捋、拉回要走一弧形，與右手向前打出要同時，與右足進步要整齊一致。

11.上步左劈拳

　　① 右足微向後撤，右掌抓握拉回成拳，右足向前進半步，左足跟進不落地，同時，右拳經心窩向前、向上鑽出，小指上翻，高與鼻齊。頭向上頂，目視右拳（圖 5-178）。

　　② 左足向前上一大步，右足跟進半步。同時，左掌經心窩向上順右臂向前、向下劈出，高與胸齊。右拳變掌拉回

圖 5-178

至腹，頭向上頂，目視前方
（圖5-179）。

【動作要點】：

右拳鑽出與右足進步要一
致，左拳劈出與左足上步要整
齊一致。注意右拳上鑽是防，
左拳劈出是打。

12. 上步右蛇形

① 左足向前進半步，右
足跟進不落地；同時，左手抓
握拉回至腹，隨左足進步向
前、向上鑽出，左手內旋變掌
刁挎，手心向前，拇指張開。
目視左手前方（圖5-180）。

② 右足向前上一大步，
左足跟進半步，身形向下坐；
同時，右掌以手背向前，自下
向前、向上撩出，右臂微屈，
右掌高與腰齊。左手向下拉回
至腹，右肩前探，鬆肩沉肘，
臀部向下坐。目視右手前方
（圖5-181）。

圖 5-179

圖 5-180

【動作要點】：

① 左足要先撤後進，左手要上鑽弧形刁挎，手足要協
調一致。注意身形有欲前先後的微小動作。右手撩出與右
足上步要整齊一致。

形意拳械精解（上）

圖 5-181

圖 5-182

② 蛇形的撩打，要長腰催肩，後肩下沉，前肩上挑而帶臂向前撩出。

13. 左右切脖

① 兩足不動，重心後移至左足；同時，右手屈肘回掛至右耳前，手心向裡。左手掌心向上、向前伸臂，由左向右橫切，高與鼻齊，左肩微向前順，左臂微屈。目視左手（圖5-182）。

圖 5-183

② 左手抽回至胸前，右手掌心向上、向前伸臂由右向左橫切，高與鼻齊。右肩微前順，右臂微屈，目視右手（圖5-183）。

【動作要點】：

左右切脖動作要連貫不停，注意以腰帶肩，以肩帶臂，腰要鬆活。

14.猿猴捯繩

動作與 7 相同。

15.上步鷹熊合演

① 右足向前進半步，重心前移，大部重量在右足，左足跟離地抬起。同時，左手握拳，拳心向上，順右臂下向前、向上鑽出，左拳高與鼻齊，小指上翻。右手握拳外旋，抽回至胸前，頭向上頂，下頦內收。目視左拳（圖 5-184）。

② 左足向前上一大步，右足跟進半步；同時，右拳變掌向前劈出，高與胸齊，左拳內旋變掌，向後拉回至左腰側，頭向上頂。目視右拳（圖 5-185）。

【動作要點】：

① 右足進步與左拳上鑽要相齊，左足上步與右拳前劈要整齊如一。動作要連貫不停。

圖 5-184

圖 5-185

② 左拳上鑽要左肩向內合，上鑽不停，要馬上內旋變掌，向下捋帶。

16.原步左切脖

兩足原地不動，右手拉回至腹前，掌心向下。同時，左手掌心向上、向前伸臂，向右橫切，左臂微屈，掌高與脖齊。目視左手（圖5–186）。

【動作要點】：

圖 5–186

右手拉回與左掌向前橫切，要以腰轉帶動兩肩，兩手要走一弧形。體會欲左先右的身法。

17.順手牽羊

右足微向後退少許，左足隨之後撤半步，重心後移至右足，身形微向後坐。同時，左手拉回至腹前，左肘貼肋，掌心向上。右手向左前伸，翻腕向右下方捋帶，右掌至右腰側，掌心向內，收腹坐臀，頭向上頂。目視前方（圖5–187）。

圖 5–187

【動作要點】：

雙手抓捋向後捋帶與身形後坐動作要一致。注意右手

圖 5-188　　　　　　　　圖 5-189

要旋腕刁捋。身後坐與頭前頂要同時。

18. 右足橫蹬

重心前移至左足，右足提膝，腳尖外擺，向前蹬出，高與膝平。左腿屈膝獨立站穩，雙手微向前送，兩拳心向上，兩肘抱肋，兩拳在胸前，身微右斜。目視右足前方（圖 5-188）。

【動作要點】：

右足蹬出與重心前移要一致。

19. 拗步右劈

右足向前落地，左足向前上一步，右足跟進半步，同時，左拳向前、向上鑽出，翻轉變掌，向下拉回至腹，右手向前、向下打出右劈拳，高與胸齊，頭向上頂。目視右掌（圖 5-189）。

圖 5-190　　　　　　　　　圖 5-191

【動作要點】：

① 右拳劈出與左足上步動作要整齊如一。

② 兩拳要同時上鑽，左拳在前，右拳在後，右拳前劈與左手拉回要完整一致。

20.上步挑挎右劈

① 右足向前上一步，重心前移，左足不動。同時，左手握拳，拳心向上，順右臂下向前、向上鑽挑，右臂抽回至胸前，左拳高與鼻齊，身微下縮，含胸收腹，頭向上頂，下頦內收。目視左拳（圖 5-190）。

② 左足向前上一步，右足跟進半步。同時，左拳內旋變掌，向下抓挎拉回至腹，右手向前打出右劈拳。頭向上頂，下頦內收，目視前方（圖 5-191）。

【動作要點】：

① 動作要連貫，中間不停，向前上步要快，不要大。

圖 5-192① 　　　　圖 5-192②

② 左拳鑽挑要經胸掩肘，注意縮身而起。左手抓持回拉與右劈、左足落地，要上下整齊一致。注意要體會長身而落。

21. 上步摟手蓋劈

左足進半步，右足向前上一步，左足跟進半步。同時，右手手心向下，由前向下、向右外側畫弧，再向上揚起，向前下蓋劈，高與胸齊。左掌提於胸前，目視右掌（圖 5-192①②）。

【動作要點】：

摟手是用掌向外側摟掛，動作時要沉肩墜肘，用沉抖勁。向前蓋劈臂要微屈，鬆肩沉肘，發力呼氣，氣沉丹田。

圖 5-193

圖 5-194

22. 左右雙截手

與動作 5 相同。

23. 右順步崩拳

與動作 6 相同。

24. 退步左劈拳

① 左足向後退一步，右足後撤至左足前，重心在左足；同時，右拳拉回至腹不停，經心窩向前鑽出，小指上翻，高與鼻齊（圖 5-193）。

② 右足向後退一大步，左足隨之後撤半步，大部重量在右足；同時，左拳變掌，如劈拳向前劈出，右手拉回至腹。目視左手（圖 5-194）。

圖 5-195 圖 5-196

【動作要點】：

① 兩足退步要大，重心後移要穩。

② 左手劈出與右足後退落地相一致。

25.排手右崩拳

① 右足向後退半步，左足後撤至右足前，重心移向右足，右腿微屈膝下蹲；同時，左手立掌由前屈肘向右、向後至胸前半尺左右，手心向右。身形微斜，左肩前順，右手在腹前不動。目視左拳（圖 5-195）。

② 左足向前進一步，右足跟進至左足後，大部重量在右足。同時，右拳向前打出崩拳，高與心窩齊，左拳收回至左腰側，右肩順，頭向上頂，目視右拳（圖 5-196）。

【動作要點】：

① 退步與排手動作要一致。左肘要隨屈隨向右擺，內含刁捋下壓之意，注意退步要快。

圖 5-197　　　　　　圖 5-198

② 進步崩拳要手足齊落，整齊一致。

26. 左順步炮拳

① 右足向後退一步，重心後移，左足隨之後撤半步，大部重量在右足。同時右拳抽回至腹前不停，經心窩向上、向前鑽出，右拳小指上翻，高與鼻齊，左拳上提至胸前，右肩向前順。目視右拳（圖 5-197）。

② 左足向前進一步，右足跟進半步，大部重量在右足；同時，左拳向前打出，拳眼向上，左臂微屈，高與胸齊，左肩前順，右拳內旋，拳眼與右額角相距一拳，右肘下垂，下頦內收，頭向上頂。目視左拳前方（圖 5-198）。

【動作要點】：

① 整個動作要連貫不停，退步與拳鑽出，進步與拳打出要協調整齊一致。

<table>
<tr><td>圖 5–199</td><td>圖 5–200</td></tr>
</table>

圖 5–199　　　　　　　　　　圖 5–200

②　左拳打出要擰腰順肩。注意右肘要向下垂墜，不要抬肘揚肘。兩肩的轉換，要欲前先後。

27.退步搖身劈

①　右足向後退一步，左拳拉回至腹，右拳下落至腹前，左足向後退一步；同時，左拳經心窩向前、向上鑽出，高與鼻齊，小指上翻。重心後移，大部重量在左足。目視左拳（圖 5–199）。

②　右足向前進半步，左足微跟，大部重量在左足；同時，右拳向前劈出成掌，左手拉回至胸前，右掌高與肩齊。目視右手（圖 5–200）。

【動作要點】：

兩手動作與劈拳相同，步法是退步，退步要快，步幅不要大。此動作也可做成搖身右劈。

圖 5-201

圖 5-202

28.原步左切脖

兩足原地不動，左手以掌心向上、向前伸臂，由左向右橫切，高與脖齊，左臂微屈。同時，右掌拉回至腹前。目視左掌（圖 5-201）。

【動作要點】：

此動與上勢連接要緊，兩手接連向敵脖子橫切。

29.撤步拉撥打

① 左足向後退半步，重心後移，右足隨之後撤至左足前，腳掌點地；同時，右手張開虎口向前，掌心向左，向前伸臂，由前向左、向後拉，抓握成拳，回至胸前，左手拉回至腹前成拳。目視右手（圖 5-202）。

② 左拳前伸屈肘，由前向左橫撥，左肩微順，目視左拳，左拳高與肩齊（圖 5-203）。

圖 5-203   圖 5-204

③右足向前進半步，左足跟進，大部重量在左足。同時，右拳向前打出崩拳，高與胸齊。左拳拉回至腹前，頭上頂，目視右拳（圖 5-204）。

【動作要點】：

①拉撥打是一個完整的動作，兩手動作要連貫不停，動作要快。

②左足退步，右足撤步與兩手做拉撥動作要一致。右拳崩出與右足進步要整齊。

30. 撤步右鑽拳

左足向後退一步，重心後移，右足隨之後撤半步，大部重量在左足；同時，右拳拉回至腹，再向前、向上鑽出，右拳小指上翻，高與鼻齊，目視右拳。左拳在腹前不動（圖 5-205）。

【動作要點】：

左足退步與右拳收回相一致，右足後撤與右拳鑽出要

圖 5-205

圖 5-206

整齊。

31.退步左劈

重心後移，右足向後退一步，左足隨之向後撤半步，大部重量在右足；同時，左拳順右臂上向前、向下變掌劈出，高與胸齊。右拳變掌拉回至腹，頭向上頂，目視左拳（圖 5-206）。

【動作要點】：

退步要大，撤步要快。退步時身形要低，撤步時身形微長。

32.撤步左鑽拳

右足向後退半步，重心後移，左足後撤半步，大部重量在右足。同時，左手拉回至腹不停，握拳向上、向前鑽出，高與鼻齊。右手在腹前不動，目視左拳（圖 5-207）。

圖 5-207　　　　　　　　　圖 5-208

【動作要點】：

　　右足退步與左手拉回要相齊，左足撤步與左拳上鑽要一致。

33. 換步拍撥抽

　　① 左足後撤至右足外落地；同時，右手以手心向左，掌指向上、向前伸臂，由前向左擺，屈臂向後帶至左肩前。左掌收回至胸前不停，左臂屈肘，由胸前向左外撥。含胸兩肩內合，身形左轉。目視右手前方（圖 5-208）。

　　② 重心移向左足，右足向前上一步，左足不動。同時，右手以掌背向前，用力向前反背抽劈，高與肩齊。左手向後撐圓，配合發勁，開胸實腹。目視右手（圖 5-209）。

【動作要點】：

　　① 拍撥抽是一個連續不斷的手法，連接要緊，動作要

圖 5-209

圖 5-210

連貫，要一氣呵成。

②　兩足換步要快。反抽發勁時，兩臂要撐圓，以右手的手背、前臂為發力點。

34. 退步将手右劈

①　左足向後退一步，重心後移，右足隨之後撤至左足前，腳尖點地。同時，右手內旋向右、向下拉回至腹，左手前伸向前、向下劈出，高與胸齊。目視左手前方（圖 5-210）。

圖 5-211

②　右足向前進半步，左足不動，大部重量在左足；同時，左手向下拉回至腹，右手向前劈出，掌心向前，高與鼻齊。目視右手（圖 5-211）。

【動作要點】：

① 右手拉回，注意要先向右畫一弧形，左手前伸與右足後撤，動作要協調一致。

② 右掌前劈與右足進步要手腳整齊一致。

35.退步左劈

① 左足向後退半步，右足後撤至左足內側點地；同時，右手抓握拉回至腹不停，經胸前向上鑽出，高與鼻齊，小指上翻。左拳在腹前，頭微上頂，目視右拳（圖5-212）。

圖 5-212

② 右足向後退一步，左足隨之後撤半步，大部重量在右足；同時，左拳向上經心窩，順右臂向前、向下劈出變掌，高與肩齊。右手向下抓握拉回至腹。頭向上頂，目視左掌（圖5-213）。

圖 5-213

【動作要點】：

① 整個動作要連貫不停，退撤步注意重心的移動。

② 右拳鑽出與左足退步相一致，左拳劈出與左足後撤要相齊。

③ 在單練時是退步左劈，要對練時是退步右下掛，左橫切脖。

36. 撤步右橫拳

右足向後退半步，重心後移，左足隨之後撤半步；同時，左手抓握成拳拉回至腹前。右拳經左臂下向前、向上打出右橫拳，拳心向上，高與肩齊。目視右拳前方（圖5-214）。

圖 5-214

【動作要點】：

右拳橫出要有向右橫的勁，與左足後撤要同時，注意右肩前順，要擰腰順肩，兩腿要有夾剪之力。

37. 左順步崩拳

左足向前進半步，身形下坐，右足不動，兩腿成半馬步型；同時，右拳變掌，自前向左、向後畫弧至左肩上方，掌心向左。左拳向前

圖 5-215

打出左崩拳，高與胸齊，右掌變拳拉回至腹前。目視左拳前方（圖5-215）。

【動作要點】：

左拳打出與左足進步要整齊一致，注意身形下坐和右手向左拍撥。

38. 退步右鑽拳

重心後移，左足後退一大步，右足隨之後撤半步，大部重量在左足。同時，左拳拉回至胸前，右拳經心窩向前、向上鑽出，小指向上，高與鼻齊。頭向上頂，目視右拳（圖5-216）。

圖 5-216

【動作要點】：

右拳鑽出與右撤步要動作一致。左足退步，要縮身而退。右拳鑽出，要長身而鑽。

39. 撤步雙截手

與動作5相同。

40. 右順步崩拳

與動作6相同。

圖 5-217

41. 退步右橫拳

① 左足後退半步，重心後移。右足後撤至左足內側不落地。同時，右拳拉回至腹，左拳掩肘前伸，拳心向上，

高與肩齊，左臂微屈。目視
左拳（圖5-217）。

　　②右足向後退一大
步，重心後移，左足隨之後
撤半步，大部重量在右足；
同時，右拳向前打出右橫
拳，拳心向上，高與肩齊。
左拳拉回至腹，拳心向下，
頭向上頂。目視右拳（圖
5-218）。

圖5-218

　　【動作要點】：

　　左退步與右拳掩肘相一
致；右退步與右拳向前橫出
動作要整齊一致。

42.鷂子抓肩

　　兩足不動，重心微向右
足移，身形向右移；同時，
右拳收回至腹，拳心向內。
左手拇指向下，四指向上，
虎口張開，向前伸臂推出，
臂微屈，高與肩齊。目視左
手（圖5-219）。

圖5-219

　　【動作要點】：

　　鷂子抓肩注意手型，左
手推撐與身形右移要協調一致。

圖 5-220　　　　　　　圖 5-221

43.換步右劈

①左足後撤至右足內側落地，重心移向左足；同時，左手抓握拉回至腹成拳，再經心窩向前、向上鑽出，高與鼻齊，小指上翻。頭微上頂，目視左拳（圖 5-220）。

②右足向前進一步，大部重量在左足，兩腿成右三體勢步型；同時，右拳向前劈出成掌，高與胸齊。左拳拉回至腹，拳心向下，頭向上頂，下頦內收。目視右手（圖 5-221）。

【動作要點】：

換步要快，注意重心的移動。左拳鑽出與左足撤步相一致。右掌劈出與右足上步要相齊。

44.原步左切脖

動作過程和動作要點均與 16 相同。

圖 5-222

圖 5-223

45.右退步崩拳

　　①左足後退半步，重心後移，右足向後退一大步，左
足後撤至右足前，重心在右足，左足尖點地，兩腿微下
蹲。同時，左手屈肘收回至身前，左掌翻轉向下按壓，掌
心向下，高與腰齊。目視左掌（圖 5-222）。

　　②左足向前進一步，右足跟進至左足後，成崩拳步
型。同時，右拳向前打出右崩拳，高與胸齊，拳眼向上，
臂微屈。左手握拳收回至腹前。頭向上頂，目視右拳（圖
5-223）。

　　【動作要點】：

　　①右退左撤步與左掌下壓，上下動作要一致。

　　②左進步右崩拳要整齊一致。

圖 5-224　　　　　　　　　　圖 5-225

46.退步左崩拳

①右足後退半步，右拳外旋，使拳心向上，重心微向後移，鬆肩墜肘，頭向上頂。目視右拳（圖 5-224）。

②重心後移，左足向後退一步，落地站穩。右足尖微向外擺，兩腿交叉。同時，右拳拉回至腹，拳心向裡。左拳向前伸臂打出左崩拳，高與胸齊，拳眼向上左肩前順，頭向上頂，下頦內收。目視左拳前方（圖 5-225）。

【動作要點】：

左拳打出與左足後退落地要完整如一。注意發勁時，要擰腰順肩，前手拉回與後手打出要前後一致。

47.收 勢

①左足向前上一步，右足不動，兩足成左三體勢步型。同時，左拳扣壓拉回至小腹，頭向上頂。目視前方

圖 5-226

圖 5-227①

圖 5-227②

（圖 5-226）。

②右足向左足併攏，兩腿彎曲。同時，兩拳變掌向兩側平舉，向面前合攏，掌指相對，高與肩齊。目視前方（圖 5-227①②）。

圖 5-228

③ 兩腿伸直站起，成立正姿勢。同時，兩掌向下按壓至腹前，兩手垂於體側。目向前平視（圖 5-228）。

【動作要點】：

① 左拳扣壓拉回與左足上步要同時。

② 兩拳下按與兩腿起立要相一致。

③ 精神要飽滿貫注，不可散亂。

第六章 對 練

第一節 絞手炮

一、概 述

形意拳絞手炮是對練套路中最短的一個，由劈拳、崩拳、炮拳三勢所組成，有的拳家稱之為「三手炮」。絞手炮是由於在對練中兩人的手臂互相纏繞，互相黏裹，絞在一起進行定勢套路練習，故名「絞手炮」。

在民間傳統練法中，絞手炮有定步練習和進退練習法兩種，以定步練習為主。它是五行拳學完之後，為更好地理解劈拳、崩拳、炮拳的用法，兩人在原地進行攻防解破練習的一個小套路。在對練套路中，甲乙互換，循環不止，次數不限，以提高技法招勢的實用性。

二、動作順序名稱

1. 預備勢
2. 甲右炮拳，乙左拍肘右崩拳
3. 甲左劈拳，乙左炮拳
4. 甲右劈拳，乙右炮拳
5. 甲左拍肘右崩拳，乙左劈拳
6. 甲左炮拳，乙右劈拳

7. 甲右炮拳，乙左拍肘右崩拳

三、定步練法動作過程

1. 預備勢（深色衣服為甲方，淺色衣服為乙方）

① 甲乙二人成立正姿勢對面站立，兩人相距一臂半距離，目視對方（圖6-1）。

② 甲乙二人同時兩手握拳拉至兩腰側，兩拳心向上。甲右足向右，乙左足向左，同時橫跨一步，兩腿屈膝下蹲，成馬步姿勢。兩足之間的距離是本人腳長的3倍。兩人目視對方（圖6-2）。

2. 甲右炮拳，乙左拍肘右崩拳

① 甲方左拳拳心向裡，經心窩向上鑽出，高與鼻齊時，重心向左移，右腿蹬直，兩腿成左橫襠步。左拳隨重

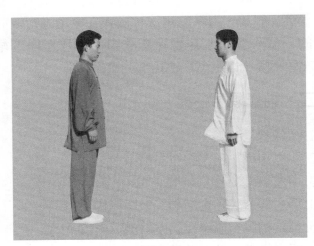

圖 6-1

心左移內旋，拳眼對左額角，左肘下垂。同時，右拳向乙方心窩處打出右炮拳，拳眼向上，右臂微屈。目視右拳（圖6-3）。

圖6-2

圖6-3

圖 6-4

②乙方兩足成馬步不動，左拳變掌，掌心向左，掌指
向上，向甲方右臂肘部向右拍擊，左肩微向前順。乙方右
拳向甲方右肋部打出右崩拳，右肩微前順，拳眼向上，右
臂微屈。目視右拳（圖6-4）。

【動作要點】：

① 甲向乙心窩打右炮拳時，不要突然發力，要有定
點。

② 身體重心向左右移動時，兩腳在原地扭轉。左移
時，左腳尖微外展，右腳跟後展。向右移動時，右腳尖微
外展，左腳跟向後蹬。兩足隨重心的移動而同時動作。以
下甲乙相同。

③ 乙左手拍擊甲右肘和右崩拳打出，要先拍後打，幾
乎同時。注意兩肩要前順。在對練時，雙方發拳打出要有
定點，不要真的發力打中，以免發生傷害事故。

圖 6-5

圖 6-6

3. 甲左劈拳，乙左炮拳

①甲右拳變掌，內旋翻轉，掌心向下，抓捋乙右拳腕部，向下、向後拉拽。同時，左拳變掌，向乙面部劈去，掌心向前。同時，身體重心向右移，成右橫襠步。目視乙方面部（圖6-5）。

②乙右拳屈肘上鑽，向甲方左臂內側鑽出，同時重心向右移，乙右拳內旋滾轉至拳眼對額角處。兩腿成右橫襠步，右腿彎曲，左腿蹬直，兩足原地擰轉。同時，左拳向甲心窩處打出左炮拳。拳眼向上，左臂微屈，目視甲方心窩處（圖6-6）。

【動作要點】：

①甲右手抓捋向下拉拽和左手劈掌要同時一起發力，左肩要向前順。對練時，甲右手不要抓捋，只要掛開就可以了，以免乙方接下面動作困難。注意雙方的配合。

圖 6-7

圖 6-8

②乙左炮拳中的右拳上鑽內旋，要滾鑽外撐，以黏轉甲右臂。身形向裡鑽，隨重心的右移而鑽裏，與左炮拳的打出同時完成。

4.甲右劈拳，乙右炮拳

①甲左拳下落至腹前，向乙左臂外側向上鑽，纏繞抓捋乙左腕部，並向下、向回拉拽。同時，右拳變掌，向乙面部劈去，掌心向前。身形向左移，大部重量在左足，成左橫禓步。頭向上頂，目視乙方（圖6-7）。

②乙左拳抽回屈肘上鑽，向甲方右臂內側鑽出，隨重心向左移，乙左拳內旋滾轉至拳眼對左額角處。兩足在原地擰轉，重心向左移，左腿彎曲，右腿蹬直，成左橫禓步。同時，右拳向甲方心窩處打出右炮拳。拳眼向上，右臂微屈，右肩微向前順。目視甲方（圖6-8）。

圖 6-9

圖 6-10

【動作要點】：

① 甲左手下落走一弧形，再走一自下向上的弧形刁捋。注意身法先向右轉，再向左移，刁捋要快，向下拉拽要有沉勁。右手劈出與重心左移要同時。對練時，注意左手不要捋住不放手，以免下面動作無法接。

② 乙方右炮拳的動作要點與左炮拳相同。

5. 甲左拍肘右崩拳，乙左劈拳

① 甲左拳變掌，以掌心向右，掌指向上，向乙右肘部向右拍擊，左肩微前順，重心移向兩足之間成馬步。同時，右拳向乙右肋部打出右崩拳。右肩微向前順，拳眼向上。右臂微屈，目視乙方（圖 6-9）。

② 乙右拳下落變掌，順甲右臂外側並向下、向回拉拽至腹。同時，左拳變掌，向甲面部劈去。身體重心向右移成右橫襠步，目視甲方（圖 6-10）。

圖 6-11　　　　　　　　圖 6-12

【動作要點】：

① 甲左拍肘、右崩拳的動作要點與動作 2 中乙的動作相同。

② 乙左劈拳的要點同動作 3 中甲左劈拳要點。

6. 甲左炮拳，乙右劈拳

① 甲右拳屈肘上鑽，向乙左臂內側向上鑽出。隨重心向右移，右拳內旋滾轉至拳眼對右額角處。兩腿成右橫襠步，右腿彎曲，左腿蹬直。同時，左拳向乙方心窩處打出左炮拳（圖 6-11）。

② 乙左拳下落至腹，順甲方左臂外側向上鑽，變掌內旋纏繞抓捋甲左腕部，並向下、向後拉拽。同時，右拳變掌，向甲方面部劈去，掌心向前。身體重心向左移成左橫襠步。目視甲方（圖 6-12）。

7.甲右炮拳，乙左拍肘右崩拳

動作過程與動作要點與 2.同。

甲乙雙方循環練習不已，練習次數，隨雙方興趣和體力而定。練習時，速度的掌握，要看動作熟練的程度。開始階段動作要慢，拳打出要有定點。給對方以破解的時機，雙方注意配合，以掌握動作規格和路線，體會技法的攻防含義。

動作熟練之後，雙方演練要快一些，動作要快速連貫，雙方配合要默契。但不能太快，太快易毛躁。在對練時，既要招法正確，時機準確，還要雙方的配合默契。兩人對練，要注意神氣要貫注，要有威儼感。

第二節　五行炮

一、概　述

對練套路五行炮是形意拳前輩根據五行相生相剋的理論創編而成的。內容全部是由五行拳劈、鑽、崩、炮、橫所組成，有的拳譜稱之為「五行生剋拳」。就是一方按照五行相生的規律進行演練，另一方按照五行相剋的規律進行破解，這是一種演練的方式。作為一種對練套路鍛鍊步法和手法，進行假設的技法練習，還是有價值的。

五行炮是兩人進行五行拳攻防破解練習的一個短小套路。練習時，甲乙互換，循環不止，套路可長可短，視場地大小而定。

二、動作順序名稱

1. 預備勢
2. 甲進步右崩拳，乙撤步左按
3. 甲進步左崩拳，乙上步右劈掌
4. 甲退步右炮拳，乙右壓左鑽拳
5. 甲退步左橫拳，乙進步右崩拳
6. 甲撤步左按，乙進步左崩拳
7. 甲上步右劈拳，乙退步右炮拳
8. 甲右壓左鑽拳，乙退步左順步橫拳

三、動作過程和要點

1.預備勢（深色衣服者為甲方，淺色衣服者為乙方）

① 甲乙二人成立正姿勢對面站立，兩人相距 3 步左右，目視對方。互施抱拳禮（圖6–13）。

圖 6–13

圖 6-14

② 甲乙二人同時做左三體勢出勢動作（圖 6-14）。

【動作要點】：

同左三體勢。

2. 甲進步右崩拳，
   乙撤步左按

① 甲左足向前進一
步，右足跟進至左足後，重
心在右足；同時，左手向右
排開乙左手，右拳向乙心窩
打出右崩拳。目視乙方（圖
6-15）。

② 乙右足向後退一小
步，重心後移，左足隨之後
撤至右足前；同時，左手向

圖 6-15

圖 6-16

圖 6-17

下蓋壓甲右拳。目視甲右拳（圖6-16）。

【動作要點】：

① 甲向乙心窩打右崩拳時注意要有定點，要找好距離，既能打上，又不要真的打上。

② 乙撤步要快，既不能早，又不能遲。配合要默契，左手扣壓下按要準。

3. 甲進步左崩拳，乙上步右劈掌

① 甲左足向前進半步，右足跟進；同時，右拳拉回，左拳向乙方心窩打出左崩拳，頭微上頂。目視左拳前方（圖6-17）。

② 乙左足原地外擺，右足向前上一步；同時，左手向甲左臂外側上鑽，翻轉抓捋拉回至腹前，右掌向甲面部打出右劈拳（圖6-18）。

圖 6-18　　　　　　　　圖 6-19

【動作要點】：

①甲進步左崩拳時，右足跟步要快，左肩微向前順，注意右足跟步距左足要有一腳距離。

②乙左足外擺要找準距離，要距甲左足約有一步距離，然後右足上步至甲左足外側，這樣在對練中步法比較適宜。雙方要多練習，找好距離感。乙左手上鑽抓捋回拉，在對練時，不要抓死把，以免甲下面動作無法完成。右掌劈擊時，要有定點。

4.甲退步右炮拳，乙右壓左鑽拳

①甲右足向後退一步，左足隨之向後撤至右足前。同時，左臂屈肘向上鑽，高與鼻齊，以破解乙劈來之右掌。左足不停，再向前進一步，同時，右拳向乙心窩處打出右炮拳。右肩微前順，目視乙方（圖6-19）。

②乙右足向後退一步，左足隨之後撤半步。同時，左

拳向右掩肘在胸前，右拳抽回，自右向左、向下蓋，以破解甲右炮拳。同時，左足向前進半步，左拳向前、向上打出左鑽拳，向甲下頦處打擊，目視左拳，右拳拉回至腹（圖6-20）。

【動作要點】：

① 甲的退撤步與再進步，步法要靈活而快，注意再進步時，腳落下的

圖 6-20

位置。打右炮拳時，甲左足進步要落到乙右足的外側，要插進去，右拳打出要身形微向前欺。對練時，要注意甲乙的配合，互相留出一定的量和時間，容對方進行破解。

② 乙右足先退，左足後撤，緊跟進步，動作要連貫。兩手的動作與步法相結合，右足後退與左手掩肘要一致，左足再進時與左拳鑽出、右拳蓋壓拉回要整齊。注意左足進步要向甲襠內插，左拳鑽打要有定點。

5.甲退步左橫拳，乙進步右崩拳

① 甲右足向後退一大步，左足隨之後撤半步，兩足成三體勢步型；同時，左拳下落至胸前，向乙方左臂外側上鑽橫出，拳心向上，以破解乙方左鑽拳。目視左拳（圖6-21）。

② 乙左足向前進步，右足跟進至左足後；同時，右拳向甲左脅處打出右崩拳，左拳拉回至胸前。目視右拳前方

圖 6-21　　　　　　　　圖 6-22

（圖 6-22）。

【動作要點】：

①甲退步左順步橫拳是破解乙之左鑽拳，是取其防守
之意。左拳要有橫撥的勁。注意重心後移要快，兩足要
穩。

②乙進步右崩拳，此時乙變成了甲方，甲乙互換，再
按前面動作進行演練。乙重複甲的動作，甲重複乙的動
作。

6.甲撤步左按，乙進步左崩拳

①甲右足向後退半步，重心後移，左足隨之後撤；同
時，左手蓋壓下按乙右拳。身形微向右側，目視左手（圖
6-23）。

②乙左足向前進步，右足跟進；同時，左拳向前打出
左崩拳，向甲方左脇部打去。右拳拉回至腹，頭向上頂，

圖 6-23

圖 6-24

目視左拳前方（圖6-24）。

【動作要點】：

同前。

7.甲上步右劈拳，乙退步右炮拳

① 甲左足原地外擺，右足向前上一步；同時，左手向乙左臂外側上鑽，翻轉抓掎拉回至腹前。右掌向乙臉部打出右劈拳（圖6-25）。

② 乙右足向後退一步，左足隨之後撤半步。同時，左臂屈肘向上鑽，高與鼻齊。左足不停，再向甲方右足外側進一步。同時，右拳向甲心窩處打出右炮拳，目視右拳前方（圖6-26）。

【動作要點】：

同前。

圖 6-25   圖 6-26

8.甲右壓左鑽拳，乙退步左順步橫拳

　　① 甲右足後退一步，左足隨之後撤半步；同時，左拳向右在胸前掩肘。右拳抽回，自右向左、向下蓋壓。左足向前進半步，左拳向前、向上，向乙方下頦處打出左鑽拳。右拳拉回至腹前，目視左拳（圖6-27）。

　　② 乙右足向後退一大步，左足隨之後撤半步，兩足成三體勢步型；同時，左拳畫弧下落至胸前不停，向甲方左臂外側上鑽向左橫出。拳心向上，手臂微屈，目視左拳（圖

圖 6-27

6–28）。

【動作要點】：

同前。

動作練至此勢時，五行炮完成了一個循環。甲乙雙方練習次數多少，視個人體力和場地大小而定。甲乙雙方在練習時，既可以甲方做兩次或三次的甲方，然後再變成乙方練習。

圖 6–28

也可一次一變，全看雙方意願而已。

形意拳械精解（上）

9.收 勢

① 甲乙雙方左前臂相觸，互相示意收勢。同時，雙方右足向後退一步，重心後移，左足隨之後撤至右足內側，兩腿伸直站立。同時，左拳變掌，右手成拳向胸前圈抱，兩手成抱拳禮姿勢，目視對方。

② 然後雙方成立正姿勢，收勢完畢。

第三節　安身炮

一、概　述

安身炮是形意拳中一個優秀的經典對練套路，它流傳廣，影響大，深受廣大形意拳愛好者的喜愛。這個套路編排合理，動作順暢，攻防逼真，技法實用，真正體現出了

形意拳的技術特點和風格。

安身炮對練套路，山西有些人叫挨身炮，實際是同一個套路，這可能是由於山西人對「安」和「挨」發音含混不清所造成的。關於安身炮套路的命名，可能是形意拳前輩們創編了這個對練套路，裡面有很多非常實用的手法組合，兩人經常練習，提高技擊意識，把這些手法熟記於心，運用自如，能安身立命，所以起名為安身炮。拳譜云安身炮是「形拳全體大用，二人相對之拳也」。

二、對練套路動作順序名稱

甲乙準備動作

1. 甲進步右崩拳，乙退步左按右崩拳
2. 甲上步左劈拳，乙左順步炮拳
3. 甲搖身右劈拳，乙搖身右劈拳
4. 甲左雙截手，乙原步左切脖
5. 甲右雙截右崩拳，乙撤步拉撥打
6. 甲猴捯繩，乙退步右鑽拳
7. 甲上步右炮拳，乙退步左劈拳
8. 甲上步右貫耳，乙撤步左鑽拳
9. 甲進步偷打，乙換步拍撥抽
10. 甲換步左劈，乙捋手抓頭
11. 甲上步蛇形，乙退步左切脖
12. 甲左右切脖，乙右鑽左崩拳
13. 甲猿猴捯繩，乙退步右鑽拳
14. 甲上步捋手右切脖，乙撤步左雙截手
15. 甲左切脖，乙右雙截右崩拳
16. 甲捋手橫踢上步右劈，乙退步左橫拳

17. 甲上步左挑右劈，乙左手抓肩
18. 甲摟手右劈，乙左掛右切脖
19. 甲左雙截手，乙左切脖
20. 甲右雙截手右崩拳，乙退步左按
21. 乙進步右崩拳，甲退步左按右崩拳

三、動作過程及要點

甲乙準備動作

甲方面向南，乙方面向北，兩人側面相對站立。中間距離約 3～4 步，立正做好預備勢（圖 6–29）。

【動作要點】：

頭須端正，下頦內收，頭向上頂，直腰沉肩，兩手自然下垂於兩胯側。神情安靜，內慮全無，氣沉丹田，精神貫注。做好對練的準備。

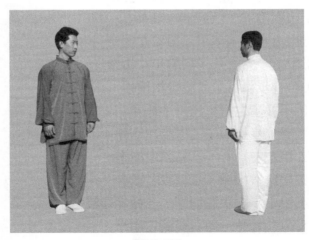

圖 6–29

甲乙左三體勢

① 甲乙同時動作，兩手側平舉，與肩平時屈肘，兩掌向面前合攏，經面前向下按至腹前。同時兩膝屈蹲，大腿和小腿之間夾角約 120°（圖6-30）。

② 甲乙同時向左轉 90°，右拳經心窩向上、向前鑽出，高與鼻齊（圖6-31）。

③ 甲乙同時動作，左足向前上一步，右足不動。同時，左拳變掌，順右臂向前劈出，右手拉回至腹，目視左手前方，成左三體勢（圖6-32）。

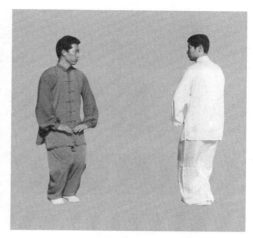

圖 6-30

圖 6-31

【動作要點】：

甲乙雙方做左劈拳與左足上步要同時。左手劈出要快速有力，動作要快慢一致，同時完成。甲為上手，乙為下手。甲進攻前進，乙防守退後。

圖 6-32

1.甲進步右崩拳，乙退步左按右崩拳

① 甲左足向前進一步，右足跟進至左足跟後側，重心在右足。同時，左手把乙之左手向右拍擊，右拳向乙方心窩處打出崩拳（圖6-33）。

② 乙方右足向後退半步，左足隨撤半步；同時，左手掌心向下，由前按在甲右拳上，順勢下按，使其失去目標（圖6-34）。

③ 乙方左足向前進半步，右足跟進半步，右拳向甲心窩打出崩拳，目視甲方（圖6-35）。

圖 6-33

圖 6-34

圖 6-35

【動作要點】：

① 崩拳在實用中，前手把對方的手排開或将住而進崩拳，向對方心窩猛擊，發拳出招要快。上步時，後腳用力後蹬，前腳要向前沖。腳落地而發拳，拳打出要有寸勁。

② 甲左足進步距離的大小，要看兩人三體勢後中間距離的大小。如距離大，進步就大，如距離小，進步就小一些。如一步不行，可以右足上一步，左足再進，以右崩拳能打著對方為準。在對練之中要注意掌握發拳的分寸，以剛剛觸及對方身體為宜，不要發勁。

③ 乙的退撤步要快，隨甲方進而退。在實用中，左手要扣壓将住，然後進步發崩拳。在對練時，只要把甲方的右拳下按排開即可。

④ 甲乙雙方的進退配合要嚴謹，動作要整齊合順，既不真打，也不要過分虛假，要配合默契，方法準確，攻防合理，意識逼真。

圖 6-36　　　　　　　　圖 6-37

2. 甲上步左劈拳，乙左順步炮拳

① 甲右足後撤半步，左足隨撤。同時，右拳收回，從乙方右拳下向上起鑽，變掌向下、向後抓捋，左手在胸前，目視乙右拳。甲左足向前進半步，同時，左掌向乙方面部劈打。目視乙方（圖 6-36）。

② 乙右足後退一步，左足隨撤，右拳從甲方左臂裡側上鑽，後掛至右耳側。左拳在胸前；乙方左足向前進半步，同時，左拳拳眼向上，向甲方心窩打去。臂微屈，目視甲方（圖 6-37）。

【動作要點】：

① 劈拳的實用技法是後手起鑽翻掌，纏手刁捋繞一小弧形，速進足上步，前手向對方面部劈擊。在對練時纏手刁捋不要抓住，有這個意識就行了。向乙臉部劈掌時，要有定點，以免防守不及而擊中。

<table>
<tr><td>圖 6-38</td><td>圖 6-39</td></tr>
</table>

② 乙左順步炮拳，也叫鷂子入林。實際運用時，右拳上鑽化開敵手，要縮身而起，左足上步要快，要插進敵襠，側身而進，左拳發力要猛，打出時要長身而落。對練時，乙發拳打甲方心窩，要有定點。注意上步不要過大，保持適當距離。

3.甲搖身右劈拳，乙搖身右劈拳

① 甲左足先後撤，再向右前方擺步弧形進半步，腳尖微外掰。同時，左手從乙左拳下向上鑽，以撥開向下捋，目視左手。右足向前上一步，右手向乙臉部劈去，目視乙方（圖6-38）。

② 乙右足後退半步，左拳收回。左足隨後撤，再弧形向右前進半步，腳尖微外掰。同時，左手自下向上鑽出翻轉，將甲擊來之右掌向左撥開，目視左手。同時，右足向前上一步，右掌向甲方面部劈擊（圖6-39）。

圖 6-40

圖 6-41

【動作要點】：

① 甲左足先後撤，再弧形外擺進步。注意身法、身形，先後移再向前。欲前先後，隨左足繞擺而身形微搖。

② 乙注意右足先退，左足撤，左足緊跟弧形外擺進步，右足後退左足撤，是為閃格其位，然後進步進擊。

③ 甲乙雙方向對方面部劈掌，要注意在接近面部之前時，將掌停住，以免傷害事故發生。

4. 甲左雙截手，乙原步左切脖

① 甲身體重心後移，大部分重量在左足。雙掌握拳，兩前臂屈肘豎直，右拳在前，拳心向裡，左拳在後，拳心向外。雙臂自乙右臂內向左橫截。拳高與鼻齊，目視乙方（圖 6-40）。

② 兩足不動，左手以掌心向上，以掌小指外沿為力點，向甲方脖頸右側切擊。手臂微屈，右手同時收回至腹

圖 6-42

圖 6-43

前。目視甲方（圖6-41）。

【動作要點】：

① 甲的左雙截手是由兩前臂向左橫磕，右前臂外旋，以尺骨一側為著力點，截擊對方前、上臂。用腰部力量，以腰帶肩，以肩帶肘，要鬆腰坐臀。

② 乙左手橫切甲方頸部，主要是切擊頸動脈。對練時，手掌打出要有定點，不要發力真切，以免發生危險。

5.甲右雙截右崩拳，乙撤步拉撥打

① 甲雙拳再向右橫格，以左前臂向前，右拳在後，向乙方左前臂內側向右橫截。同時，右足後撤半步，目視乙方（圖6-42）。

② 甲方右足向前進半步，右拳自右腰側向乙方心窩處打出崩拳。拳眼向上，右臂微屈，同時，左拳拉回至腰側，目視乙方（圖6-43）。

圖 6-44　　　　　　　　　　　圖 6-45

③乙左足後退半步，右足隨之後撤，身體重心後移。右手掌心向右，虎口張開，前伸順甲方打來之右拳內側向後拉，目視甲方右拳（圖 6-44）。

④乙左拳前伸上屈前臂，自甲右拳內側向左外撥向下壓，收回至左腰側。同時，右足向前進半步，右拳向甲心窩打右崩拳。目視甲方（圖 6-45）。

【動作要點】：

①甲左右雙截手加崩拳，是安身炮中比較實用的一個技法。它招法嚴密，勁路合理，實用性強。在實用中要注意進步發拳，以利重創。對練中，左右雙截手要體會腰勁，防守要嚴謹，右崩拳要有定點。

②乙的拉、撥、打，要連貫協調，動作要快，一氣呵成，手腳完整一致。注意甲乙雙方快慢要適應，距離要適中，配合要默契。

圖 6-46

圖 6-47

6.甲猴捯繩，乙退步右鑽拳

① 甲右足向後撤半步，重心後移至左足。同時雙拳變掌，掌心向下。右手向乙方右臂上，由前向下、向後捋帶，左手也由前向下、向後捋帶（圖6-46）。

② 甲右足向前進半步，同時，右掌以掌心向乙方臉部打去，目視乙方（圖6-47）。

③ 乙左足向後退一步，右足隨之後撤半步，重心後移。同時，抽回右拳，右拳自下向甲方右掌外側鑽出，高與鼻齊。目視右拳（圖6-48）。

【動作要點】：

① 甲猴捯繩，兩手動作連續要快，不能間斷。在對練中兩手不要抓捋，只向下拍擊就可以。進步發右掌，只打到乙方面前就停住。

② 乙左足退步要快，與右足隨撤要一致。撤步與拳上

圖 6-48　　　　　　　　　圖 6-49

鑽的動作要同時完成，整齊一致。

7. 甲上步右炮拳，乙退步左劈拳

①甲左足向前上一大步，右足跟進半步；同時，雙手握拳，左拳向乙方右臂下前伸，並屈肘向上、向前鑽出。右拳先抽回，再向乙方心窩處猛擊，用拳面擊打。拳眼朝上，手臂微屈，身微向前傾，目視乙方（圖 6-49）。

②乙右足向後退一步，左足隨之撤半步，重心後移。同時，右拳收回至腰側。左手上起至左肩前，向前、向下把甲方之右拳劈下，目視左掌（圖 6-50）。

【動作要點】：

①甲右炮拳在實用中，要步子催動，身子往裡沖，一手挑開化轉，一手掩肘護心，進步近身，擰腰發拳，打擊敵人心窩。氣勢要勇，意念要有穿透力。

②對練中，甲右炮拳打出時，要注意安全，不要打心

圖 6-50　　　　　　　　圖 6-51

窩，只可打乙方的右胸大肌處。甲可先上步，待乙方退步
後，再發右拳，以免發生傷害。

　　③ 乙退步側身是順勢避開甲方的向前沖之勢，而左手
掩肘下劈，是使甲之右拳失去目標，也是炮拳的破解之
法。對練中，雙方步法配合要協調。

8. 甲上步右貫耳，乙撤步左鑽拳

　　① 甲右足向前上一步，至乙左足外側，左足跟進少
許；同時，左手變掌，以掌心向下，向乙左手腕部前伸，
向下蓋壓抓捋，向左上方回帶，目視左手。甲方右拳抽回
內旋，拳眼向下，向右、向前弧形擺擊，以拳鋒向乙方耳
部貫打。目視右拳（圖6-51）。

　　② 乙右足向右退一步，左足隨撤半步，重心後移。同
時，左拳向甲方右前臂內側向上鑽出，微向左橫。目視左
拳（圖6-52）。

　　　　　　　　　　圖 6-53

【動作要點】：

① 甲右貫耳動作中的左手，向乙左腕部抓捋向左上帶，這是實戰中的用法。在對練中，甲左手只是向下拍擊而已。右拳貫耳的擺擊，要在乙方耳前停住，不要真的擰腰掄臂而發勁。

② 乙退步要快，撤步要疾，重心迅速後移。左拳上鑽，要含有向左的橫勁。雙方進退配合要默契。

9.甲進步偷打，乙換步拍撥抽

① 甲右足向前進半步，同時，右拳抽回變掌在胸前。左手前伸向右拍擊乙左拳。目視左手（圖6-53）。

② 甲右掌自胸前向乙方臉部打擊，掌心向前。同時，左手抽回至胸前，目視右掌（圖6-54）。

③ 乙左足後撤至右足內側落地，重心移至左足。同時，右手上起，以掌心向左，自右前向甲方右前臂內側，

圖 6-54

圖 6-55

向左拍至左耳前。目視右掌
（圖6-55）。

④ 乙左手屈前臂，由前
順甲右臂內側向後掛，向左外
撥，目視左手。乙右足向前進
一步，左足不動。同時，右手
以手背向甲方面部反抽，左手
向後撐，配合發力，兩臂撐
圓，含胸拔背。目視甲方（圖
6-56）。

圖 6-56

【動作要點】：

① 甲的偷打是左手向右
排開敵左手，而用右手向敵臉部劈去。左手有向下蓋壓回
捋的勁，右手走一弧形向前沖撲，兩手動作一前一後同時
動作。右掌打出與右足上步要同時。對練時，右手打出要

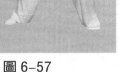

圖 6-57　　　　　　　　　　圖 6-58

有定點。甲左手只向右拍乙方左拳，而不要蓋壓回捋，以免乙方接下面動作困難。

②乙撤左足與右手向左拍擊要同時。左足撤回後，重心馬上移至左足，右足進步與右掌向前反抽和左手外撥後撐要同時，要整齊一致。右掌向甲方面部反抽，千萬要收住勁，要有定點。

10. 甲換步左劈，乙捋手抓頭

①甲右足後撤至左足內側，重心移至右足。同時，右手收回至腹成拳，向乙方右臂外側上鑽，以防開乙方右掌反抽。左手在胸前，目視右拳（圖 6-57）。

②甲左足向前進一步，同時，右拳內旋變掌，向下抓捋乙右前臂，左掌向乙面部劈去，右手拉回至腹。目視乙方（圖 6-58）。

③乙左足向後退一步，右足隨之後撤半步。同時，左

圖 6-59　　　　　　　　　圖 6-60

手屈臂向右擺，畫弧收於胸前，以防開甲左劈拳。同時，左手自左向前、向右、向甲左臂抓捋，目視甲左手（圖6-59）。

④乙右足向前進半步，同時，左手向下拉回至腹，右手向甲方頭部打去，掌心向前，目視右手（圖6-60）。

【動作要點】：

①甲右足後撤與右拳上鑽要同時，動作要快。上鑽之拳前臂要有向前的撐勁。上左步、劈左掌與右掌向下捋拽動作要一致。對練中右手不要抓捋，有這個意識就可以了。換步要快。

②乙兩手動作要協調，一前一後，一上一下，同時運動。對練中左手不要抓捋，手腳動作要整齊一致，注意配合。

圖 6-61　　　　　　　　　圖 6-62

形意拳械精解（上）

11. 甲上步蛇形，乙退步左切脖

① 甲左足先撤後半步，同時，左手拉回上鑽，向乙右前臂內側鑽起，變掌內旋抓捋乙右腕部，向頭上左方拽拉，右手在腹前，目視乙方右手（圖 6-61）。

② 甲右足向乙方襠內上一步，左足跟進半步，姿勢要低一些。同時，右手以手背向乙襠部用力向上撩打，左手在頭上繼續向後拉拽，目視乙方（圖 6-62）。

③ 乙左足後退半步，右足再向後退一大步，左足隨之撤半步。同時，右手內旋，掌心向右，掌指向下，順甲右臂外側，向回掛右撥至右胯側。同時，左手掌心向上，向甲方脖項切擊。目視甲方（圖 6-63）。

【動作要點】：

① 蛇形最主要的技法就是撩襠。實際用法是上手刁捋向後拉拽，上步進身而撩襠。上步要插進敵人襠內，含有

圖 6-63

圖 6-64

進身肩撞之法。關鍵在於進步近身，步法要活要快。在對
練中，注意左手不要刁挌抓住。撩襠時，右手要有定點，
不要真的去撩襠，以免發生危險。此勢身形微低。

　　②乙退步要快，重心隨之後移。右手下掛右撥，要準
確。乙方右足後退時，身體要隨之側身，使甲方撩襠失去
目標。左手向前切脖，要和擰身相一致。注意要有定點，
要停在甲方頸前。

12.甲左右切脖，乙右鑽左崩拳

　　①甲兩足不動，重心後移，大部重量在左足。右手屈
肘回掛至右耳前，以防開乙左切脖之勢。同時，左手手心
向上，向乙方脖頸橫切，目視乙方（圖6-64）。

　　②乙右拳向上鑽，經甲方左臂內側向右橫撥，拳心向
上（圖6-65）。

　　③甲右手掌心向上，向乙方脖頸橫切，目視乙方（圖

圖 6-65   圖 6-66

6-66）。

④ 乙左手收回至左腰側，右手變掌，經甲右臂內側向左拍擊。同時，左足進半步，右足不動，身右轉，兩腿成半馬步型。左拳自腰側向甲方右肋部打出左崩拳，拳眼向上，右手收回至腹，目視左拳（圖 6-67）。

圖 6-67

【動作要點】：

① 甲左右切脖動作要連貫。切脖時，手臂微屈，利用腰帶兩肩的轉動，掌向前擺，向斜下方砍切，肘要沉，還要有向前的挫勁。對練時，不要發力，只把兩掌擺放在兩側而已。

圖 6-68   圖 6-69

② 乙右手的右撥左拍要連貫，向左拍時，要由前向左、向後順甲方右臂滑動，左足進步與左崩拳要同時，身向右擰以加大左拳之勁。對練中左拳擊肋要有定點，注意要蹲身。

13. 甲猿猴捯繩，乙退步右鑽拳

① 甲右足後撤少許，右手以掌心向下，由前順乙左臂上面向下、向回捋，收回至胸前。同時，左手掌心向下，由前順乙方左臂上面向下、向回刁捋，目視乙方（圖 6-68）。

② 甲右足前進半步，左足跟進少許，同時，右掌向乙方面部擊打，掌心向前，掌指向上。目視乙方（圖 6-69）。

③ 乙左足向後退一步，右足隨之後撤半步。同時，左拳收回至腹，右拳拳心向上，向甲右前臂外側鑽出，以防

圖 6-70

圖 6-71

開甲右掌擊臉。目視甲方（圖 6-70）。

【動作要點】：

甲乙要點與動作 6.要點相同。

14. 甲上步捋手右切脖，乙撤步左雙截手

① 甲右足向前進半步，左拳向乙右臂內側上鑽抄起，內旋變掌，翻扣抓捋，向左下方捋拽，目視乙方。甲左足向前上一步，同時，右手掌心向上，向乙脖頸左側猛切，手臂微屈。目視乙方（圖 6-71）。

② 乙左足向後退一步，右足隨之後撤半步，重心後移。同時，雙手握拳，兩前臂屈肘豎直，右拳在前，拳心向裡，左拳在後，拳心向外。雙拳經甲右臂內側向左橫截，拳高與鼻齊，目視甲方右手（圖 6-72）。

【動作要點】：

① 甲左拳上鑽，在對練中，不要抓捋，以免乙接下面

圖 6-72

圖 6-73

動作困難，只要挑開就行了。上步與切脖要同時，注意要有定點。實用中甲方左足上步，要上到乙方的腳後，使其退不出去。對練中，應在乙退出之後上步。

②乙退步要快要大一些，退步之後前腳速撤，雙截手要領同前。

15.甲左切脖，乙右雙截右崩拳

①甲兩足不動，左手以掌心向上，用掌緣向乙脖頸右側切擊。目視乙方（圖 6-73）。

②乙雙拳左截之後，速向右轉腰，右足微後撤。同時，雙拳向右截擊甲左前臂內側。左拳在前，拳心向裡，右拳下落，回至右腰側。目視甲方（圖 6-74）。

③乙右足向前進半步，同時，右拳向甲心窩打出崩拳，左拳拉回至腰，目視甲方（圖 6-75）。

圖 6-74　　　　　　　　　　　圖 6-75

【動作要點】：

① 甲兩手向乙切脖動作，要連續不停。

② 乙左右雙截手，也要連貫不停，注意防守要嚴，右截之後速進崩拳。

③ 雙方配合要默契，動作要整齊，意識要逼真。

16. 甲将手橫踢上步右劈，乙退步左橫拳

① 甲重心速後移至右足，左手順乙右臂外向下、向右将帶，同時，右手在胸前內旋，抓将乙右腕與左手一起向右下将帶，頭向上頂。目視乙方（圖 6-76）。

② 甲右足腳尖外橫，向乙方右腿膝部踢去，兩手位置不動（圖 6-77）。

③ 甲右足向前落地，左足向前一步，同時，右手向乙面部劈去，掌心向前。目視乙方（圖 6-78）。

④ 乙左足先後退半步，右足向後退一步，以躲過甲

圖 6-76　　　　　　　圖 6-77

圖 6-78　　　　　　　圖 6-79

踢。左足隨之撤半步，同時，右拳向甲右前臂外側上鑽右
橫，拳心向上，左拳拉回腹前。重心大部在左足，目視甲
方（圖6-79）。

圖 6-80　　　　　　　　　圖 6-81

【動作要點】：

① 甲雙手捋帶乙方右手腕部，重心後移而拉拽的動作，在掌譜中謂之「順手牽羊」。順勢捋帶，使敵重心前移而失重。在對練中雙手不要抓捋，只是防開乙方進攻。

② 甲起腿橫踢目標是對方膝部，實際用法是雙手向後捋帶再踢，使對方腿退不出去。在對練中應注意乙方腿退出之後再踢，注意掌握好時機，配合要嚴密。乙退步要快，重心後移要快，雙方配合要協調。

17. 甲上步左挑右劈，乙左手抓肩

① 甲左足向前進半步，右足跟進。同時，左手以拳心向上，經乙方右臂下，向上挑起。再內旋變掌，向左下捋乙右臂至左腰側。同時，右掌向乙方臉部劈擊，目視乙方（圖 6-80）。

② 乙右足退半步，左足隨撤。左手拇指向下，四指向

圖 6-82

圖 6-83

上，虎口張開，向甲方右肩部用力撐出，重心微向右移。
目視左手（圖6-81）。

【動作要點】：

① 甲在對練中左拳上挑後不要抓挶。上挑時不動步，
右劈時，再左足進半步，右足跟進。

② 乙先退步，然後左手向前抓肩撐開。以阻擊甲右
劈，拳譜中謂之鷂子抓肩勢。

18.甲摟手右劈，乙左掛右切脖

① 甲右足微後撤，左手掌心向右，掌指向上、向右推
乙左手。同時，右手掌心向下，用右手屈腕把乙左肘部向
右、向外摟，目視乙方（圖6-82）。

② 甲右足向前進半步，同時，右手掌心向前，向乙臉
部拍擊。目視乙方（圖6-83）。

③ 乙右足後退半步，左足隨撤。同時，左手屈肘向

圖 6-84　　　　　　　圖 6-85

上，經甲右臂內側向後掛至左耳側。右手以仰掌向甲方脖頸左側切擊，目視甲方（圖6-84）。

【動作要點】：

① 甲左手向右撥，右手向下、向外摟，右足微後撤，上下要同時動作，摟手要用冷沉抖勁。

② 乙右足進步與右手向前拍擊，要整齊一致，拍擊要沉肘沉腕。

③ 乙右足先退，左手後掛同時撤左足，擰身伸臂橫切脖，對練時，雙方手掌打出都要有定點，以免傷及對方。

19.甲左雙截手，乙左切脖

① 甲雙手握拳，屈肘豎前臂，雙臂經乙方右臂內側向左橫截。右拳在前，拳心向裡，左拳在後，拳心向外。兩足不動，目視乙方右掌（圖6-85）。

② 乙兩足不動，左手以仰掌向甲脖頸右側切擊，右手

圖 6-86　　　　　　　　　　　　圖 6-87

收回在腹，左臂微屈。目視甲方（圖 6-86）。

【動作要點】：

同前。

20. 甲右雙截手右崩拳，乙退步左按

①甲右足微後撤，雙拳向右橫格，以左前臂向前，右拳在後，向乙左前臂內側向右橫截，目視乙方。甲右足向前進半步，右拳自右腰側，向乙心窩處打出崩拳，拳眼向上，右臂微屈，同時，左拳拉回至左腰側。目視乙方（圖 6-87）。

②乙右足向後退一步，左足隨之後撤至右足前。同時，左手以掌心向下，橫掌向甲方右拳按去。右手收回至腹前，目視甲方右拳（圖 6-88）。

【動作要點】：

①甲右雙截手進右崩拳，動作要點同前。

圖 6-88

圖 6-89①

② 乙退步要快，撤步要速，左手橫掌按壓，要隨右拳進擊而按在拳面上。

21. 乙進步右崩拳，甲退步左按右崩拳

動作過程及要點同前，只是甲乙互換。

在安身炮對練套路中前 20 個動作是第一段，從第 21 勢開始是第二段，也就是一去一回。在第二段動作時，甲乙互換。這樣，有利於每人都能掌握上手和下手的動作和技法，對提高興趣，豐富技法，提高技擊是有幫助的。也可以甲乙交換位置再重複一遍，甲乙動作不變，只是交換位置而已，至原出勢位置，即行收勢。

22. 收 勢

① 甲右足向後退一大步，重心後移。左足隨之後撤至右足前，左足尖點地，同時，右拳拉回至腹，經心窩向

前、向上鑽出，高
與鼻齊，小指上
翻，頭微上頂，目
視右拳，左拳在胸
前不動，右腿微屈
半蹲。在甲動作
時，乙右足向後退
一大步，重心後
移，大部重量在右
足，右腿微屈半
蹲。左足隨之後撤
至右足前，左足尖
點地；同時，右拳
經心窩向上、向前
鑽出，高與鼻齊，
小指上翻，左拳在
胸前不動，頭微上
頂。目視右拳（圖
6-89①②）。

圖 6-89②

②　甲乙同時
左足向前進半步，
右足不動，兩足成
左三體勢步型，同
時，左拳變掌向前

圖 6-90

劈出，右拳變掌拉回至小腹。頭向上頂，目視左拳（圖 6-
90）。

③　甲乙同時左足撤回與右足併攏，同時，左掌拉回至

圖6–91

腹成拳，兩腿微屈站穩。兩掌經體兩側向上擺起，與肩平時，屈肘兩掌向面前合攏，向下按至腹前，掌心向下。同時，雙腿起成立正姿勢，兩掌垂於體兩側，目視前方，收勢動作完畢（圖6–91）。

【動作要點】：

① 收勢動作甲乙雙方要同時進行，動作要整齊一致。

② 雙方右足向後退一大步時，步幅盡量大一些，注意重心後移要穩，動作要一致。

第四節　安身炮對練的技法特點

安身炮是形意拳系統中傳統的經典對練套路，流傳很廣。由於地區和流域的不同，個別動作技法有所不同，但基本上大同小異。

對練套路甲、乙各有21個攻防動作，合計42個攻防

技法，它包含了五行拳的主要技法，還有十二形拳中的虎形、猴形、蛇形、鼉形等。其中還有一些技法的變勢，如單貫耳、偷打、鼉子抓肩、順手牽羊、左右截手、切脖等。在整個套路中劈拳和崩拳運用最多，劈拳包括左右切脖，甲乙共用 19 次，崩拳甲乙共用 8 次。劈拳中有進步劈、退步劈、搖身劈、拗步劈和左右切脖，左右切脖也應算做是劈拳的範疇，套路是甲乙互換，攻防互變，雙方都能得到攻防的鍛鍊。

從安身炮這個對練套路中，可以清晰地看出形意拳在打法用法上，利於近戰，以快攻直取為主。進攻以上三路和中三路為主要進攻目標，如頭部、頸部、兩肋、心窩、襠部等。這些部位是人體的薄弱環節，正像拳譜所言：「上打咽喉，下撩陰，左右兩肋在中心」。打擊這些部位能夠用較小的力，收效較大，如果重擊得逞，能使對方喪失戰鬥力。

安身炮對練套路突出表現了以下幾個特點：

一、顧打兼備，攻防同時

防守和進攻同時進行，防就是打，打就是防，招勢和手法體現了形意拳的顧打兼備的特點，如炮拳的進步沖打，拗步的劈拳，帶手的前劈，雙截加崩拳，鼉子抓肩等。

二、招法連環，技擊實用

在技法上，手法組合尤為突出。它勁路合順，手法嚴密；動作合理，實用性強，符合技擊原則。在套路中的散手組合是一個顯著的特點。如：左右雙截加崩拳，單峰貫耳加偷打，左拉右撥左崩拳，上步拍撥反抽，摟手劈面掌，捋手橫踢加上步右劈掌，猿猴捯繩等。這些實用招

法，既可在套路中體現，也可以拆出來單獨進行操練，左右互換，實用價值很大。這些小組合能單獨反覆練習，達到運用自如，逐步形成條件反射，必將在實戰中發揮較大的威力，能夠大大提高自己的戰鬥力。

三、進退自如，快速準確

在套路的演練中，甲乙雙方在步法上也充分顯示了形意拳步法的特點，「進步先進前腳，逢進必跟；退步先退後腳，逢退必撤」。這樣進退靈活快速，一進全進，一退全退，有利身體的穩定和平衡。

如果看安身炮對練過程中甲乙雙方的步法，這個特點尤為突出。有進有退，進退自如，進時跟步，退時撤步，全身而進，全身而退。

四、攻防合理，動作緊湊

從套路的攻防技法上來看，攻防合理，充分表現出了形意拳的風格和特點，從勁路的轉換和技法的銜接上，也非常符合形意拳打法的特點。守中護中，打中搶中，以中線進攻為主，由於動作組合的連貫而招法連環，使攻防動作緊湊，這樣也突出了形意拳步步緊逼，追風趕月不放鬆的氣勢。

安身炮是形意拳中一個重要的對練套路，內容豐富，手法嚴密，攻防合理，風格突出，技擊性強。

第七章　形意拳研究與教學

第一節　五行拳與五臟的關係

在形意拳很多老譜中，都提出了五行拳和五臟之間的關係。「外練五拳，內練五臟」「劈拳似斧，屬金屬肺，其勁順，則肺氣和，其勁謬，則肺氣乖。」「鑽拳似閃，屬水屬腎，其氣主乖則腎足」「崩拳似箭，屬木屬肝，其拳順則肝氣舒，其拳謬則肝氣傷。」「炮拳似炮，屬火屬心。其氣和則心虛靈，其氣乖，則心中朦昧。」「橫拳似彈，屬土屬脾，其形圓，是以性實，其氣順，則脾胃和緩，其氣乖則脾虛胃弱，而五臟必失和矣。其拳順則內五行和而百物生，其拳謬則內氣必努力矣。」（孫祿堂《形意拳學》）其他很多拳譜都遵循這種觀點。

形意的五行拳是以：金、木、水、火、土五行，而對應五拳命名的。但這種命名是否科學，是否合理，則另當別論。但以五行學說去歸納拳術，以五行的相生相剋這種方法論去指導拳術，從而說明拳術的變化是對立統一的。從這點來看，是拳術和古代哲學思想緊密結合的範例，五行學說在中國的歷史上起過巨大的作用，中醫學運用五行學說，使中醫理論更加完善規範，運用更加合理。所以，古代的五行學說是當時最為科學的方法論，代表了當時最先進的思想。當然，從現代科學的觀點來看，以五行學說

來解釋世界未免有些籠統和粗糙。但這種思想，還是有指導意義的，它是一種古代的方法論和世界觀。

中醫運用五行學說與五臟相配伍，以相生相剋、相乘相侮來解釋五臟之間的關係，主要是用以說明臟腑之間，在生理功能和病理變化上的相互關係，以及人體與外界環境的相互關係，從而指導診斷與治療，為辨證施治提供了理論根據。五行與五臟的關係是：金屬肺，肺主氣，司呼吸，主宣發外，合皮毛，主肅降，通調水道，開竅於鼻。木屬肝，肝主疏泄，主藏血，肝主筋，其華在爪，開竅於目；水屬腎，腎藏精，主人體的發育和生殖，主水液，主納氣，主骨生髓通於腦，其華在髮，開竅於耳，司二便；火屬心，心主血脈，其華在臉，主神志，開竅於舌；土屬脾，脾主運化，主肌肉四肢，主統血，開竅於口，其華在唇。五臟在中醫裡雖然各有所主，但我認為更重要的是五臟的五種臟氣。中醫理論認為，人的五臟之氣與人的神志活動有著密切的關係，互為表裡、內外，有互相影響、互相促進的關係。如肺藏魄，肝藏魂，腎藏志，心藏神，脾藏意。五臟功能的正常與否，強弱與否，直接關係到魂、魄、神、意、志這五種神志的活動變化。反過來神、魂、魄、意、志的變化，也能影響五臟機能的正常活動。五臟是藏於內的，五志是表現於外的。內為基礎為本，外為表現為標，中醫講標本兼治，以本為主。

任何拳家在一生中不可能不生病，人吃五穀雜糧不可能不生病，拳家們為了養生防病，必須強身。古代的拳家已經深刻的認識到了：身體是載道之車，身體是武功的載體。武功的高低與身體的強弱成正比。武功很高，如果沒有一個好的身體也無從施展。在冷兵器時代，武術是以技

擊為核心，以制敵取勝為原則的。拳家們為了各種原因習武練功。沒有功夫，不出名時，刻苦練功，以求功夫上身。一旦出名之後，為了保持名聲，為了生計，有的去保鑣護院，有的開館授徒。「人怕出名，豬怕壯」，拳師們出名之後，必會遇到各方面的挑戰，為了應付挑戰，為了對付不測，必須得經常使自己的身體狀況處於良好的競技狀態，否則一旦失敗，多年努力付之東流。因此，拳家們非常重視養身、健身的重要性。而中醫在養身健身，辨證施治方面積累了豐富的經驗，具有完整的理論體系和寶貴的實踐經驗。所以，形意拳前輩們把中醫的臟象學說融會到自己的拳種體系中來，成為養身健身的理論基礎。在修練方法上，則汲取了道家的部分修練方法。形意拳老譜中講：「內壯其本，外堅其體。內為養生之道，外為運動之法。」「有內無外不成拳，有外無內不成術。」「內五行要合，外五行要順。」這些都是強調練武要內外兼修，是形意拳關於五拳和五臟的關係由來的原因之一。

在形意拳老譜中關於五拳和五臟的關係，首先是來源於類比推理的邏輯關係。五拳是用五行來解釋和歸納相生相剋的關係，以突出表明五拳之間的變化關係；五臟也是用五行的相生相剋、相乘相侮來說明五臟的生理功能和病理變化上的相互關係。從邏輯推理的觀點上看，$\because A=B$，$B=C$，$\therefore A=C$。因此，五拳和五臟就產生了類比推理的邏輯關係。

關於五行拳和五臟的聯繫，是形意拳前輩們在練功達到一定的層次和境界之後，為進一步追求強身健體，在練功的過程中，以意導之，以氣行之，進行以外導內，以動作與內臟相聯繫的一種練功的方法和手段。它是內功的一

種練習方法。當然，在初學階段和明勁的練習過程中，是無法進行這種聯繫的，也無法體會到內中的真正含義。這種五拳和五臟進行聯繫的練習方法，是形意拳達到暗勁的練功階段之後而採取的一種內功的練習方法。但是，作為治病養身或康復醫療的手段來練習，則是另一種練法。可以針對病情選擇一兩行拳或幾個動作練習，以作為治病過程中的輔助療法。

關於五行拳的「拳順」和「拳謬」問題，它是用五臟的順與逆而產生的病理現象來說明拳勢的動作協調與否。「拳勢順」，動作協調，勁力合順，對五臟有利，這是必然的。反過來姿勢不正確，動作不協調，勁力就會僵硬，對體內五臟就不利。但這個不利並不像拳譜中所講的那樣，「劈拳勁謬則肺氣乖」「崩拳勢逆則傷肝，鑽拳勢逆則拙力橫生，腎虛氣乖「炮拳勢逆則四體若愚，心氣亦乖，關竅昧閉矣」「橫拳勢逆則氣努力拙，內傷脾土」。這些不利於五臟的話，說的有些過大，片面強調了動作對五臟的傷害；只是如果動作不合順不協調，對內調五臟不利而已。從另一個角度講；前輩是告誡人們練五行拳時，一定要追求姿勢正確，勁力合順。只有姿勢正確，勁力合順以後，才能達到內調五臟的目的。這是強調基本拳法、基本姿勢的重要性。

形意五拳和五臟是一個整體的聯繫。五行拳每一行拳都非常講究打出整勁。整勁就是全身之勁匯集為一，手足整齊，內外合一。五拳既是五個動作，五種技法，更重要的是五種勁力。要把五行拳看做是一個整體，它使練習者精練幾個主要的勁力，掌握了這些勁力，你可以自由地、隨心所欲地發揮它。從動作的結構上，雖每一行拳都是單

獨反覆練習，單獨是一個勁法。從整體來看，五行拳所表現出來的勁力應該是一個整體的系統，五拳是互為補充的。劈拳的勁力主要是從上向前下打出的勁力；鑽拳是從下向前上打出的勁力；崩拳是從後向前打出的拳勁；炮拳是一手向上鑽化，一拳向前打出；橫拳是一手向後扣拉，一手橫撥前打。總而言之，每一行拳打出的整勁，都是整體動作完整合一的表現，沒有全身整體的參與是打不出整勁的。從五拳的發勁來看，幾乎都是從後向前，從內向外，從根向梢的發勁過程。

　　人體的五臟，也是一個整體。每個臟器都是人整體不可分割的一部分。中醫理論認為，每個臟器的不平衡或產生病變，都會影響其他臟器，都會影響整體。中醫學中的五臟心、肝、脾、肺、腎，與西醫學中的臟腑器官的概念是不完全相同，是有很大區別的。中醫學中的一個臟腑功能，可能包括西醫學幾個臟腑器官的功能；而西醫學中一個臟器的功能，可能分散在中醫學幾個臟腑的功能之中。所以，中醫學的五臟不是解剖學中的臟腑器官概念，這一點要必須了解清楚。我們千萬不可從解剖學的感覺上和視覺上，去簡單的認為肺就是那麼兩個肺葉，腎就是那麼兩塊東西，心臟就是那麼一個跳動的器官。應該認為它們既是生命的存在，又是整體中不可分割的部分。每個部分各有各的氣，如腎氣、肺氣、心氣等，各種氣又相互感應，相互交融。五臟之間各有各的氣，它們是以氣相聯繫的。如心氣、肝氣、脾氣、肺氣、腎氣各有各的特色，各有各的功能，但又都是互相聯繫成為一個整體的。中醫理論認為：五臟之氣與人體神志上的反映，存在密切的關係。有心藏神、肝藏魂、肺藏魄、脾藏意、腎藏志之說。這神、

意、魂、魄、志五種神志，五種精神，是五臟盛衰的外在表現形式，也是五臟之氣的外在表現。

形意的五行拳和五臟是一種氣的聯繫。五拳是內為五勁，外為五拳。五臟是內為臟氣，外為神志。在練五行拳時，要以五拳的五勁來感悟和體現五種神志，從而達到與五臟的聯繫，調動臟氣、感應臟氣，以達到五拳和五臟的相召相感。這種五拳的練習，是在心情安靜，意念集中，全身放鬆，動作徐緩，呼吸深長，勁力圓滿中去練習去體悟，它是五行拳在氣功狀態下的動功練習。在練習過程中，去表現各拳不同的神志，去體驗感覺各自的臟氣聯繫。久而久之，必有感覺，必有收穫。當然，這種五拳的練習，是建立在對五拳動作非常熟練、協調，在大腦中形成了正確的動作定型之後，把大腦意識解放出來，用潛意識指導動作，把精力、意識集中在五拳和五臟的聯繫上，進行練習的一種功法。可以說，這種練法是形意拳練到一定的層次和境界之後，以外導內，以意導氣；神氣相聯；以達內壯強身，以提高技擊的一種功法。

另外，有的拳家提出：「肺動如雷聲，肝動如飛箭，腎動快如風，心動如火焰，脾動大力攻。」這也是從五拳的外形動作形象與五臟的所主、所司，而進行聯繫的一種說法，它是一種意念的聯繫。

五拳和五臟是通過經絡進行聯繫的，經絡是內屬臟腑，外絡肢節，溝通內外，貫穿上下，運行氣血，營養肌體的通道。人體的經絡在全身是一個網絡系統，聯繫著身體內外、表裡，上下各部，無處不在，無處不聯繫。經絡二字在中醫裡是經脈和絡脈的合稱。經脈是縱行的主幹，絡脈是橫行的分支。它包含有十二經脈，奇經八脈，任督

二脈等。經絡和五臟的聯繫是：「手太陰肺經，起於肺經，上循中府經尺澤、孔最、列缺、魚際至少商。手少陰心經，起於心經，循極泉、少海、靈道、神門、少府至少衝。足少陰腎經，起足底湧泉穴，上循然谷、太谿、照海、陰谷、上行至俞府。足厥陰肝經，起自足大趾大敦穴，上循行間、太衝中都、膝關、曲泉、五里、章門至期門。足太陰脾經起自大趾隱白穴，循公孫、商丘立、三陰交、陰陵泉、血海、箕門、胸鄉至大包。」這是與五臟聯繫的五條經絡的起止情況。五拳和五臟是在意念的引導下，以經絡為通道，在五拳的練習過程中與五臟進行聯繫。以拳導氣，以意念引導內氣，沿經絡而達臟腑。這種練習的方法是建立在自我感覺有氣感之後而進行的。也就是說在對五行拳練習達到一定層次後，在心平氣和的神態中，在心靜體鬆的狀態下，在均勻緩慢呼吸的慢練動作中，以意念集中去體驗、感覺氣感。這個氣感的得來，是在身體處在良好健康狀態之中，由練拳功夫的積累，在鬆靜柔和的動作中自然得來的。得到氣感之後，繼續練習，將這種氣感按經絡的所屬，按經絡的通道引向五臟。

　　以五行拳的動作引導內氣，循經走脈通向五臟。經由長期的練習，逐步形成內氣循經絡，向五臟運轉的條件反射的通路。通路越走越通，越走越暢，就能達到五拳和五臟的聯繫。這種訓練的水平越高，功夫越深，內臟的功能活動與外部的動作就越協調。這種功法的練習，是對內臟系統一種積極、主動的訓練。使內臟的活動，能適應練拳動作的需要。使內臟的各種功能，為練拳的各種動作提供有利的支持和保證。不但能達到內壯其體，而且對武功的技術也能提高層次和境界。對於五拳和五臟關係的問題，

對初學者來說，應該讓其知道有這樣一種觀點，有這樣一種練法而已，不要過早地講解他們之間的關係和怎樣練習。在沒有達到一定程度之前，沒有對中醫理論和經絡學說有一定的理解之前，對此類問題是不容易理解的。

形意的五行拳和五臟之間的聯繫，是以中醫經絡為聯繫紐帶，拳術動作在意念的引導下，經由長期的練習逐步建立起來的。

第二節　關於形意拳身形六式的解釋

在民間傳統形意拳理論中有「身形六式」之說，它包括雞腿、龍身、熊膀、鷹捉、虎豹、雷聲。也有流傳四象之說，即雞腿、龍身、熊膀、虎抱頭。形意拳在練習時，要求在動作過程中和完成動作的定勢中，要身形六式具備或四象寓於一體之中。心意拳和形意拳界對此問題都發表過不同的見解，從各個方面，不斷發展和充實了這方面的理論，都有一定的道理。在這個問題上，由於前輩教人都是口傳身授，文字材料不多，前輩流傳下來的歌訣、材料，都是後輩人整理出來的。由於地區的不同，口語發音也不相同。所以，在文字整理出來後，會出現音同字不同的現象，在傳抄中，也會有字誤。形意拳的身形六式是雞腿、龍身、熊膀、虎豹、鷹捉、雷聲。關於虎豹頭，有的拳譜中寫的是「虎抱頭」。解釋為「兩手相抱，似猛虎離穴之意」。還有的解釋為：「兩前爪有護頂之勢。」我認為這樣的解釋是不正確的；顯然與前輩的初衷相違。

對於「身形六式」應該整體的看待和分析，它是用幾種動物的不同特點：形象比喻形意拳的身法特點。這是中

國武術慣用的手法，也是中國人傳統的思維方式之一。

比如八卦掌就有「龍行、猴相、虎坐、鷹翻」。太極拳有「一身備五弓」之說。這些都是形象的比喻，由這些比喻；能讓你加深記憶，加深理解。由這些形象的比喻，能讓你在練習的過程中，去思維、去想像、去再現，從而產生體驗。這樣能更快地理解和明白動作的要求、要領和技術的特點。對於這「身形六式」來說，它形容和描繪的是一個整體，而不是具體的技法。如果把「虎豹頭」或「虎抱頭」作為具體的技法來看待，我認為是錯誤的。在身形六式裡，主要講的是腿、身、膀、爪（即手）、頭、聲（即發聲）。以這幾個部分代表全體，又用了幾種動物來形象的比喻，以說明道理。以雞、龍、熊、鷹、虎、雷，說明形意拳的手、眼、身法、步。它是一個總體的概述，而不是具體的技法描述，身形一站或一動都要六式具備。所以，身形六式是講形意拳的手、眼、身法、步，精、神、氣、力、功。也有的拳譜中講是身法四像：雞腿、龍身、熊膀、虎豹頭。

孫祿堂的《形意拳學》中首先提出了「四像」之說。「雞腿者，有獨立之形也。龍身者三折之式也。熊膀者，項直豎之勁也。虎抱頭者，兩手相抱有虎離穴之式也。」在其後薛顛的《形意拳講義》中，也是如此解說。後人大部分的解說，都是以此為根據而有所發展。

身形六式或四象之說，是形意拳的手、眼、身法、步和精神、氣、力、功的形象比喻，以期達到對拳術姿勢、身法、步法、精神、要領、要求的描述；便於人們從中去體驗、領會精神實質。

雞腿主要是指形意拳的步法要快速穩定，動迅靜定。

當然，光用雞腿來形容還是不夠的，所以還有「擊蹄之功」的補充。另外在雞腿的描述中，還要體會步法落地的踩踏的表象。

龍身，主要是指形意拳的身法。拳譜中說：「龍身者，三折之式也。」龍是人們想像中的一種神聖之物。其實龍為何物，誰也沒見過，大家都看過節日中的舞龍，龍身輕長，曲折展放，彎曲自如，活動如一。

形意拳的前輩們對於腰身的這種活動自如的形象比喻，用龍身來描述確實高明、貼切、形象，以體現身法要靈活。所以，龍身是指身法的要求。身法是指軀幹的運動方法，既包括胸部的吞吐和腰部的擰旋和翻轉，也包括胸腰結合的展放和伸縮。

熊膀，是形容形意拳練習兩肩和臂膀要經常保持鬆沉狀態。只有保持鬆沉狀態，才能使動作靈活，才能有利發力。「膀」是指肩和臂膀，熊膀，是說明形意拳對肩和臂膀要像熊那樣保持鬆沉的狀態。動物園裡的熊，雖然動作遲緩和笨拙，但它的兩個前臂和肩膀始終都是非常鬆活。形意拳對兩肩的要求就是要鬆肩，所以，以熊膀來形容它是非常恰當的。拳譜中講：「熊膀者，頸直豎之勁也。」既然是「頸直豎之勁也」，應該是指的熊頸也。頸直豎有利鬆肩，鬆肩促進頸直豎。

鷹捉，是指形意拳的手法、手型。但形意的掌型也不完全像是鷹爪的掌型，而是五指微屈、微扣、掌心扣、虎口撐圓的形意拳的掌型。形意拳的掌型雖不形似，但意念和內含的精神卻完全像鷹的爪，時刻有抓捋扣拿之意。「不求形象似，但求意念真」。所以，鷹捉是對形意拳的掌型、手法的形象比喻。但鷹捉的含義很廣，很模糊，內

中還含有勁法、技擊的意念。讓習練者在鷹捉的範圍內去自由的想像，從而加深理解形意拳的要領、要求和特點，更好地體現出形意拳的風格。

虎豹頭，在有的拳譜裡稱之為「虎抱頭」。虎豹頭是老虎和豹子的頭，虎抱頭是老虎抱著頭部。關於虎豹頭的含義，在形意拳界裡存在著認識上的分歧。大部分人都遵循老譜中的看法，「虎抱頭，兩手相抱似猛虎離穴之意」。「虎抱頭，取虎離穴時，兩前爪有護頂之勢。」在形意拳的身形六式中，虎豹頭是對頭部精神、氣勢、眼神的形象比喻和描述。要像老虎和豹子的眼神一樣，要威逼射人，使人感到威嚴而寒慄，不敢對視而害怕，使對方氣餒而失敗；要有老虎和豹子的氣勢。

雷聲，是指形意拳在發勁時，以聲助威，以聲助勢，以聲助力。發聲時要像霹雷一樣，用打雷的聲音和氣勢去領悟發勁。雷聲滾滾，勁力不斷。閃電霹靂，迅疾不及掩耳。目前在形意拳練習者中，以聲助力，以發聲助發勁的練法已經很少採用。姜容樵的《形意母拳》中講：「後因雷聲涉俗，刪而不用。」雖然，在練習時已很少用雷聲，但在實戰用法中，應適當採用，用雷聲以助聲威，以儘敵膽。同時，還能以氣催力，加強打擊勁力，增強抗擊打能力。所以，雷聲既是對聲的形容，也是對氣勢的比喻。

形意拳不僅要求有形似的一面，更重要的是意和神。「不求形象似，但求意念真。」形意拳不是象形拳，它更多的是強調了「意」。而且，還要在這些形象的規範中，通過手眼身法步，精神氣力功整體協調配合，反映出形意拳的技擊意識，反映出形意拳的氣勢宏偉，勁力渾厚，形神統一的風格和特點。

第三節　關於形意拳明、暗、化三勁
　　　　　　的探討

　　形意拳老譜中提出「形意拳術有三層道理，有三步功夫，有三種練法」，這是形意拳大師孫祿堂先生在《拳意述真》中首先提出的。他是借用「郭雲深先生云」而提出三、三、三的觀點，並給以定義和解釋，其實是代表了他本人的觀點，是他多年來對形意拳技術的研練，資料的搜集，理論的學習、鑽研、總結和提高，融合道家修練理論而提出的，對形意拳的理論體系是一種提高和昇華。

　　關於「三層道理：一練精化氣，二練氣化神，三練神還虛。」這種提法並不是武術家首先提出的，是武術家從道教思想和道家練功層次、修練方法的吸收和融合，並把道家的這種理論融會到形意拳的練功境界和層次方面，使其成為形意拳自身的理論和內容，以發展和提高自己的理論系統。這是道教思想、精神、理論和修練方法對形意拳的影響和滲透，也是形意拳在理論、技法和內功修練過程中，對道家的理論和修練方法的借鑒，這種有機融攝成為形意拳理論體系中重要的內容。

　　關於「三步功夫：一易骨，二易筋，三洗髓」，老拳譜中講：「昔達摩大師傳下易筋洗髓二經，習之以強壯人之身體，還其人之初生本來面目。後宋岳武穆王擴充二經之義，作為三經，易骨、易筋、洗髓也，將三經又製成拳術，發明此經道理之用。」（孫祿堂著《拳意述真》15頁）雖在此書中講是岳飛作此三經，是郭雲深前輩所論，但無史可考，實際是孫祿堂先生所言，只是他借重岳飛和

郭雲深而更具權威性而已。這樣的三層道理，三步功夫，三種練法的理論，把形意拳的練功過程、階段、方法和修練的層次境界等方面更加系統化了，使形意拳精神文化的內涵與古代文化結合的更加緊密，形成了武術的文化內涵；形成了形意拳內功體系的核心。

關於三種練法：明勁，暗勁，化勁。前輩拳譜雖有所解釋，但並不詳細，對現代初學者來說，不容易理解。三層道理是指練功的三種境界和層次。三步功夫是練功過程中的三個階段和步驟。三種練法是在練功過程中為達到一定目的而採取的三種方法和手段。

從對精、氣、神的練習來講：練精化氣，練氣化神，練神還虛。按級別來分則為：初級、中級、高級。以階段和層次來看：最苦的階段，步入高手的必由之路，武學的最高境界。從獲得知識、學問、技術等方面來區分：小學、中學功夫，大學之道，教授專家。關於拳家的精氣神之說，既代表練功的內容和含義，又包含練功的過程以及功成後所達到的境界。下面試以表格的形式，說明三層道理、三步功夫、三種練法：

三層道理	級別	以學校教授來比論	以階段境界與道理的對應
練精化氣	初級	小學、中學功夫	最苦階段
練氣化神	中級	大學之道	步入高手的必經之路
練神還虛	高級	專家、教授	武學最高境界

從三種勁法來分	以變化筋骨來看	按武藝道藝與之相配	對明暗化三勁練習的功能和達到的標準描述
明勁	易骨	武藝	練之以築其基，以壯其體
暗勁	易筋	道藝	練之以騰其膜，以長其筋
化勁	洗髓	拳道合一	練以之清虛其內，輕鬆其體

對人體的鍛鍊	從勁法特點來看	從攻擊目標的勁力	從基本功和內功技法劃分	從轉換變易的角度分析
對肉體和意志	整勁	爆發力	以基本功和技法為主	換勁
對精神磨練	內勁	透勁	技法與內功併重	改變體質
體驗天人合一	柔化	黏勁	內功為主，技法為輔	改變氣質

從磨練角度看	從能的方面講	從練的內外來分	三勁所主的方面	從動作在大腦中所形成的階段	從意識對動作控制的程度
肉體	練自能	由外練內	練形	泛化	有意識
意志	練本能	由內練外	練意	分化	低意識
精神	練潛能	無內無外	練神	自動化	潛意識

動作的速度在各階段表現	內三合在三勁方面體現	對於消長勁力的看法	從勁力的表現來看	從動作符合規矩來分析
快	力與氣合	消去拙力	剛猛	嚴守規矩
慢	氣與意合	消去剛力	柔順	相合規矩
快慢相同	意與神合	增柔順和化之力	剛柔相濟	自然合規

從動作技法的姿勢看	各階段所追求的勁力要求	從勁力的速度上看	從動作的氣勢上看	從動作在階段中的表現
先求開展	練合整求剛	以快求整	身堅氣壯	起落整齊
再求緊湊	練鬆活求柔	以慢求長	縱橫往返	勁圓意遠
追求圓滿	練靈巧求妙	快慢自如	神圓氣活	神意貫通

拳之用法在明暗化中的表現	從勁法控制的角度來看	在運用技擊方面	從步法落地的表現	勁力運用表現的部位
有形有像之用	自發整勁	主於進攻	有聲	在手
有名有相無跡之用	收發能控	主於克制	無聲	在肘
無形無像無聲之用	隨心所欲	主於領化	於無聲中聽驚雷	在身

發勁時氣與丹田的配合	三勁中對丹田周天的練習	氣和意在三勁中的運用	氣在三個階段中的運用	三個階段中所練丹田的位置
氣沉丹田	壯丹田	以氣催力	以力導氣	下丹田
氣聚丹田	練周天	以意導氣	以氣養神	中丹田
氣運丹田	運周天	無意無氣	以神馭氣	上丹田

呼吸在三勁中的表現	從呼吸的長短來看	呼吸在三個階段中的要求
有形於外　調息	長吸短呼，短促有力	調整階段
有形於內　息調	長吸長呼，調柔入細，引短令長	配合階段
有而若無　胎息	長短隨意，運息綿綿，細勻深長	自然和諧階段

關於形意拳理論中明勁、暗勁、化勁的理論，其他很多拳種也都在引用。它不但是三種練法、三種勁法，而且還含有從低級逐步走向高級的轉變過程。在這個轉變過程中，每個階段並沒有一個截然畫分，它是一個由量變的積累，達到一定程度之後，產生質變飛躍的過程。

雖然，前面列舉了明暗化三勁在各方面的表現形式，但有的是從整體方面講的，有的是從局部來分析的，有的則是強調了某一方面。應該從上面的解釋中去理解、體驗三勁在各方面的要求及特點。

第四節　形象思維在形意拳教學中的運用

形意拳是一種歷史悠久的傳統拳術，它的特點是動作簡捷樸實、快速整齊、剛柔相濟、完整飽滿、沉穩嚴謹、節奏分明、形神統一。

在形意拳的教學、訓練中，為了讓學生們更快掌握形意拳的勁力，除了給學生們做正確的動作示範，教會他們能模仿動作以外，還應該進一步講解形意拳每一個動作的要點，動作的發力順序，勁力的特點以及身形各部之間的協調配合等。否則只能是生硬的模仿而不得其要，其教學效果也肯定不會理想。

　　其中勁力的特點較為抽象，不易理解，是教學中的一大難點。在形意拳的勁力教學中，運用形象思維收效是比較顯著的。「形象思維是憑借事物的表象或形象去進行聯想和想像的思維」。形象思維是在剛剛學會動作，還不熟練，還不得其要領，還不知它勁力之所在時，最合適採用的一種方法。它是在練習過程中，用大腦的想像或聯想去指導動作的一種思維方法。運用這種方法能夠使學生在較短的時間內掌握和體會每一個動作的勁力特點，能夠縮短學習時間，提高學習效果。

　　在教學過程中，不但老師的教學方法要得當，而且，還必須使學生們在訓練過程中，大腦思維處於積極的狀態。沒有學生們大腦的積極活動，動作就不能很好的掌握，動作的質量也會受到很大的影響。這一方法是在教學中講述動作時，借用一些形象的比喻，通常都是一些日常生活中經常遇到、看到和親身能夠體會到的動作、事例等，來進一步闡述說明形意拳的勁力，可以從多個角度去加深對動作的理解。

　　學生們在練習時，腦子裡要有一個清晰的事例印象或動作形象，讓學生們自己去感覺、去體會。這樣，他們自己通過形象思維而得到的東西就印象深、理解快、記得牢。總之，這種運用形象思維練習的方法，能夠達到事半

功倍的效果。

下面舉幾個例子：

例1：在練習形意拳的炮拳時，介紹炮拳打出的形象：「如炮忽然炸裂，其彈突出，其性最烈，其形最猛。」也就是說，在炮拳打出發力的一剎那，應該有一種渾身的整力。可是，怎樣體現炮拳的性烈和形猛呢？怎樣才能做出渾身的整力呢？我認為必須充分運用腰肩之力。

以腰、肩、肘、手的順序催動，節節貫穿（在慢動作練習時，要有體會節節貫穿意念，但在實戰中就沒有先後順序之分。正所謂「一動無有不動」「眼到、神到、手亦到」），再加之步法的催動，上下相合，先蓄而後發，快速、沉穩、爆烈地打出。這樣的炮拳才能體現出拳譜所講的形猛、性烈。在練習過程中，學生們動作基本都能正確，但腰肩之力往往做不出來。這時，就可以用形象思維向大家講，在炮拳發力打出時，把前手拳當作一塊大石頭，發力時，用力向前推出，推得越遠越好。這個動作先在原地進行體驗，然後加上步法配合練習。

用這個形象的例子，可以使學生們在頭腦中建立一個形象，這對同學們儘快的掌握動作要領，儘早的體會出它的勁力是大有好處的。

例2：在橫拳練習時，橫拳要求勢若擰繩，拳和臂要有擰、裹、鑽這三種勁。兩腿有夾剪之力。這些勁力如何在動作中體現出來呢？怎樣做才算真正符合這些勁力呢？為了更好地說明問題，可以給同學們舉這樣幾個例子。

兩臂就好像擰毛巾，一個向外擰，一個向內裹。前手向外伸擰，後手向裡拉裹，這樣可把毛巾擰得很緊。以這樣的例子來體會兩臂的旋轉配合，一向裡裹，一向外翻，

一正一反，相互協調。前拳打出橫拳時，要體會出一個鑽力，就像錐子鑽眼一樣，旋轉向前。既有向前的壓力，又有螺旋之力。兩腿的夾剪之力，就好像是開立站在冰上，為防止兩腿向外滑出，兩胯向裡合，向內夾。身法身形好像撐緊的彈簧一樣，前胯向後拉，後胯向前領，前後互爭。兩腿就像剪子剪東西一樣，磨脛而出。這樣用擰毛巾去體會兩臂的擰裹勁；錐子的旋擰去體會鑽勁，用站在冰上防滑倒和剪子剪東西去體會兩腿的夾剪之力。這樣橫拳的幾種勁就容易理解了，經過練習，就會較快地掌握橫拳勁力了。

例 3：在教虎形中的虎撲動作時，有四句話對動作要領說得很貼切：「手起而鑽，手落而翻，手足齊落，挺腰伸肩。」前面三句話都容易理解，也容易做出來，就是最後一句「挺腰伸肩」，不容易理解，也不容易做出來。什麼為挺？怎麼為伸？在什麼時候挺、伸？挺腰、伸肩這兩個動作是虎撲在發力時的關鍵。如果這幾個問題弄不清楚，不知怎麼去做，那麼虎撲的勁力就不容易打出來。所以，在教虎撲動作時，應把重點放在挺腰、伸肩這個動作要領上。

首先講解動作路線，讓同學們在基本掌握動作路線的基礎上，引入形象思維。應讓同學們的頭腦中有這樣一種意念：虎撲雙手向上鑽，向前撲的動作時，有如從小腹處抱起一塊重量相當的大石頭，隨手臂的上鑽而端至胸前，與此同時，小腹用力，有向上翻捲的動作，腰部要向前上挺（也就是兩肩微後領，開胸，頭上頂），兩個動作要同時完成。然後，用雙手猛力向前把石頭推出，推出的一剎那，要伸肩、含胸、收腹，也就是肩部向前送伸。這樣做

出來的動作才符合力學原理和技擊原理。這樣做，才是武學上講的腰發力，才能形成有威力的整力，才有可能發出內勁來。用這一形象思維去慢慢體會挺腰、伸肩的動作要領，使動作更加符合拳理，符合科學。形意拳的勁力是有其特點的，學生們只要能體會出一兩個拳法、招式的勁力，其他的也就很容易觸類旁通了。還有一點特別值得注意的是，選擇例子一定要適當、形象。一是便於教師講清楚，二是便於學生們容易理解動作勁力。如果拳法勁力較複雜，就應該從多個方面加以說明。

形象思維運用到形意拳勁力的教學中，用生活中常見的動作或形象，用我們稍加想像就能做出來的簡單動作為例子，這樣就變高深為常見，變複雜為簡單，變抽象為具體。這無疑可以加深學生對形意拳勁力的體驗，有利於領會形意拳的基本要領和要求。

形象思維確實是一個較好的方法，但它不是惟一的方法。只有我們長期的練習，不斷的操練和細心的琢磨，才是提高技藝的根本。這種方法也有它的階段性。

在習拳的初期，應該以糾正拳架為主，在習拳中期，為了更快更好的掌握動作的勁力，用形象思維，用意念去指導、強化、細膩我們的動作。但是，在我們逐步掌握了動作的勁力之後，要加強練習，多次的重複鞏固，使正確的姿勢定型和用勁方法得以加深、鞏固和提高。一旦我們的動作由練習形成牢固的定型之後，練習就不必用形象思維，不必去想那些例子，而把意念轉移到技擊方面去，運用到存想中的敵人身上去。這樣，就可以從形似逐漸向神似的方向發展。

國家圖書館出版品預行編目資料

形意拳械精解（上）／邸國勇　編著
——初版，——臺北市，大展，2006 年〔民 95〕
面；21 公分，——（武術特輯；83）
ISBN 957-468-469-5（上冊：平裝）

1.拳術—中國
528.97　　　　　　　　　　　　　95008315

形意拳械精解（上）　　ISBN 957-468-469-5

編 著 者／邸 國 勇
責任編輯／趙 新 華
發 行 人／蔡 森 明
出 版 者／大展出版社有限公司
社　　址／台北市北投區（石牌）致遠一路 2 段 12 巷 1 號
電　　話／（02）28236031・28236033・28233123
傳　　眞／（02）28272069
郵政劃撥／01669551
網　　址／www.dah-jaan.com.tw
E－mail／service@dah-jaan.com.tw
登 記 證／局版臺業字第 2171 號
承 印 者／高星印刷品行
裝　　訂／建鑫印刷裝訂有限公司
排 版 者／弘益電腦排版有限公司
授 權 者／北京人民體育出版社
初版 1 刷／2006 年（民 95 年）7 月

定價／480 元

大展好書　好書大展
品嘗好書　冠群可期